भारतीय भक्ति साहित्य

भारतीय भक्ति साहित्य

डॉ. राजमल बोरा

वाणी प्रकाशन

प्रकाशन के उत्कृष्टतम 60 वर्ष

सजिल्द पहला संस्करण : 1994
सजिल्द दूसरा संस्करण : 2009
सजिल्द तीसरा संस्करण : 2023

vaniprakashan.com

वाणी प्रकाशन

4695, 21-ए, दरियागंज, नयी दिल्ली-110 002

फ़ोन : +91 11 23273167, 23275710

शाखाएँ

अशोक राजपथ, पटना-800 004, बिहार
कॉफ़ी हाउस कैम्पस, महात्मा गांधी मार्ग, इलाहाबाद-211 001, उत्तर प्रदेश
महात्मा गांधी अन्तरराष्ट्रीय हिन्दी विश्वविद्यालय, वर्धा-442 001, महाराष्ट्र
36/ए, शेक्सपियर सरणी, रानी बिरला गर्ल्स कॉलेज के पास, कोलकाता-700 017, प. बंगाल

sales@vaniprakashan.in
vaniprakashan@gmail.com

Bhartiya Bhakti Sahitya
by Dr. Rajmal Bora

ISBN : 978-93-5229-468-8
Criticism

मूल्य : ₹ 595

आर. टेक ऑफ़सेट प्रिंटर्स, दिल्ली-110 032 में मुद्रित

वाणी प्रकाशन का लोगो मक़बूल फ़िदा हुसेन की कूची से

अनुक्रम

निवेदन

'भारतीय भवित साहित्य' से सम्बन्धित आलेख समय-समय पर संगोष्ठियों के निमित्त लिखे जाते रहे हैं। किन्तु पुस्तक की योजना उस समय बनी जब मराठवाड़ा विश्वविद्यालय में 'पुनर्बोधन-पाठ्य चर्चा' (यू० जी० सी० की योजना) के निमित्त 'भक्तिकाल और भारतीय संस्कृति' आलेख व्याख्यान हेतु लिखना पड़ा। उस समय हिन्दी साहित्य के भक्तिकाल से हटकर भारतीय भक्ति साहित्य की ओर ध्यान गया। तदनुसार इन तीन/चार महीनों में कुछ नये आलेख भी लिखे हैं। लिखते समय यह अनुभव हुआ कि भारतीय साहित्य में—चाहे वह किसी भी भाषा में लिखा जाता रहा हो—भक्ति का स्रोत निरन्तर प्रवहमान होता रहा है। वह स्रोत आज भी उसी रूप में प्रवहमान है। आवश्यकता उसको पहचानने की है। भक्ति ने भाषाभेद की दीवारों को बन्धन नहीं माना। राम हो, कृष्ण हो, शिव हो, हनुमान हो या और कोई नाम हो—विठोबा हो, पाण्डुरंग हो, श्रीनिवास हो या वेंकटेश्वर हो—'सर्वदेव नमस्कारः केशवं प्रति गच्छति' की मान्यता रही है। इन सब नामों के बीच मूल भावना भक्ति की है। भक्ति ने समाज को बल प्रदान किया है और हमारी संस्कृति को कलात्मक रूप भी दिया है। आज के वैज्ञानिक युग में आस्था को बनाए रखने वाला साहित्य—हमारा भक्ति साहित्य है। इस दृष्टि से जो कुछ लिखा है, उसे भक्ति के निरन्तर प्रवहमान स्रोत को पहचानने का प्रयत्न मात्र मानें।

इस पुस्तक की कुछ सामग्री पत्रिकाओं में छपी है। मैं संगोष्ठियों के आयोजकों और पत्रिकाओं के सम्पादकों का हृदय से आभारी हूँ। साथ ही पुनर्बोधन पाठ्य चर्चा के संयोजक डॉ० कमलाकर गंगावणे और अग्रज बन्धु डॉ० भीमसेन निर्मल दोनों को स्मरण करना भी आवश्यक समझता हूँ क्योंकि दोनों ने इस पुस्तक को आकार प्रदान करने में मनोबल प्रदान किया है। डॉ० भीमसेन निर्मल समय-समय पर पत्र लिखते रहे और इस कार्य को पूर्ण करने के लिए कहते रहे हैं। इसीलिए समय की सीमा में यह काम हुआ है। पुस्तक जैसी है, पाठकों के सम्मुख है। पाठकों की प्रतिक्रिया की प्रतीक्षा रहेगी। आलेखों के संदर्भ पुस्तक के अन्त

में हैं।

इस पुस्तक के प्रकाशन हेतु तिरुपति-तिरुमल देवस्थानम् की ओर से अनुदान प्राप्त हुआ है। लेखक देवस्थानम् का हृदय से आभारी है। इस अनुदान के कारण पुस्तक शीघ्र ही प्रकाशित हो सकी है। इसे प्रकाशित करने में वाणी प्रकाशन के श्री अरुण महेश्वरी ने पूरा सहयोग दिया है। उनके कारण पुस्तक निर्धारित अवधि में छप सकी है। लेखक उनका भी आभारी है।

27 अगस्त, 1993 —राजमल बोरा

'रत्नदीप'
5, मनीषा नगर, केसरसिंह पुरत
औरंगाबाद (महाराष्ट्र)-431005

समाज की शक्ति का मूल कहाँ

व्यक्ति किसी-न-किसी स्तर से समाज से जुड़ा हुआ है। इस नाते वह धर्म से भी जुड़ा है। 'समाज और धर्म' पर विचार करते समय मेरा ध्यान व्यक्ति पर केन्द्रित है। व्यक्ति और समाज, इनके आपसी सम्बन्ध पर विचार करें, तो प्रथम बात तो यह स्वीकार करनी है कि व्यक्ति से समाज बड़ा है। समाज में सभी प्रकार के वर्ग और समुदाय आ जाते हैं। समाज स्थायी है और उसके पास परम्परा का बल है। समाज की शक्ति सरकार की शक्ति से अधिक होती है। बहुत-से लोग सरकार से उतना नहीं डरते जितना समाज से डरते हैं। सरकार के नियम तथा कानून लिखित होते हैं और उनके पालन के लिए न्यायालय की व्यवस्था है। सामान्य व्यक्ति भी यह जानता है कि इन कानूनों के लिए लम्बी लड़ाई न्यायालयों में लड़ी जा सकती है किन्तु समाज के साथ कैसे लड़ा जा सकता है? समाज के साथ लड़ना कठिन है। समाज का विधान लिखा हुआ नहीं है और न उसके प्रचार-प्रसार की आवश्यकता है। उसको पढ़ाने और समझाने की भी आवश्यकता नहीं। समाज का अलिखित विधान, लिखित विधानों से अधिक शक्तिशाली होता है और उससे समाज में रहने वाला प्रत्येक व्यक्ति अपने-आप डरता है। समाज का विधान, समाज में प्रचलित विधान है। वह व्यवहार में है और जो व्यवहार में है उसके लिए प्रमाण की आवश्यकता नहीं होती। कहना मुझे इतना है कि समाज की इस शक्ति को प्रत्येक व्यक्ति व्यवहार में अनुभव करता रहता है। सच्चाई तो यह है कि पुलिस, सरकार और न्यायालय इन सबकी तुलना में वह समाज से अधिक डरता है। संक्षेप में समाज की शक्ति से प्रत्येक व्यक्ति प्रभावित है।

शिक्षित व्यक्ति की कठिनाई

आधुनिक शिक्षा के कारण व्यक्ति अपने को समाज से कटा हुआ अनुभव करता है। ऐसा क्यों है? होना तो यह चाहिए कि शिक्षा के कारण व्यक्ति को समाज से अधिक सम्बद्ध होना चाहिए। व्यवहार यह कहता है कि शिक्षा के कारण व्यक्ति अपने को समाज से अलग अनुभव करने लगता है। मैं यह बात सामान्य

स्तर पर कह रहा हूँ। शिक्षित व्यक्ति का यह अनुभव है। इस अनुभव से मैं स्वय जुड़ा हुआ हूँ। ऐसा होने पर भी मैं समाज की शक्ति से परिचित हूँ। समाज के साथ मैं अपने को जोड़ता हूँ, तो मेरा भय कम होता है और समाज से कटकर रहता हूँ तो 'अलगाव' की समस्या से जूझता हूँ।

प्रस्तुत रचना में मैं समाज की शक्ति का विश्लेषण करना चाहता हूँ। प्रश्न यह है कि समाज के पास इतनी शक्ति कैसे आई? इस शक्ति के मूल में धर्म है। इस बात को स्वीकार करना पड़ेगा। समाज में जो विधान प्रचलित है, वह धर्म से सम्बन्धित मान्यताओं के आधार पर है। यह विधान सरकारी विधान से अधिक शक्तिशाली है। स्वयं न्यायालयों में न्याय देते समय धार्मिक विधानों से सहायता ली जाती है और तदनुसार निर्णय किए जाते हैं। उन निर्णयों को समाज उसी नाते स्वीकार करता भी आया है। धर्म के विधान की उपेक्षा सरकार भी नहीं करती।

धर्म के आधार पर व्यक्ति और समाज दोनों को बल प्राप्त होता है। इस आधार पर व्यक्ति और समाज आपस में जुड़ते हैं। सच्चाई तो यह है कि धार्मिक व्यक्ति सामाजिक व्यक्ति अधिक होता है। धर्म का सम्बन्ध समाज के मंगल से है। धर्म में समाज के कल्याण की कामना है। जो धर्म को स्वीकार करता है (चाहे वह कोई भी धर्म हो), वह जीवन के लिए आधार पा जाता है।

जैन धर्म के स्तवन की कुछ पंक्तियाँ इस प्रकार हैं—

> रे जीवाँ जिन धर्म कीजिए, धरमनाँ चार प्रकार।
> दान, सील, तप, भावना, जग में है तंत सार॥

धर्म के यहाँ चार भेद बतलाए गए हैं और वे हैं—(1) दान, (2) शील, (3) तप और (4) भावना। जीव को सम्बोधित करते हुए यह बात कही गई है। यदि इन चारों पर विचार करें और व्यक्ति तथा सनाज के सम्बन्ध को देखते हुए इन पर विचार करें, तो प्रतीत होगा कि बात व्यक्ति को (स्वतंत्र रूप से जीव को) कही गई है। और व्यक्ति यदि इन सबका पालन करता है, तो वह समाज से जुड़ जाता है। यह अनुभव की बात है और धार्मिक व्यक्ति इस बात को अनुभव करता है। धर्म को स्वीकार करने का अर्थ व्यक्ति का सामाजिक अंग हो जाना है।

दृढ़ता की मूल भावना

धार्मिक व्यक्ति, धर्म को भावना के स्तर पर स्वीकार करता है। वह तर्क नहीं करता। वह धर्म को आचरण के स्तर पर स्वीकार करता है। ऐसे व्यक्ति में भावना का बल होता है। किसी भी व्यक्ति में पाई जाने वाली 'धार्मिक भावना' का

मैं आदर करता हूँ। धार्मिक व्यक्ति यह चाहता है कि उसकी सामाजिक वृत्ति को भावना के स्तर पर जिस तरह से वह स्वीकार करता है, उसी तरह और लोग भी उसकी इस वृत्ति को मानें। धार्मिक व्यक्ति में दृढ़ता होती है। उसमें यह दृढ़ता भावना के बल के कारण आती है।

धर्म भावना का विषय है

मैं समाज की शक्ति का विश्लेषण करना चाहता हूँ और इस विश्लेषण में मैंने यह अनुभव किया है कि समाज को यह शक्ति धार्मिक व्यक्तियों के कारण प्राप्त होती है। धार्मिक व्यक्ति समाज की परम्परा को स्वीकार करते हैं और उस परम्परा को जीवित रखने में सहायता पहुँचाते हैं। यदि कोई धर्म ऐतिहासिक काल में टिका रहता है तो इसका कारण यह है कि समाज में धार्मिक व्यक्ति पाए जाते हैं। मैं अपनी बात को फिर दोहरा दूँ कि धार्मिक व्यक्ति धर्म को भावना के स्तर पर स्वीकार करते हैं।

धर्म समाज की शक्ति का स्रोत और आधार भी है। जिस सिद्धान्त में मैं विश्वास करता हूँ, उसी में दूसरा व्यक्ति भी विश्वास करे और इस तरह एक ही प्रकार के सिद्धान्तों में विश्वास करने वाले व्यक्तियों की संख्या बढ़ती है, तो इससे व्यक्तियों के संगठित समूह में शक्ति आती है। धर्म में संघात्मक वृत्ति पाई जाती है।

हमारे देश में 'धार्मिक वृत्ति' प्रधान रूप से मिलती है। भारतवर्ष का इतिहास कहता है कि यहाँ का समाज धर्म-प्रधान समाज है। शिक्षित हो या अशिक्षित धर्म सबके लिए है और सभी उसको स्वीकार करते हैं। शिक्षितों की तुलना में अशिक्षितों की संख्या आज भी समाज में अधिक है और धर्म की दृष्टि से विचार करें, तो धर्म अशिक्षितों में अधिक जीवित है। शिक्षित व्यक्ति धर्म के सम्बन्ध में तर्क करते हैं किन्तु अशिक्षित व्यक्ति तर्क नहीं करते। अशिक्षित व्यक्ति धर्म की व्यवस्था को—जो परम्परा से चली आ रही है—यथावत् स्वीकार करते हैं और परम्परा को अपने में मूर्त कर परम्परा को आगे बढ़ाते हैं।

सामान्य व्यक्ति अधिक धार्मिक क्यों होता है

ऊपर मैंने 'शिक्षित'-'अशिक्षित' शब्दों का प्रयोग किया है। इनके अर्थ को स्पष्ट कर दें। शिक्षा के कारण हमें ज्ञान की सामग्री मिलती है। इसमें विज्ञान प्रमुख है। विज्ञान ने धर्म की मान्यताओं को ललकारा है और बौद्धिक धरातल पर उन मान्यताओं का खण्डन किया है। धार्मिक इतिहास-भूगोल से वैज्ञानिक इतिहास-भूगोल भिन्न हैं अतः शिक्षित व्यक्ति बौद्धिक धरातल पर धर्म की मीमांसा चाहता है। इस नाते उसकी धार्मिक भावना में वह बल नहीं होता, जो अशिक्षित व्यक्ति

की धार्मिक भावना में होता है। ज्ञान प्रकाश है और जब ज्ञान होता है, तो हम चिन्तन करते हैं। ज्ञान के चिन्तन से बुद्धि प्राप्त होती है। बुद्धिमान पुरुष वह है, जो ज्ञान का उपयोग करना जानता है। यदि हम जानकर भी उपयोग नहीं करते तो हमारा जानना, न जानना बराबर है। संक्षेप में शिक्षित व्यक्ति बौद्धिकता के कारण धार्मिक भावना की बौद्धिक व्याख्या चाहता है। जहाँ उसको समाधान मिल जाता है, वहाँ उसकी भावना में दृढ़ता आ जाती है और जहाँ समाधान नहीं मिलता, वहाँ वह तर्क करता है। तर्क से भावना का विरोध है। सच तो यह है कि धर्म तर्क में नहीं भावना में है। सामान्य व्यक्ति तर्क करना नहीं चाहता। यह कार्य वह आचार्यों पर छोड़ देता है। आचार्य जो कहते हैं, उसे वह भावपूर्वक स्वीकार करता है। जो व्यक्ति किसी विचार को अर्थात् ज्ञान के निष्कर्ष को भावना से स्वीकार करता है, उसमें धर्म की दृढ़ता आती है और वह धर्म को व्यावहारिक रूप देने में सहायक होता है।

धार्मिक व्यक्ति बहुत-से ऐसे कार्य करते हैं, जिनके लिए वे तर्क नहीं दे सकते। हमारे आचरण में और व्यवहार में जो कार्यप्रणाली है, उसमें धर्म है। हम सब जगह तर्क करना नहीं चाहते। तर्क करने से भावना में दुविधा आती है और धर्म की ग्लानि होती है। कहीं-न-कहीं हमें तर्क को भावना में बदलना है और इस बदलने में धर्म सहायक होता है। धर्म के आधार पर व्यक्ति में शान्ति का उदय होता है। ज्ञान के समाधान से शान्ति प्राप्त होती है।

बौद्धिकता में शान्ति नहीं है

अब मैं आधुनिक संदर्भ में व्यक्ति को केन्द्र में रखकर समाज और धर्म की मीमांसा करना चाहता हूँ। इस नाते मैं और मुझ जैसे अनेक समाज से कटे हुए हैं। बहुत-से लोग धर्म के साथ निजी मान्यताएँ जोड़ते हैं और अपने-अपने ज्ञान के अनुसार (वैसे सब लोगों के ज्ञान की सीमाएँ हैं) इस कटने के दुख से मुक्त होने का प्रयत्न करते हैं। जो व्यक्ति एक बार बौद्धिक जगत में प्रवेश करता है, उसका शीघ्र समाधान नहीं होता। और जिसका समाधान नहीं होता उसको सुख और शान्ति नहीं मिलती। मेरी अपनी निजी मान्यता है कि धार्मिक व्यक्ति (अर्थात् जो धर्म को भावना के आधार पर स्वीकार करता है) सुखी है : धर्म से व्यक्ति को समाधान मिलता है। जीवन-मृत्यु से सम्बन्धित सभी समस्याओं का समाधान धर्म देता है और जो इस समाधान को भावपूर्वक स्वीकार कर लेते हैं, वे अपने-आपमें सुखी हैं। धार्मिक व्यक्ति में दृढ़ता होती है और इस दृढ़ता के कारण वह संकट के क्षणों में घबराता नहीं, उसमें ज्ञान का समाधान होता है और इससे वह समस्याओं से मुक्त हो जाता है।

सम्भवतः वह भी सत्य है

बहुत-सी ऐसी मान्यताएँ और विचार जिनमें मेरी आस्था नहीं है किन्तु वे सब व्यवहार में हैं और धर्म के नाते एक बहुत बड़ा समुदाय और वर्ग उसे भावना के धरातल पर स्वीकार करता है तो मैं व्यक्तिरूप में अपने को भिन्न अनुभव करते हुए भी सामाजिक रूप में उसे स्वीकार करूँगा और उन सबका आदर भी। समाज से अपने को जोड़ने के लिए सामाजिक भावनाओं का आदर करना चाहिए। वैसे जैन धर्म में व्यक्तिगत विचारों को सम्मान से देखने की छूट है। इसे अनेकान्तवाद कहा गया है। जिसे मैं ज्ञानरूप में जानता हूँ, उसे दूसरा उस रूप में न जानता हो और ठीक इसी तरह दूसरा जिसे ज्ञानरूप में जानता है, मैं भी उसको उस रूप में न जानता होऊँ। अतः अनेकान्तवाद 'स्यात् (संभवतः) वह भी सत्य हो' को स्वीकार करता है। मुझे स्वयं यहाँ ज्ञान की मीमांसा नहीं करनी है। कहना इतना ही है कि समाज में प्रचलित मान्यताओं का आदर करना चाहिए क्योंकि उसमें शक्ति है।

होना तो यह चाहिए कि जिसे हम ज्ञान रूप में स्वीकार करते हैं, उसका प्रचार-प्रसार कर भावना को ज्ञान का आधार दें। मैं यह अनुभव करता हूँ कि समाज में धर्म की भावना अधिक पाई जाती है। इस भावना के लिए ज्ञान की आवश्यकता है। इस आवश्यकता की पूर्ति हो तो समाज की शक्ति और बढ़ेगी।

आधुनिक व्यक्ति की मूल कठिनाई

जो व्यक्ति एक बार बौद्धिक जगत् में प्रवेश कर जाता है फिर वह भाव-जगत् में जल्दी नहीं आता और जो भावजगत् में नहीं आता उसको सुख और शान्ति नहीं मिलती। यह आधुनिक व्यक्ति की मूल कठिनाई है। उसमें यह वृत्ति तब आ सकती है, जब वह अन्य लोगों की भावनाओं का आदर करना सीखेगा। किसी की भावना का आदर करने से हम उससे जुड़ना सीखते हैं। व्यक्ति को समाज में दूसरे से जुड़ने के लिए भावनाओं का आदर करना सीखना चाहिए। यह आवश्यक नहीं कि आप दूसरे के विचार को स्वीकार कर लें। भावनाओं का आदर करने से और भावनाओं की शक्ति पहचानने से व्यक्ति धर्म के मर्म को समझने लगता है। मूल बात यह है कि धर्म के साथ भावना जुड़ी हुई है।

बौद्धिक धरातल पर समाज से जुड़ना असम्भव है

संकट की घड़ी में आज भी हम धर्म की ओर ही देखते हैं। हमारी बुद्धि सब जगह समाधान नहीं देती। यह आवश्यक है कि हम औरों पर विश्वास करें। धर्म हमें जीवन की शक्ति देता है। इस शक्ति के बल पर ही समाज में अलिखित

विधान कार्य करता रहता है। समाज की शक्ति धर्म की शक्ति है। व्यक्ति यदि इससे जुड़ते हैं, तो भावना के धरातल पर ही जुड़ सकते हैं। बौद्धिक धरातल पर समाज के साथ जुड़ना कठिन है। समाज में भावना है और व्यक्ति में बुद्धि। दोनों का मेल बैठता है तो दोनों आपस में जुड़ सकते हैं। समाज में यह भावना धर्म के आधार पर व्याप्त रहती है और इसके पीछे लम्बा इतिहास है। इन सबका विश्लेषण करने के बजाय संक्षेप में मैं यह कहना चाहूँगा कि बौद्धिक जीवन से हमें फिर आत्मा के जीवन की ओर आना चाहिए। इसी आधार पर हम मुक्ति की ओर बढ़ सकते हैं।

भक्ती द्राविड़ ऊपजी...

भक्ति का आरंभ दक्षिण भारत में प्रथमतः हुआ। जो विद्वान् भक्ति को आन्दोलन के रूप में स्वीकार करते हैं और इस आन्दोलन का प्रधान कारण इस्लामी संस्कृति की प्रतिक्रिया बतलाते हैं, उन्हें इस बात पर विचार करना होगा कि जब भक्ति का आरम्भ हुआ, उस समय इस्लामी-संस्कृति इस देश में पहुँची नहीं थी। दक्षिण में पांड्य राजाओं का राज्य था। उन्हीं के क्षेत्र में भक्तों ने मधुर प्रेम के भक्तिपरक गीत गाए और श्रीकृष्ण से अपना नाता जोड़ा। वह सब तमिल भाषा में है। इन गीतों में नंद हैं, यशोदा हैं, गोपियाँ हैं, बालक कृष्ण हैं, गोकुल है, वृन्दावन है और मथुरा भी है। ऐसा क्षेत्र भी दक्षिण में निर्मित है। मदुरा—वास्तव में दक्षिण की मथुरा है। सांस्कृतिक दृष्टि से इस सब पर विचार करने की आवश्यकता है। दक्षिण की शिल्पकला और संगीतकला भी भक्ति से आपूरित है और वह सनातन रूप में आज भी वर्तमान है। उसके ऐतिहासिक उत्स को पहचानने की आवश्यकता है। उसी का किंचित् प्रयास यहाँ पर कर रहा हूँ।

(2)

भक्ति का आरंभ जब हुआ, उस समय देश में बौद्धों की संस्कृति का प्रचार-प्रसार रहा है। लंका में बौद्धों की संस्कृति तमिल प्रदेश के मार्ग से ही पहुँची है। दक्षिण भारत का इतिहास आज भी भारतीय इतिहास में पूरी तरह से उजागर नहीं है और हिन्दी में अभी भी दक्षिण भारत के ऐतिहासिक परिप्रेक्ष्य पर इस दृष्टि से समुचित विचार प्रस्तुत नहीं किए गए हैं। इसलिए तमिल प्रदेश में बौद्ध संस्कृति का क्या स्वरूप रहा होगा, यह हम ठीक-ठीक नहीं कह सकते। बौद्धों की संस्कृति भारत में लुप्त हुई या वह इस देश में लीन हो गई? इस प्रश्न का उत्तर ऐतिहासिक परिप्रेक्ष्य में आज भी विचारणीय है। मैं यहाँ पर भक्ति-आन्दोलन के परिप्रेक्ष्य में बौद्धों की संस्कृति पर विचार करने की बात कह रहा हूँ। भक्ति-आन्दोलन से पूर्व बौद्धों की संस्कृति इस देश में विराजमान रही है और बाद में वह लुप्त हुई है। इस नाते भक्ति को सीधे इस्लामी संस्कृति से न जोड़कर बौद्धों की संस्कृति

से जोड़ना अधिक ठीक होगा। दक्षिण भारत से यह परम्परा चली है। इस तथ्य: को प्राय : सभी विद्वान स्वीकार करते हैं।

(3)

शान्तिनिकेतन में गुरुदेव रवीन्द्रनाथ ठाकुर की प्रेरणा से 'भारतीय भक्ति वाङ्मय' को पहचानने के प्रयत्न हुए हैं। उसमें अनेक विद्वानों ने सहयोग दिया है और कार्य को आगे बढ़ाया है। **दिव्य प्रबन्ध** का हिन्दी में 8 भागों में प्रकाशन शान्तिनिकेतन में ही हुआ है। इस योजना का परिचय देते हुए डॉ० रामसिंह तोमर ने लिखा है—

> "शान्तिनिकेतन में रवीन्द्रनाथ ठाकुर की इच्छानुसार हिन्दी भवन की स्थापना एक शोधकेन्द्र के रूप में सन् 1938 में हुई थी। हिन्दी भवन के कार्यक्रम की योजना पर विचार करने के लिए सन् 1940[1] में विशेषज्ञों की एक समिति गठित की गई थी जिसके सदस्य थे डॉ०धीरेन्द्र वर्मा, पं० लालता प्रसाद सुकुल, पं० हजारीप्रसाद द्विवेदी, आचार्य क्षिति मोहन सेन और श्री रवीन्द्रनाथ ठाकुर। समिति ने अन्य सुझावों के साथ एक सुझाव यह दिया था कि हिन्दी भाषा और साहित्य के मूल उत्सों पर विशेष रूप से कार्य हो और इस सुझाव पर ध्यान रखते हुए महायान, संतमत, सूफीमत, अपभ्रंश जैसे क्षेत्रों को शोधकार्य के लिए चुना गया। योजना का दूसरा पक्ष था हिन्दी साहित्य की प्रमुख विचारधाराओं तथा उत्तरी भारत की चिंतन परम्परा को जिन महान् परम्पराओं ने प्रत्यक्ष या परोक्ष रूप से प्रभावित किया है उनके मूल साहित्य का हिन्दी में प्रामणिक अनुवाद उपलब्ध करना। ऐसे आकर साहित्य में महत्त्वपूर्ण स्थान है दक्षिण के आलवार भक्तों की मूल तमिल रचनाओं का, सूफियों की मूल अरबी, फारसी, तुर्की रचनाओं का, ग्रीकभाषा की प्राचीन ऐतिहासिक रचनाओं का, जिनमें भारत के सम्बन्ध में ऐतिहासिक, सामाजिक और सांस्कृतिक दृष्टि से सूचनाएँ दी गई हैं।"[2]

(4)

दिव्य प्रबन्ध के 4000 (चार हजार) पद्यों का हिन्दी में अनुवाद उक्त योजना

---

1. भूल से 1940 के स्थान पर 1944 छप गया है। 1944 ई० में गुरुदेव रवीन्द्रनाथ ठाकुर नहीं थे।
2. दिव्य प्रबन्ध (आलवारों की वाणियाँ), संपादक : डॉ० रामसिंह तोमर, अनुवादक : पंडित श्रीनिवास राघवन, विश्वभारती, शान्तिनिकेतन, प्रथम संस्करण (भाग 1), 1980 ई०, प्रस्तावना, प्रथम अनुच्छेद।

के अनुसार हो गया है। दिव्य प्रबन्ध आलवारों की वाणी है। आलवार तमिल भाषा में वैष्णव संत को कहते हैं। अनुवाद का कार्य पंडित श्रीनिवास राघवन ने किया है। देव नागरी लिपि में मूल तमिल पद्यों को लिखा गया है और उसका हिन्दी अनुवाद ठीक सामने के पृष्ठ पर दिया गया है। पाठकों को इससे मूल पाठ और साथ-साथ अनुवाद पढ़ने में सुविधा हो गई है। आठ भागों में यह सब प्रकाशित है। इनका प्रकाशन 1980 से 1989 ई० तक होता रहा है। इसके प्रधान सम्पादक हिन्दी के वरिष्ठ आचार्य डॉ० रामसिंह तोमर हैं।

(5)

दिव्य प्रबन्ध के गीतमय पदों को पढ़कर भक्त कवि सूरदास का स्मरण हुआ। आचार्य रामचन्द्र शुक्ल स्वयं सूरसागर का लालित्य और उसके संगीत के स्वरूप को देखकर मुग्ध हो गए थे और उन्हें लग रहा था कि सूरसागर किसी परम्परा का विकसित रूप है चाहे वह मौखिक क्यों न रही हो। यदि आचार्य शुक्ल दिव्य प्रबंध को—अनूदित रूप में—पढ़ गए होते तो वे सूरसागर की परम्परा को दिव्य प्रबन्ध का विकसित रूप कहते।

(6)

दिव्य प्रबन्ध के आठ भाग 1989 ई० तक छप गए हैं। अन्तिम भाग में डॉ० रामसिंह तोमर अपनी योजना के सम्बन्ध में लिखते हैं—

> "मेरे लिए यह परम संतोष का विषय है कि आलवार भक्तों की वाणियों का आठवाँ और अन्तिम भाग प्रकाशित होकर पाठकों की सेवा में जा रहा है। इस माला का अन्तिम भाग शेष है जिसमें आलवारों की भक्ति पद्धति का विवेचन रहेगा। **आलवारों की वाणियों का रचनाकाल ईसवी सन् की पांचवीं शती से आरम्भ होता है।** उत्तरी भारत की भाषाओं में भक्ति की धारा पंद्रहवीं-सोलहवीं शती में प्रवाहित हुई। उससे लगभग एक हजार वर्ष पूर्व तमिल में भक्तिकाव्य की धारा का प्रवाह आरम्भ हुआ है।"[1]

लगता है आलवारों की वाणी की परम्परा में आगे श्रीमद्‌भागवत लिखा गया है। आलवरों की वाणी या दिव्य प्रबन्ध के लिखे जाने के क्रम में श्रीमद्‌भागवत लिखा गया है। सूरसागर पर श्रीमद्‌भागवत का सीधा प्रभाव है किन्तु स्वयं श्रीमद्‌भागवत की रचना के मूल में आलवारों की वाणी रही हो। कारण स्पष्ट

1. दिव्य प्रबन्ध, भाग 8, सं० : डॉ० रामसिंह तोमर, अनु : पं० श्रीनिवास राघवन, विश्वभारती, शान्तिनिकेतन, प्रथम संस्करण 1989 ई०, प्रस्तावना से।

है। माना जाता है कि श्रीमद्भागवत की रचना किसी तमिल विद्वान् ने 9वीं या 10वीं शती में की है। डॉ० सत्येन्द्र यही मानते हैं।[1]

(7)

श्रीमद्भागवत के बारहवें स्कन्ध के प्रथम अध्याय में नंदवंश के राजाओं से गुप्त वंश तक के राजाओं का क्रम दिया हुआ है और बाद में उत्तर-पश्चिम में म्लेच्छों के बर्बर आक्रमणों का उल्लेख किया गया है। इस सारे ऐतिहासिक वृत्त को देखकर लगता है कि भागवत की रचना 9वीं या 10वीं शती में हुई हो। श्री शुक और राजा के संवाद के रूप में यह सब कहा गया है। राजा ने पूछा—

स्वधामानुगते कृष्णे यदुवंशविभूषणे
कस्य वंशोऽभवत् पृथ्व्यामेतदाचक्ष्व मे मुने ॥ 1 ॥

और शुक ने उत्तर में भविष्य में जो राजा होंगे (भविष्य कथन के रूप में)— उनका सबका विवेचन किया। बतलाया कि ये होंगे—इसके बाद ये होंगे— इस तरह क्रम में सब कुछ बतलाया। बीते हुए इतिहास को, उससे पूर्व बीते हुए युग में पहुँचकर भविष्य के रूप में यह सब कथन है। इतिहास की यह कथा जहाँ आकर समाप्त होती है, उसके आधार पर रचनाकाल का निर्णय करें तो उसे उत्तर-पश्चिम से मुसलमानों के आक्रमण के समय तक आना होगा। इस रूप में विचार करने पर श्रीमद्भागवत का रचनाकाल 9वीं या 10वीं शती कहना ठीक लगता है।

(8)

श्रीमद्भागवत के रचयिता का नाम हम नहीं जानते किन्तु भक्ति का प्रवाह और माधुर्य तथा लालित्य को देखकर अनुमान होता है कि वह आलवारों की परम्परा का है। रचियता आलवारों में से ही कोई आलवार रहा होगा किन्तु उसने अपना नाम नहीं बतलाया है।

(9)

श्रीमद्भागवत के आरम्भ में—श्रीमद्भागवत माहात्म्य, अध्याय एक में— भक्ति का कथन है जिसमें वह अपना इतिहास नारद को बतलाती है। कहती है—'उत्पन्ना द्रविड़े साहं, वृद्धिं कर्णाटके गता''' वृन्दावनं पुनः प्राप्य नवीनैव

---

1. भारतीय भाषाओं में कृष्णकाव्य, सं० : डॉ०भगीरथ मिश्र, मध्य प्रदेश साहित्य अकादमी, भोपाल, प्रथम संस्करण 1978 ई०, पृ० 261

सुरूपिणी' (48 से 50 तक) इस निवेदन में द्रविड़ देश में उत्पन्न होने की बात (यह कथन) इस तथ्य का प्रमाण है कि श्रीमद्भागवत की रचना तमिल प्रदेश में हुई। रामचरित मानस में जैसे—'जब-जब होहिं धरम की हानी'—कहा गया है, उसी तरह भक्ति की यह अपनी यात्रा की कहानी हैं। इस यात्रा में भक्ति के अपने अनेक अनुभव हैं। उत्तर भारत तक की—वृन्दावन पहुँचने तक की कहानी है। इसमें दक्षिण भारत से उत्तर भारत भक्ति के माध्यम से जुड़ गया है। भक्ति की अन्तर्व्यथा, निवेदन, ज्ञान और वैराग्य के साथ उसका आत्मीय सम्बन्ध (पुत्र रूप में) सब कुछ जुड़ गया है। नारद ने बाद में भक्ति का महत्त्व ज्ञापित किया और कलियुग में उसकी महत्ता और आवश्यकता ज्ञापित करते हुए कहा—

त्वं तु भक्तिः प्रिया तस्य सततं प्राणतोऽधिका।
त्वयाऽऽ हूतस्तु भगवान् याति नीच गृहेष्वपि ॥3॥
सत्यादि त्रियुगे बोधवैराग्यौ मुक्ति साधकौ।
कलौ तु केवला भक्तिर्ब्रह्म सायुज्य कारिणी ॥4॥
इति निश्चित्य चिद्रूपः सद्रूपां त्वां ससर्जह।
परमानन्द चिन्मूर्तिः सुन्दरीं कृष्णवल्लभाम ॥5॥

—श्रीमद्भागवत माहात्म्य, द्वितीय अध्याय

भागवत के मूल में भक्ति है। इसी भक्ति का प्रथम दर्शन भारतीय साहित्य में दिव्य प्रबन्ध में हुआ है।

(10)

वैष्णव सन्तों को तमिल में **आलवार** कहा गया है। इसके सम्बन्ध में श्रीनिवास राघवन लिखते हैं—

"द्रविड़ भाषा में संतों को 'आलवार' कहते हैं जिस शब्द का अर्थ है मग्न। ये सन्त भगवत्प्रेम में मग्न रहते हैं। ये नित्यसूरियों के अंश कहलाते हैं जो (नित्यसूरि) भूषण, अस्त्र रूप में बैकुंठ में श्रीमन्नारायण का गुणानुभव और सेवा करते रहते हैं। ये संसारी जीवों के उद्धार के लिए परमात्मा की आज्ञा से अवतरित होते हैं और पूर्ण ज्ञान और भक्ति से संपन्न होते हैं।"[1]

दिव्य प्रबंध के आठ भागों में किसी एक की वाणी न होकर कई आलवारों की वाणियाँ हैं।

---

1. दिव्य प्रबंध, भाग 7, सं० : डॉ० रामसिंह तोमर, अनु० : पं० श्रीनिवास राघवन, विश्वभारती, शान्तिनिकेतन, प्रथम संस्करण 1989, 'जीवनियाँ' शीर्षक, पृ० 10।

(11)

आलवार स्वयं भक्त हैं। भक्ति उनमें मूर्त रूप में विराजमान हैं। इनके नाम और इनके व्यक्तिगत जीवन का परिचय आरम्भ में दिया गया है।

(12)

प्रथम भाग में पेरियाळवार तिरुमोळि (संत विष्णुचित्त) की रचनाएँ हैं। कुल 473 पद हैं। इनमें कृष्ण की बाल-लीलाएँ हैं। ये सब बाल चरित्र के रूप में हैं। कृष्ण जन्मोत्सव, शिशु का रूप वर्णन (पादादि-केशांत वर्णन), लोरी-गीत, घुटरुनुओं से चलना, मुख-मण्डल का सौंदर्य, माखन खाना, नटवर का रूप, गले लगना, पीठ से लगना, हौआ दिखाना, स्तन-पान, कनछेदन, स्नान, चिकुर-शृंगार, कौए को लाठी लाने का आदेश, धेनु-समूह, रक्षा-मंगल (इंद्र सहित), शरारतें और गोपियों की शिकायतें, यशोदा माता का पड़ोसियों द्वारा उलाहने सुनना, यशोदा का श्रीकृष्ण के परत्व का स्मरण, अञ्जन वर्णन, मोरपंख के छाते और छतरियां, वेणु-गान, रमणीय धूल··· आदि अनेक प्रसंग हैं। एक-एक प्रसंग में लीलाओं का विस्तार है। ऐसी ही लीलाएं सूरदास के काव्य में भी हैं। बाल-चरित्र को तमिल में पिळ्ळै-त्-तमिल्' कहा गया है।

(13)

दूसरे भाग में गोदा, कुलशेखर, भक्तिसार, भक्तांध्रिरेणु, मुनिवाहन तथा मधुर कवि की रचनाएँ संकलित हैं। 474 से 947 तक के पद्य इसमें हैं। गोदा ही आण्डाल है। मीरा का पूर्व रूप आण्डाल में दिखलाई देगा। उसकी दो रचनाएँ हैं—तिरुप्पावै और नाच्चियार् तिरुरोळि। तिरुप्पावै के पदों के सम्बन्ध में अनुवादक की टिप्पणी इस प्रकार है—

"उनका (गोदा का) अवतार आषाढ मास में पूर्व फाल्गुनी नक्षत्र में श्रीविल्लिपुत्तूर के भगवान वटपत्रशायी के उपवन में एक तुलसी कुंज के मूल में हुआ। संत श्रीविष्णुचित्त (पेरियाळवार) जो वहाँ भगवान् के लिए पुष्प चुनने के लिए प्रतिदिन जाया करते थे उन्हें देखकर अपने घर ले गये और बड़े प्रेम से पाला-पोसा। गोदा को स्वभाव से ही भगवान् से प्रेम था और विष्णुचित्त के संग से वह दिन-ब-दिन बढ़ने लगा। यौवनावस्था को प्राप्त करते-करते उनका मन भगवान् से ही लग गया और उन्हीं को उन्होंने अपना पति मान लिया और उनकी प्राप्ति का उपाय सोचने लगी। उन्होंने सुना था कि गोप बालिकाओं ने कात्यायनी व्रत का अनुष्ठान कर श्रीकृष्ण को प्राप्त किया था। गोदा ने उनके उस व्रत का अनुष्ठान करने का निश्चय किया। उनसे गोदा का तादात्म्य इतना अधिक हो गया कि वे समझने लगीं

कि श्रीविल्लिपुत्तूर ही गोकुल है, वहाँ की बालिकाएँ गोप कुमारियाँ हैं; वटपत्रशायी भगवान् का मंदिर, नंदबाबा का महल है, वटपत्रशायी श्रीकृष्ण हैं और वे स्वयं एक गोपकन्या हैं। उनकी सारी क्रियाएँ गोप बालिकाओं की-सी हो गईं जिनका चित्रण हमें तिरुप्पावै प्रबंध में मिलता है।"1

गोदा का जीवन भक्त का जीवन है। भक्ति-भावना के विविध रूपों से युक्त चरित्र दिव्य प्रबंध में दिखलाई देते हैं। अन्य भक्तों का परिचय भी इसी प्रकार दिया गया है। चरित्रों को पढ़कर और उनके काव्यों का अवलोकन कर प्रतीत होता है कि उनके पदों में वे स्वयं निजी जीवन की बात कह रहे हैं।

(14)

दिव्य प्रबन्ध के आठों ही भागों के 4000 पद प्रेम से युक्त, भक्तिभावना से पूरी तरह आप्लावित हैं। इन्हें पढ़कर कोई भी अनुभव करेगा कि भक्ति का प्रवाह दक्षिण से उत्तर की ओर प्रवाहित हुआ है। श्रीमद्भागवत में भक्ति का जो स्वरूप बतलाया गया है, बह अपने-आपमें चिन्तन रूप में भी है, सैद्धान्तिक भी है, दर्शन-स्वरूप है, अलौकिक है, आध्यात्मिक है और यह सब होने पर भी लीलाओं से युक्त है और इन लीलाओं में श्रीकृष्ण विराजमान रहे हैं। श्रीकृष्ण के जीवन की जो झाँकियाँ भागवत में हैं, वे सब भक्तों के आनन्द की वस्तु हैं। उन्हें मन में लाना और स्वयं को भगवान् के सान्निध्य में अनुभव करना और फिर उस भावना में तल्लीन होना—भक्ति के प्रवाह में प्रवाहित होना है। श्रीमद्भागवत में जो कथाएँ हैं, वे सब संवादों में कही गई हैं और उनको कहकर भक्तों के मन की शंकाओं का निराकरण किया गया है। श्रीकृष्ण के अतिरिक्त अन्य जो भी पात्र (स्वयं श्रीकृष्ण के युग के ही) श्रीमद्भागवत में हैं, वे सब भी श्रीकृष्ण से अलग प्रतीत होते हैं और उनमें श्रीकृष्ण के साथ जो सम्बन्ध भाव है, वह भाव पुरुषोत्तम की महिमा से मंडित है। वे श्रीकृष्ण को दिव्य रूप में ही मानते हैं। श्रीकृष्ण के दिव्य रूप का साक्षात्कार उनके साथ रहने वालों ने किया है। उक्त साक्षात्कार में अन्य पात्रों ने जो कुछ अनुभव किया है, वह अनुभव भक्ति-भावना से युक्त है। भक्ति का वह आनन्द है। ऐसे ही अनुभव दिव्य प्रबन्ध के भक्तों के हैं। यद्यपि वे सब श्रीकृष्ण के युग के नहीं हैं तथापि वे श्रीकृष्ण को अपने निकट वैसे ही अनुभव करते हैं। श्रीकृष्ण के लौकिक जीवन के प्रसंगों में यशोदा, देवकी, गोपियाँ एवं नन्द बाबा—आदि अनेक पात्र श्रीकृष्ण को जिस तरह अपने निकट पाते हैं और अपना समझकर साहचर्य सुख का अनुभव करते हैं, उसी प्रकार के अनुभव

1. दिव्य प्रबन्ध, भाग 2, सं० : डॉ० रामसिंह तोमर, अनु० : पं० श्रीनिवास राघवन, विश्वभारती, शान्तिनिकेतन, प्रथम संस्करण, 1982 ई०, पृ० 5

आलवारों ने व्यक्त किए हैं। इनको पढ़कर लगता है कि श्रीकृष्ण की पहुँच घर-घर में हो गई है। हर बालक के साथ माता का नाता देखो तो वत्सलता दिखलाई देगी। वत्सलता का अपना सुख और आनन्द है। वह लौकिक भी है और अलौकिक भी। श्रीकृष्ण के जीवन में ऐसे अनेक प्रसंग हैं, जिनमें उन्होंने लौकिक जीवन के माध्यम से अपने निकटवर्तियों को सुख प्रदान किया है। उसे ही जीवन की पूंजी बनाकर लौकिक को अलौकिक में परिणत कर भक्ति को अपने-आप आध्यात्मिक स्तर तक पहुँचाया गया है। वर्णन सारे लौकिक हैं किन्तु उन वर्णनों की भावना दिव्य है। दिब्य प्रबन्ध में लौकिक जीवन के दिव्य अनुभव हैं। ये सब फुटकल प्रसंगों में, मुक्तक रूपों में हैं। कथा और प्रसंग से बढ़कर इनमें भावनाओं का मोल अधिक है। तमिल में इन्हें मूल रूप में पढ़कर उनका अर्थ देखते हुए पुनः-पुनः पढ़ते जाएँगे तो इनसे तमिल काव्य की गरिमा का बोध होगा। ये अनुभव केवल तमिल देश के नहीं अपितु भारतवर्ष की सामान्य भावना उनमें व्यक्त हुई है। और सच तो यह है कि इनमें श्रीकृष्ण के दिव्यरूप का साक्षात्कार होगा।

(15)

'दिव्य प्रबन्ध' के अनुभव (भाव कहिए) भक्तों के लिए आनंद की वस्तु हैं। शुक्ल जी के शब्दों में वह सिद्धावस्था का काव्य है। दिव्य प्रबंध के कवियों का जीवन भक्ति भावना से युक्त रहा है। उन कवियों की रचनाएँ सारे तमिल प्रदेश में (जो भी उन्हें पढ़ता है) भक्ति के माध्यम से ईश्वर का (श्रीकृष्ण का) साक्षात्कार कराता रहा है। दक्षिण भारत के मन्दिरों में इस भावना को मूर्त रूप आलवारों के कारण प्राप्त हुआ है। दिव्य प्रबन्ध के आधार पर दक्षिण भारत की संस्कृति का बोध होता है और बोध अखिल भारतीय संस्कृति का रूप लेता प्रतीत होता है। भक्ति का अपना आध्यात्मिक बल है। मुसलमानों के आक्रमण के कारण लोगों का ध्यान भगवान की ओर गया है—ऐसी बात नहीं है। दक्षिण भारत में ऐसी राजनीतिक स्थिति नहीं थी। फिर ऐसा क्यों हुआ? बौद्धधर्म से इस भक्ति भावना के सम्बन्ध पर विचार करना आवश्यक है। भक्ति के कारण तमिल प्रदेश से वैष्णव भावना को बल मिला है। दक्षिण भारत में भक्त पहले हुए और आचार्य बाद में हुए। शंकराचार्य से पहले आलवारों की वाणी तमिल प्रदेश में गूँज गई थी।

नाथ सम्प्रदाय और भक्ति साहित्य

'भक्ति आन्दोलन' की तरह 'नाथ सम्प्रदाय' को भी भारत में एक सांस्कृतिक आन्दोलन माना गया है। भक्ति आन्दोलन का आरम्भ दक्षिण में प्रथमत: हुआ। किन्तु उसका विस्तार बाद में उत्तर भारत में हुआ। उत्तर भारत के भक्ति आन्दोलन से पहले नाथ सम्प्रदाय का आन्दोलन हुआ है। नाथ सम्प्रदाय के आन्दोलन में दो बातें प्रधान हैं। एक तो इसका सम्बन्ध बौद्ध संस्कृति से है और दूसरे इस्लामी संस्कृति से भी है। भारत के इतिहास में नाथ सम्प्रदाय के आन्दोलन को भक्ति आन्दोलन के रूप में पहचानने के प्रयत्न अभी नहीं हुए हैं। नाथ सम्प्रदाय के आन्दोलन पर इतिहास-ग्रन्थों में विशेष रूप से कुछ लिखा नहीं गया है। भक्ति साहित्य की पृष्ठभूमि में नाथ सम्प्रदाय है। इस बात को आचार्य हजारी प्रसाद द्विवेदी खूब जानते थे। इस दृष्टि से उन्होंने इस आन्दोलन को पहचानने का प्रयत्न भी किया है। भक्ति आन्दोलन को पहचानने में नाथ सम्प्रदाय का आन्दोलन सहायक है। ऐतिहासिक दृष्टि से इस आन्दोलन को पहचानने के प्रयत्न होने चाहिए। इस दृष्टि से कुछ प्रयत्न यहाँ पर कर रहा हूँ। इससे भारतीय संस्कृति का एक पक्ष भी उजागर होता है।

(2)

डॉ० युसुफ हुसैन की पुस्तक 'मध्ययुगीन भारतीय संस्कृति (एक झलक)' प्रकाशित हुई है। इस पुस्तक का प्रथम अध्याय 'इस्लाम और भक्ति सम्प्रदाय' है। इसमें कबीर और अन्य सन्त कवियों का विवेचन अधिक है। नाथ सम्प्रदाय के सम्बन्ध में कुछ भी नहीं लिखा गया है। और सच तो यह है कि 'नाथ सम्प्रदाय' से कबीरदास और अन्य सन्त पारम्परिक रूप में जुड़े हुए हैं। 'इस्लामी संस्कृति को आत्मसात् करने का प्रयास भारत में सबसे पहले नाथ सम्प्रदाय ने किया है।' 'नाथ सम्प्रदाय' के कारण और बाद में भक्ति आन्दोलन के कारण भारत इस्लाम में पूर्णतः परिवर्तित होने से बच गया है। इन दोनों आन्दोलनों को इस अर्थ में सांस्कृतिक आन्दोलन मानना चाहिए। और इन दोनों आन्दोलनों का परस्पर

सम्बन्ध भी इसी तरह बतलाना आवश्यक है।

(3)

इस्लामी संस्कृति के साथ नाथ सम्प्रदाय के सम्बन्ध बतलाने के प्रयत्न किए गए हैं। डॉ० नागेन्द्रनाथ उपाध्याय की पुस्तक 'नाथपंथ और संत साहित्य' में ऐसा प्रयत्न हुआ है। वे लिखते हैं—

> "आजकल भी भारतीय मुसलमानों में एक सम्प्रदाय है जिसे '**जफर योगी**' कहते हैं तथा जिसके अनुयायी योग साधन भी करते हैं। कुछ परम्पराओं से ज्ञात होता है कि गोरखनाथ ने यात्राएँ भी बहुत की थीं। यह भी ध्यान देने योग्य है कि गोरखनाथियों के केन्द्रों के प्रधान को कहीं-कहीं 'पीर' कहा जाता है जिसका सामान्यतया प्रयोग मुस्लिम संतों के लिए किया जाता है। इन विवरणों से यह पता लगता है कि महाराष्ट्र के महानुभावों की तरह गोरखनाथ और कनफटा जोगियों ने उत्तर भारत में किसी रूप में मुसलमानों से संधि कर ली थी। इसकी व्याख्या इस प्रकार की जाती है कि 'पीर' शब्द का ग्रहण नाथपंथियों ने, अपने उग्र उन्मूलन से बचने के लिए कर लिया था। श्री घुरे (इनकी पुस्तक का नाम है 'इंडियन साधुज़') की यह व्याख्या सुन्दर लगती है और इसकी पुष्टि के लिए उन्होंने तीन कारण भी दिए हैं। **प्रथम**—नाथपंथियों के मुख्य केन्द्र मुस्लिम बहुल प्रदेशों में हैं। अफगानिस्तान, पश्चिम पंजाब, कच्छ आदि प्रदेशों में मुसलमानों की संख्या अधिक है तथा इन प्रदेशों में क्रमशः कन्दहार, टिस्सा, धिनोधर आदि स्थानों में नाथपंथियों के मुख्य केन्द्र हैं। **दूसरे**—हिंगलाज की देवी के प्रति श्रद्धाभाव रखने के कारण मुसलमान जनता से उन लोगों का सम्पर्क अधिक बढ़ा। **तीसरे**—इतिहास से पता लगता है कि नाथपंथियों को मुसलमानों द्वारा उत्पन्न की गई विपत्तियाँ नहीं सहनी पड़ी थीं। गोरखपुर के गोरक्षनाथ मंदिर का मुसलमानों ने दो बार ध्वंस किया था जिसे नाथपंथियों ने बाद में बनवाया। नाथपंथी केन्द्रों में जोगी लोग जो जीवन व्यतीत करते हैं, वह मुसलमान पीरों के दैनिक जीवन के प्रायः समान हैं। श्री घुरे ने जिन तर्कों और तथ्यों को उपस्थित किया है, उससे एक अन्य तथा सर्वथा भिन्न विचार भाषित होता है कि संभव है कि नाथपंथी जोगियों के समुदाय में जब मुसलमान लोग भी दीक्षित होने लगे तो उनके आधिक्य अथवा प्रभाव से तत्तत् स्थानों में उन मठों के प्रधानों को पीर कहा जाने लगा हो। गोरखपुर के मठ के प्रधान को महंत ही कहा जाता है, 'पीर' नहीं। इसी सम्बन्ध में एक तथ्य और ध्यान में रखने योग्य है कि गोरखनाथ और परवर्ती नाथकवियों की रचनाओं में उनका

मुसलमानों के प्रति वह खण्डनात्मक आवेश व्यक्त नहीं हुआ है जैसा कबीर की रचनाओं में बाद में हुआ है।"[1]

(4)

इतिहास में हम देखते हैं कि कट्टर-से-कट्टर मुस्लिम बादशाह ने नाथपंथी योगियों को तकलीफ नहीं दी है। यह स्थिति औरंगज़ेब बादशाह के ज़माने तक वर्तमान रही है। नाथपंथी योगियों को पीरों और फकीरों के सदृश माना गया है। औरंगज़ेब औरंगाबाद (दकन) में रहता था। वहाँ पर उसने निपट बाबा का सम्मान पीरों और फकीरों के समान किया है। पीर और फकीर बादशाह के दरबार में नहीं जाते थे। स्वयं बादशाह पीरों और फकीरों के पास जाते थे। निपट बाबा भी कभी औरंगज़ेब से मिलने नहीं गए। खुद बादशाह निपट बाबा के पास गए। वैसे ही गए, जैसे वह पीरों और फकीरों के पास जाते थे और उनकी सहायता करते थे। औरंगज़ेब ने निपट बाबा के पास अपना वज़ीर भेजा था। वज़ीर से निपट बाबा तो नहीं मिले किन्तु निपट बाबा के शिष्य निरंजन से वज़ीर को भेंट हुई। उस समय वज़ीर और निरंजन में जो संवाद हुआ वह दोहों में इस प्रकार व्यक्त हुआ है—

वज़ीर : आलमगीर ने दे दिये बहुतों को जहागीर।
मनसब लिख देंगे अभी अरज़ करे है वजीर ॥7॥

निरंजन : आलमगीर क्या देत है आलम को जहागीर।
चर्पट[2] का पंजा यहाँ दूजा देख फकीर ॥8॥

वज़ीर : औरंग के ही नाम से बसा औरंगाबाद।
जो कुछ माँगे सो मिले, जंगल हो आबाद ॥9॥

निरंजन : फकीरों का जो रंग है, कभी न हो बरबाद।
निपट बिलायत देस के जो माँगे मइसाद ॥10॥

वज़ीर : कहना था सो कह दिया, शाह का फरमान।
कुटी पर गंगा बही, कर लेना था स्नान ॥15॥

---

1. नाथ और संत साहित्य (तुलनात्मक अध्ययन), डॉ० नागेन्द्रनाथ उपाध्याय, काशी हिन्दू विश्वविद्यालय, वाराणसी, प्रथम संस्करण, 1965 ई०, पृ० 54, 55
2. चर्पटनाथ को निपट बाबा अपना गुरु मानते हैं। चर्पटनाथ की परम्परा में निपट बाबा (निपटनाथ) का नाम आता है।

निरंजन : बादशाहि छोड़ दे, फकीरों का सुन ग्यान।
निपट सब ही निपट के, करे जगत् कल्याण ।।16।।[1]

(5)

औरंगज़ेब निपट बाबा को फकीर मानता था। निपट बाबा से औरंगज़ेब का संवाद हुआ है। वह सब कवित्तों में व्यक्त है।[2] औरंगज़ेब निपट बाबा के ज्ञान से प्रभावित हुआ और उसने अपनी प्रतिक्रिया व्यक्त की है। कहा—

"इस तरह आखिर हुआ निपट बाबा का ज़हूर।
मारेफत नसीहत उतरा ज़र्रा से रब्बे ग़फ़ूर ।।
उठ गया ज़ुस्मत का डेरा पाया हर सित्मे नूर।
आज दुनिया मुन्तज़र थी आफताबे दूर-दूर ।।
फिर यहाँ रौशन हुआ, तौहीद महाराष्ट्र से।
हिन्द को एक गुरु कामिल ने जगाया ख्वाब से ।।[3]

(6)

औरंगज़ेब का और निपट बाबा का उल्लेख बीच में ही कर दिया है। सच बात यह है कि नाथयोगी बहुत पहले से अपना काम करते रहे हैं। प्रधान रूप से उनका समय शंकराचार्य के बाद में है। भक्तिकाल का समय, हिन्दी साहित्य में संवत् 1375 से 1700 तक (आचार्य रामचन्द्र शुक्ल के अनुसार) माना गया है। नाथ सम्प्रदाय का काल उससे पूर्व मानना चाहिए। उनमें सबसे प्रधान नाम गोरखनाथ का है। गोरखनाथ का समय शंकराचार्य के बाद में है। नाथ सम्प्रदाय के आन्दोलन को अखिल भारतीय आन्दोलन का स्वरूप देनेवाले गोरखनाथ हैं। गोरखनाथ से पहले यह परम्परा सिद्धों के समय में रही है और गोरखनाथ के बाद में भी यह परम्परा दीर्घकाल तक चलती रही है। भक्ति साहित्य के अंतर्गत जो संत साहित्य है, वह नाथ सम्प्रदाय का ही विकसित रूप है। यों कहना चाहिए कि संत साहित्य नाथ सम्प्रदाय को संत साहित्य से सीधे जोड़ता है। नाथ संप्रदाय की बहुत-सी विशेषताएँ संत साहित्य में मिल जाती हैं।

---

1. निपट निरंजन की बानी, सं० : राजमल बोरा, वाणी प्रकाशन, 21, दरियागंज, नई दिल्ली-2, प्रथम संस्करण, 1992 ई०, पृ० 94, 95
2. वही, पृ० 55 से 93 तक (114 कवित्त हैं)
3. वही, पृ० 102

(7)

भक्ति आन्दोलन की तरह नाथ सम्प्रदाय को भारत का सांस्कृतिक आंदोलन मानना चाहिए। इसी आन्दोलन ने बौद्धों की संस्कृति को भारतीय संस्कृति में विलीन करने में बहुत बड़ा कार्य किया है। बौद्धों की संस्कृति भारत से लुप्त हो गई, ऐसा न कहकर यह कहना अधिक उपयुक्त होगा कि बौद्धों की संस्कृति भारतीय संस्कृति में विलीन हो गई। और उसे विलीन करने में या आत्मसात् करने में नाथयोगी सबसे आगे रहे हैं। डॉ० नागेन्द्रनाथ उपाध्याय ने 'बौद्ध कापालिक साधना और साहित्य' (स्मृति प्रकाशन, इलाहाबाद, प्रथम संस्करण, 1983) पुस्तक लिखी है। उसे पढ़ जाने से इस सम्बन्ध में प्रचलित मतों का परिचय मिलता है। वे लिखते हैं—

> "बहुत-से लोग यह सिद्धांत मानते हैं कि तांत्रिकता का जहाँ तक सवाल है, तांत्रिक बौद्धमत सर्वाधिक प्राचीन है जिसका प्रभाव दूसरे हिन्दू जैसे धर्म-सम्प्रदायों ने ग्रहण किया। डॉ० विनयतोष भट्टाचार्य का यही मत है। दूसरी ओर महापंडित राहुल सांकृत्यायन 'आगम' को बाहर से आया हुआ मानकर असंग को भी विदेशी मानते हैं तथा डॉ० विनयतोष भट्टाचार्य उन्हें ही बौद्ध-तंत्र का पुरस्कर्ता भी मानते हैं। तीसरा मत तंत्र और तांत्रिक सिद्धांतों एवं क्रियाओं को वेद के समान ही प्राचीन मानता है और सिद्धान्ततः यह स्वीकार करता है कि श्रुतियाँ दो प्रकार की थीं—वैदिकी और तांत्रिकी। भारत-वर्ष के राष्ट्रीयतावादी विचारधारा के विद्वान् तो इसे स्वीकार करते ही हैं साथ ही सर जान उडरफ जैसे विद्वान् भी इसे स्वीकार करते हैं।"[1]

यह सब लिखने के बाद अपना निजी मत व्यक्त करते हुए डॉ० नागेन्द्रनाथ उपाध्याय लिखते हैं—

> "प्रस्तुत लेखक दोनों प्रकार की श्रुतियों को प्रामाणिक मानकर दोनों को युगपत भावेन समकालीन मानता है और यह भी मानता है कि आगे चलकर कालक्रम से इन दोनों श्रुतियों का विमिश्रण हो गया तथा तथाकथित नास्तिक एवं आस्तिक संप्रदायों एवं धर्मों ने अपने सिद्धान्तों के अनुसार तांत्रिक श्रुति के तत्त्वों को ग्रहण किया। इसीलिए तंत्र-प्रभावापन्न विविध आस्तिक-नास्तिक संप्रदायों में आश्चर्यजनक समानताएँ दिखाई पड़ती हैं। इस प्रकार के साम्य के कारण ही इन सम्प्रदायों में परस्पर आदान-प्रदान होता रहा तथा प्रायः समान प्रकार के समानान्तर सम्प्रदाय उनमें सनकालिक रूप में प्रचलित रहे यद्यपि उनके मूल में उनकी अपनी पृथक् दार्शनिक विचार-

---

1. बौद्ध कापालिक साधना और साहित्य, डॉ० नागेन्द्रनाथ उपाध्याय, स्मृति प्रकाशन, इलाहाबाद, प्रथम संस्करण, 1983 ई०, पृ० 10

धाराएँ जीवित रहीं और उनकी पृथक् सत्ता को अक्षुण्ण बनाए रहीं। इसी आधार पर यह कल्पना करने के लिए पर्याप्त अवसर हैं कि बौद्धों में भी कालान्तर में पशुभाव, वीरभाव, दिव्यभाव के साथ ही सप्ताचार भी प्रकारान्तर से विकसित हो गये और उनमें भी उसी प्रकार की समाधि भाषा की तरह एक विशेष प्रकार की शैली का विकास हो गया। इसी पद्धति का अनुसरण करने से बौद्ध रचनाओं में कापालिक तत्त्वों को देखकर बौद्धों में भी कापालिक उपयान की कल्पना के लिए पर्याप्त संकेत मिल जाते हैं।"[1]

(8)

नाथ संप्रदाय के आंदोलन की पृष्ठभूमि में सिद्ध साहित्य है। सिद्ध साहित्य नाथपंथियों के साहित्य की तुलना में बौद्धों की विचारधारा से अधिक मेल खाता है। नाथपंथियों में जातिवाद का लोप है। उन्होंने नवपरिवर्तित या धर्मान्तरित मुस्लिमों को निकट किया। एक ओर सिद्ध बौद्ध से वे सम्बन्ध रखते हैं तो दूसरी ओर मुस्लिमों को भी अपनाते हैं। समाज के निम्न-स्तर के हिन्दू और मुसलमान नाथ-पंथियों की ओर आकृष्ट हुए हैं। नाथपंथियों के उपास्य 'अलख निरंजन' हैं। इस अर्थ में नाथपंथी आस्तिक हैं। सिद्ध इस रूप में आस्तिक नहीं हैं। सिद्ध लोग बौद्धों के अधिक निकट हैं। सिद्धों को बौद्धों के समान अनीश्वरवादी कहा जा सकता है और नाथपंथी तो ईश्वरवादी हैं। सिद्धों की तुलना में नाथपंथी अधिक आत्म-नियंत्रणवादी हैं। सिद्धों की साधना व्यक्तिपरक अधिक है और नाथ सम्प्रदाय समाजोन्मुख अधिक है। यों नाथपंथ को भी ठीक से समझने के लिए सिद्धों को समझना आवश्यक है। हम बाद में देखते हैं कि नाथ सम्प्रदाय अधिक प्रबल हुआ है और वह सारे भारतवर्ष में व्याप्त हो गया है। इस तुलना में सिद्धों का भारत में लोप होता गया है। जैसे नाथ सम्प्रदाय में **गोरखनाथ** का नाम सबसे अधिक प्रसिद्ध है, उसी तरह सिद्धों में सबसे प्रसिद्ध नाम '**सरहपाद**' का है। डॉ० द्विजराम यादव ने **वज्रयानी सिद्ध सरहपाद**—पुस्तक लिखी है। इस पुस्तक में सरहपाद की जीवनी, उनकी रचनाओं का परिचय तथा उनकी दार्शनिक मान्यताओं का परिचय विस्तार से दिया गया है। यों सरहपाद का परिचय देने वाली यह उत्तम पुस्तक है।

(9)

सरहपाद की मूल रचनाएँ सभी नहीं मिलतीं। उनका तिब्बती भाषा में अनुवाद मिलता है। इन अनूदित रचनाओं को देखकर लगता है कि सिद्ध लोगों

---

1. बौद्ध कापालिक साधना और साहित्य, डॉ० नागेन्द्रनाथ उपाध्याय, स्मृति प्रकाशन, इलाहाबाद, प्रथम संस्करण, 1983 ई०, पृ० 10 और 11

की संस्कृति का प्रचार-प्रसार तिब्बत में हुआ है। सिद्धों और नाथों में एक अन्तर यह भी है कि सिद्धों से इस्लामी संस्कृति का सम्बन्ध प्रायः नहीं है। किन्तु नाथ सम्प्रदाय के आन्दोलन का सम्बन्ध इस्लामी संस्कृति से भी है और विशेष रूप से सूफियों से अधिक है। इस रूप में भक्ति-आन्दोलन को स्पष्ट करने की आवश्यकता है।

(10)

नाथ सम्प्रदाय को आचार्य हजारी प्रसाद द्विवेदी आन्दोलन के रूप में स्वीकार करते हैं। उनका ऐसा मानना ठीक है क्योंकि नाथ सम्प्रदाय समाजोन्मुख है। आध्यात्मिक चेतना को समाजोन्मुख बनाने का कार्य नाथ सम्प्रदाय ने किया है। इस रूप में सिद्धों को अखिल भारतीय आन्दोलन के रूप में स्वीकार नहीं किया जा सकता। इस तुलना में नाथ सम्प्रदाय को हम अखिल भारतीय आन्दोलन के रूप में स्वीकार करते हैं।

(11)

भारतीय इतिहास में बौद्धों की संस्कृति के लुप्त होने के कारणों की खोज करना हो तो उनमें सिद्धों की संस्कृति का विश्लेषण करना होगा। बौद्धों की संस्कृति का अन्तिम उज्ज्वल रूप सिद्धों की संस्कृति में मिलता है। प्रश्न है, क्या वैयक्तिक साधना के अतिरेक के कारण तो ऐसा नहीं हुआ? नाथ सम्प्रदाय के रूप में सिद्ध लोग आस्तिक नहीं हैं। यह भी एक कारण है जिससे भारतीय जनता सिद्धों की ओर अधिक आकृष्ट न होकर नाथों की ओर आकृष्ट हुई। डॉ० द्विजराम यादव की पुस्तक में सरहपाद की तिब्बती रचनाओं के अनुवाद हिन्दी में (परिशिष्ट में) दिये गए हैं। उन्हें पढ़ जाने से लगता है कि वज्रयानी साधना समाजोन्मुख नहीं है। वह साधना वैयक्तिक अधिक है। लगता है, उसमें ज्ञानमार्ग अधिक है। गौतम बुद्ध को ही सब कुछ मानकर प्रार्थना की गई है। एक उदाहरण—

> "पुत्र, यहाँ आओ, तुम महायान में महानियम के पात्र हो, तुमको गुह्यमंत्र चर्याविधि अच्छी तरह बताऊँगा। सम्यक् बुद्ध जो जा चुका है अर्थात् भूतपूर्व बुद्ध के समान जो नहीं आया है, भविष्य में आने वाला बुद्ध अर्थात् वर्तमान सम्पूर्ण बुद्ध संसार कल्याण के लिए जो रहता है, उसको गुह्यमंत्र की भद्र विधि जानकर वीर बोधिवृक्ष के नीचे सर्वज्ञ अतुल प्रामाण्य पाया है, जो असामान्य गुह्यमंत्र चर्या है। शरण देने वाले श्रीमान् हेरुका ने मारवर्ग—बहुत भयानक महासेनाओं को भी नष्ट कर दिया है। सर्वज्ञ को पाने वाले पुत्र, इस सुमति का पालन करो। पुत्र, तुम उच्चतर संवर का पालन करो। मुक्ति पाने के लिए उससे अच्छा कोई दूसरा उपाय नहीं है। ख ग

अर्थात् देवी तंत्र को अंक से आए हुए क्षमायाचक और शिष्य को बोधि प्राप्त करने के लिए दिधियों से परिपूर्ण होना चाहिए। अपने किए हुए पाप का प्रायश्चित्त दूसरों को देना चाहिए। दूसरों के पाप के लिए बुद्ध के पास जाकर मुक्ति की प्रार्थना करनी चाहिए।"[1]

(12)

सिद्धों से नाथ सम्प्रदाय के लोग पारम्परिक रूप में जुड़े हुए हैं। सिद्ध साहित्य के पारिभाषिक शब्दों का प्रयोग नाथों ने किया है और बाद में सन्तों ने भी किया है। इस तरह सिद्धों की परम्परा भक्ति-साहित्य से जुड़ी हुई है।

(13)

हिन्दू तथा मुसलमान दोनों का सांस्कृतिक मेल स्थापित करवाने में नाथों ने महत्त्वपूर्ण कार्य किया है। 'योगी' नाम की अलग जाति मानी गई है और इस जाति का सम्बन्ध नाथ सम्प्रदाय से जोड़ा गया है। डॉ० नागेन्द्रनाथ उपाध्याय लिखते हैं—

"आज जोगी जाति (गृहस्थ योगियों) की जो जातीय स्थिति है उससे यह प्रतीत होता है कि हिन्दुओं और मुसलमानों के समाज में बहुत-से लोग, मुस्लिम शासन के प्रारम्भ काल में, नाथमत को मानने वाले थे। उनमें अन्य घरबारी योगियों की संख्या भी पर्याप्त थी। संभव है कि इन वर्गों ने जिस समय नाथमत अपनाया हो, दोनों समाजों ने इन्हें विगर्हणीय माना हो। संभव है मुसलमानों की दृष्टि में ये लोग इस्लामेतर धर्म मानने के कारण तथा हिन्दुओं की दृष्टि में वर्णाश्रम व्यवस्था का घोर विरोधी होने के कारण हेय घोषित किये गए हों। कुछ राजनीतिक कारणों से भी नाथयोगी संन्यासियों और गृहस्थों को, सेनकाल में शासकों की ओर से अपमान सहना पड़ा था तथा राजकोप का भाजन बनना पड़ा था। इन सब तथ्यों की और चाहे जो भी व्याख्या की जाए, इतना निश्चित है कि इन गृहस्थ योगियों की मुसलमानी शासन काल के आरम्भ में सामाजिक-आर्थिक स्थिति अच्छी नहीं थी।"[2]

---

1. वज्रयानी सिद्ध सरहपाद, डॉ० द्विजराम यादव, हिन्दी भवन, विश्वभारती, शान्तिनिकेतन, 1981 ई०, पृ० 247-248। (सरहपाद की तिब्बती रचना का हिन्दी अनुवाद)
2. नाथ और संत साहित्य (तुलनात्मक अध्ययन), डॉ० नागेन्द्रनाथ उपाध्याय, काशी हिन्दू विश्वविद्यालय, वाराणसी, प्रथम संस्करण, 1965 ई०, पृ० 56

गृहस्थ योगियों के सम्बन्ध में आचार्य हजारी प्रसाद द्विवेदी ने 'नाथ संप्रदाय' पुस्तक में बहुत विस्तार से लिखा है। उन्हें वे वयनजीवी जातियाँ कहते हैं। वयनजीवी जातियों में ताँती, जुलाहे, गड़ेरिये, दरज़ी आदि कई हैं। ऐसी कई जातियों का परिचय 1901 ई० की जनसंख्या के अनुसार द्विवेदी जी ने दिया है। उनका कहना है कि भारतवर्ष के हर हिस्से में ऐसी जातियों का अस्तित्व मिलता है।[1]

(14)

नाथ सम्प्रदाय के सामाजिक कार्य को क्रान्तिकारी कार्य कहना चाहिए। हिन्दू तथा मुसलमान दोनों धर्मों के बीच सामाजिक मेल का प्रयत्न उन्होंने किया है। डॉ० नागेन्द्रनाथ उपाध्याय लिखते हैं—

> "यद्यपि हिन्दुओं की दृष्टि में नाथयोगी अतिवर्णाश्रमी थे। किन्तु मुसलमानों की दृष्टि में ये योगी भी हिन्दू और काफिर थे। इसलिए इनके भी धर्मान्तर के लिए बलप्रयोग किया गया। अत: यह जाति आरम्भ में वर्णाश्रम मर्यादा की दृष्टि से, कर्मकाण्ड आदि की दृष्टि से हिंदू नहीं थी तथा मुसलमान होने पर भी इसमें कुछ हिन्दू संस्कार और विचार जीवित रहे। इसलिए पूर्णत: मुसलमान भी न हो सकी। इस प्रकार इस्लाम में नवधर्मांतरित योगी जाति **'ना हिन्दू ना मुसलमान'** थी। संत परम्परा के केन्द्रबिन्दु कबीर इसी प्राचीनतया योगी या जुगी तथा धर्मान्तरित मुसलमान जुलाहे कुल में उत्पन्न हुए थे। अधिक संभावना है कि बिहार के दरिया ने भी ऐसी ही नाथमत का अनुसरण करने वाली तथा बाद में इस्लाम में धर्मान्तरित जाति के दर्जी कुल में जन्म लिया हो। इस प्रकार संतों की परम्परा में कबीर, दरिया आदि तथा इन लोगों के अनुयायी सभी अतिवर्णाश्रमी, वेदबाह्य, ज्ञानमार्गी, आचारविहीन आदि माने जाते थे।"[2]

हिन्दू-मुस्लिम एकता की इस योगी जाति को ठीक से समझने की आवश्यकता है। नाथ सम्प्रदाय के प्रवर्तकों ने इस जाति को आध्यात्मिक बल प्रदान किया है और धार्मिक भेदभाव को मिटाकर सामाजिक समता की भावना और विश्वास का निर्माण इस प्रकार की जातियों में किया है। इस प्रकार की जातियों में बाद में सन्त हुए हैं जिन्होंने 'भक्ति साहित्य' लिखा है। इस तरह सिद्धों से नाथ और नाथों से सन्त पारम्परिक रूप में जुड़े हुए हैं।

---

1. नाथ सम्प्रदाय, हजारी प्रसाद द्विवेदी, नैवेद्य निकेतन, वाराणसी-5, द्वितीय संस्करण, 1966 ई०, पृ० 20 से 26 तक देखिए।
2. नाथ और सन्त साहित्य (तुलनात्मक अध्ययन), डॉ० नागेन्द्रनाथ उपाध्याय, काशी हिन्दू विश्वविद्यालय, वाराणसी, प्रथम संस्करण 1965 ई०, पृ० 64

(15)

नाथ सम्प्रदाय के नाथों को 'भक्त' नहीं कहा जाता। वे विशुद्ध रूप से ज्ञानमार्गी हैं। उनकी परम्परा में जो सन्त साहित्य बाद में लिखा गया, उस साहित्य को शुक्ल जी ने ज्ञानमार्गी कहा है। ज्ञानाश्रयी शाखा नामकरण का कारण यही है। इस ज्ञानमार्गी को भी स्वतंत्र आन्दोलन के रूप में हजारी प्रसाद द्विवेदी ने पहचाना है और इस आन्दोलन का प्रमुख धर्मनेता गोरखनाथ को माना है। 'नाथ सम्प्रदाय' पुस्तक के उपसंहार में द्विवेदी जी लिखते हैं—

> "गोरखनाथ अपने युग के सबसे महान् धर्मनेता थे। उनकी संगठन-शक्ति अपूर्व थी। उनका व्यक्तित्व समर्थ धर्मगुरु का व्यक्तित्व था। उनका चरित्र स्फटिक के समान उज्ज्वल, बुद्धि भावावेश से एकदम अनाविल और कुशाग्र तीव्र थी। उनके चरित्र में कहीं भी भावविह्वलता नहीं है। जिन दिनों उन्होंने जन्म ग्रहण किया था उन दिनों भारतीय धर्मसाधना की अवस्था विचित्र थी। शुद्ध जीवन, सात्त्विक वृत्ति और अखंड ब्रह्मचर्य की भावना उन दिनों अपनी निम्नतम सीमा तक पहुँच चुकी थी। गोरक्षनाथ ने निर्मम हथौड़े की चोट से साधु और गृहस्थ दोनों की कुरीतियों को चूर्ण-विचूर्ण कर दिया। लोक-जीवन में जो धार्मिक चेतना पूर्ववर्ती सिद्धों से आकर उसके पारमार्थिक उद्देश्य से विमुख हो रही थी उसे गोरक्षनाथ ने नई प्राणशक्ति से अनुप्राणित किया। किसी भी रूढ़ि पर चोट करते समय उन्होंने दुर्बलता नहीं दिखाई। वे स्वयं पंडित व्यक्ति थे। पर अच्छी तरह जानते थे कि पुस्तक लक्ष्य नहीं साधन है। उन्होंने किसी से समझौता नहीं किया, लोक से भी नहीं, वेद से भी नहीं, परन्तु फिर भी उन्होंने समस्त प्रचलित साधना मार्ग से उचित भाव ग्रहण किया। **केवल एक वस्तु वे कहीं से न ले सके। वह है भक्ति। वे ज्ञान के उपासक थे और लेशमात्र भावालुता को भी बर्दाश्त नहीं कर सकते थे।** ...भावावेशविनिर्भक्त, शुद्ध बुद्धिमूलक ज्ञानमार्ग। इस ज्ञान के निष्कर्ष को उन्होंने सदा सामने रखा।"[1]

द्विवेदी जी ने एक बात साफ लिखी है कि नाथ सम्प्रदाय में विशुद्ध ज्ञानमार्ग को अपनाया गया है। भक्ति को वहाँ नहीं अपनाया गया है। कबीर एवं ज्ञानाश्रयी शाखा के अन्य कवि ज्ञानमार्ग को अपनाते हुए भी भक्त हैं। इस रूप में वे नाथ सम्प्रदाय से अलग हो जाते हैं।

---

1. नाथ सम्प्रदाय, हजारी प्रसाद द्विवेदी, नैवेद्य निकेतन, वाराणसी, द्वितीय संस्करण, 1966 ई०, पृ० 229-230

(16)

नाथ सम्प्रदाय का आन्दोलन विशुद्ध रूप से ज्ञानमार्गी है। उसमें वैयक्तिक साधना होते हुए भी वह समाजोन्मुख है। समाजोन्मुख होने के कारण ही इस सम्प्रदाय के कार्य को भारतीय इतिहास में सांस्कृतिक आन्दोलन के रूप में स्वीकार करना चाहिए। इस आन्दोलन ने धर्मान्तरित जातियों को मनोबल दिया और भारतीय संस्कृति को सनातन बनाए रखने में अपूर्व योगदान किया है। भक्ति-आन्दोलन की पृष्ठभूमि में इस आन्दोलन को पहचानने की आवश्यकता है।

गोरखनाथ की भाषा

भारतवर्ष की आधुनिक भाषाओं के उद्भव काल का इतिहास मनोरंजक है। सामान्य रूप में आठवीं शती से बारहवीं शती तक का इतिहास, इस उद्भव काल से सम्बन्ध रखता है। इसी अन्तराल में देसी भाषाओं ने अपना स्वरूप धारण किया। हिन्दी भाषा का अखिल भारतीय रूप भी इन्हीं शताब्दियों में गठित होता रहा है। अपभ्रंश भाषा से देसी भाषा भिन्न है। अपभ्रंश का विकास देसी भाषाओं के रूप में हुआ, इस मान्यता पर प्रश्नचिह्न लग गए हैं। अपभ्रंश को लोकभाषा —जीवित भाषा या व्यवहार की भाषा—माना जाए या नहीं, इसका निर्णय अभी होना है। इतनी बात तो निश्चित है कि देसी भाषाएँ, लोकभाषाएँ हैं। हिन्दी तथा मराठी (और भी आधुनिक भाषाएँ हैं) लोकभाषाएँ हैं। इन्हें देसी भाषाएँ भी कहा गया है। हिन्दी भाषा का उद्भव काल और भारतवर्ष की अन्य आधुनिक भाषाओं का उद्भव काल लगभग एक है। प्रस्तुत निबंध में मैं हिन्दी तथा मराठी भाषाओं के उद्भव काल पर विचार कर रहा हूं। हमें ऐसे तथ्य इस समय उपलब्ध हो गए हैं, जिनके आधार पर हम यह प्रमाणित कर सकते हैं कि महाराष्ट्र में हिन्दी भाषा मराठा भाषा के उद्भव काल के समय में ही पहुंच गई थी। आरम्भ में इनमें एकरूपता रही हो किन्तु बाद में इनमें ऐतिहासिक तथा भौगोलिक कारणों से अलगाव हो गया। इस तथ्य को प्रमाणित करने के लिए 'नाथ सम्प्रदाय' का इतिहास देखना आवश्यक है। आचार्य हजारी प्रसाद द्विवेदी जी ने 'नाथ सम्प्रदाय' पुस्तक लिखी है। उक्त पुस्तक के निवेदन में वे लिखते हैं—

> "भक्ति आन्दोलन से पूर्व यह (नाथ संप्रदाय का आन्दोलन) सर्वाधिक महत्त्वपूर्ण आन्दोलन रहा है और बाद में भी पर्याप्त शक्तिशाली रहा है। आधुनिक भारतीय भाषाओं में से प्राय: सब के साहित्यिक प्रयत्नों की पृष्ठ-भूमि में इसका प्रभाव सक्रिय रहा है। आधुनिक भारतीय भाषाओं के साहित्य की प्रेरक शक्तियों का अध्ययन इस सम्प्रदाय के अध्ययन के बिना अधूरा ही रह जाएगा।"[1]

---

1. नाथ सम्प्रदाय, हजारी प्रसाद द्विवेदी (निवेदन से)

नाथ संप्रदाय का आन्दोलन भक्ति आन्दोलन से पूर्व का है और उक्त आन्दोलन की पृष्ठभूमि में है। आठवीं शती से बारहवीं शती के बीच यह आन्दोलन बहुत प्रबल रहा है। इस आन्दोलन में गोरखनाथ का व्यक्तित्व सबसे अधिक प्रबल रहा है। गोरखनाथ के सम्बन्ध में विपुल साहित्य उपलब्ध है किन्तु उसका आकलन पूरी तरह से अब तक नहीं हुआ है। यह कार्य जारी है। प्रस्तुत निबंध में गोरखनाथ को केन्द्र में रखकर भी यदि हम विचार करें तो देसी भाषाओं के स्वरूप की पहचान हो सकती है।

(3)

गोरखनाथ ने संस्कृत भाषा में लिखा है और इसी तरह देसी भाषा—हिन्दी में भी लिखा है। डॉ० पीताम्बरदत्त बडथ्वाल ने 'गोरखबानी' का सम्पादन किया है। उक्त बानी की भाषा में अवधी, भोजपुरी, ब्रज, राजस्थानी, पंजाबी, गुजराती, बँगला तथा मराठी के रूपों का सहज मिश्रण है। इनमें से किसी एक भाषा के स्वरूप की स्वतंत्र पहचान कठिन है। लगता है गोरखनाथ ने काफी भ्रमण किया है। गोरखनाथ से पहले और जो नाथ तथा सिद्ध लोग थे उनकी बानी में भी अखिल भारतीय रूप है। नेपाल से कर्नाटक तथा कामरूप से पंजाब तक का प्रदेश नाथ तथा सिद्ध लोगों से प्रभावित रहा है। संभवतः वे और भी दक्षिण में गए हों। गोरख बानी की भाषा को 'हिन्दी' कहना समीचीन होगा। गोरखनाथ की भाषा के कुछ नमूने प्रस्तुत कर रहा हूँ—

बसती न सुन्यं सुन्यं न बसती अगम अगोचर ऐसा।
गगन-सिषर महि बालक बोलै ताका नाँव धरहुगे कैसा ॥1॥[1]

ऐसा/कैसा रूप आज की मराठी में प्रचलित नहीं है किन्तु संतों की वाणी में प्रचलित रहा है। ज्ञानेश्वरी में है।

ताका नाँव धरहुगे कैसा ? इसका आज का हिन्दी रूप होगा—उसका नाम रखोगे कैसा। 'त्' वाले रूप मराठी में हैं। फिर 'नाँव' का अर्थ नाम है। यह रूप मराठी में आज भी प्रचलित है।

और भी देखिए—

इहाँ ही रचिलै[2]—यहाँ पर ही रचा गया है।

तास बिचारत[3]—उसे विचारता है (आज की हिन्दी में—उसे पूछता है और

---

1. गोरखबानी, सं० : डॉ० पीताम्बरदत्त बडथ्वाल, हिन्दी साहित्य सम्मेलन, प्रयाग, चतुर्थ संस्करण, सबदी 1
2. वही, सबदी 3
3. वही, सबदी 5

मराठी में त्यास विचारतो)।

पुस्तके न बंच्या जाई[1]—'पुस्तकें बाची नहीं जातीं/पुस्तके वाचली नाहीं जात।

वेदे न सास्त्रे/कतेबे न कुराणें—न वेद में, न शास्त्र में, न किताब में न कुराण में /—वस्तुतः सप्तमी एकवचन का रूप है। मराठी तथा हिन्दी दोनों में प्रयुक्त होता रहा है। (प्राचीन हिन्दी तथा मराठी में)

नाथ्या गोरष[2]—गोरख नाथ डाला गया—गोरख माया के चक्कर में फँस गया। मराठी में/'नाथणे' रूप आज भी प्रचलित है।

ते राह चीन्हों हो काजी[3]—हे काजी, उस रास्ते को पहचानो।—गोरखनाथ की उक्त पंक्ति हिन्दी-मराठी का मिश्रित रूप है।

निम्नलिखित पद तो मराठी भाषा के अधिक निकट हैं—

थान दे गोरीए गोरष बाला माई बिन प्याले प्याला
गिनाँन ची डाल्हीला पालषूँ गोरषबाला पौढ़िला ॥टेक॥
देवलोक ची देव कन्या, मृत लोक ची नारी
पताल लोक ची नाग कन्या, गोरष बाला मारी ॥1॥
माया मारिणी मावसी तजीली तजीली कुटंब बन्धु,
सहंसर कवल तहाँ गोरषबाला जहाँ मन मनसा सुर संधू ॥2॥
आसा तजीला, तृसनाँ तजीला तजीला मनसा माई,
नौ षंड पृथ्वी फेरि नआलौ गोरष रहीला मछिन्द्र ठाँई ॥3॥[4]

मराठी षष्ठी (सम्बन्ध कारक) के रूप चा/ची इस पद में हैं। यही नहीं, भूतकालिक कृदन्त प्रत्यय भी है—डाल्ही-ला/, पौढ़ि-ला/, प्याला/, तजीला/, तजीली/आलौ/, रहीला/ आदि।

चा/ची/चे वाले रूप और भी जगह मिलते हैं—

तिहाँ छै **काल चा** हेरा/[5]—काल का

सब रस षोइला गुर **बाधनी चै** षोलै/[6]—बाघनी का

नाचत गोरषनाथ घूँघरी **चे घातै**/[7]—घूँघरू के

---

1. गोरखबानी, सबदी 6
2. वही, सबदी 11
3. वही, सबदी 14
4. वही, पद सं० 46
5. वही, पद संख्या 1
6. वही, पद संख्या 2
7. वही, पद संख्या 4

यहाँ पर मैं यह भी कह दूँ कि क्रिया रूप हिन्दी का है किन्तु प्रत्यय (भूत-कालिक कृदन्त प्रत्यय) मराठी का है—डालना का डाल्हीला/रहना का रहीला/ हिन्दी भूतकालिक कदन्त का चिह्न— आ है और होना चाहिए डाला/रहा। इसी तरह षोलै—खोना का खोलै हो गया···खोना का खोया···खोये···नहीं हैं। खोना का 'खो'—हिन्दी और व्याकरणिक रूप 'लै'—रूप बना—षोलै···अर्थ हुआ—खो गया।

—ला प्रत्यय

वस्तुत:—ला प्रत्यय मराठी भाषा मात्र का प्रत्यय नहीं है। इस ला प्रत्यय से भारतवर्ष की अन्य आधुनिक भाषाएँ भी जुड़ी हुई हैं। जार्ज अब्राहम ग्रियर्सन ने लिखा है—

"हम—ल प्रत्यय को एकमात्र भूतकालिक कृदन्त के 'मारिला' मारा रूप में (बाहरी उपशाखा की मराठी में) पाते हैं। इसी प्रकार हम बाहरी उपशाखा की शेष अन्य भाषाओं में भी यह—ल प्रत्यय पाते हैं, यथा— उड़िया में/मारिला/, बँगला में/मारिल/, बिहारी में/मारल्/, असमिया में/ मारिल्/···इस तरह यह—ल प्रत्यय न केवल सम्पूर्ण पूर्वीय भारतीय आर्य भाषाओं में ही प्रचलित है वरन् यह श्रृंखला रूप में एक बोली से दूसरी बोली में प्रवेश करता हुआ भारत के उस पार अरब सागर तक पहुँच जाता है। वहाँ से यह उत्तर की ओर गुजराती और सिन्धी को प्रभावित करता हुआ किन्तु लहंदा को लाँघता (छोड़ता) हुआ, यह हिन्दू कोहिस्तान के दर्दीय प्रदेशों में पदार्पण करता है। इस प्रकार यह बाहरी उपशाखा की समस्त भाषाओं के प्रगाढ़ सम्बन्ध को स्पष्ट करता है। यद्यपि असमिया तथा मराठी एक-दूसरे से बहुत भिन्न हैं और कोई भाषा-भाषी एक-दूसरे की भाषा को समझने में पूर्णतया असमर्थ होगा तथापि कोई भी व्यक्ति डिब्रूगढ़ से बम्बई तक की 2800 मील की यात्रा में और वहाँ से दर्दीस्तान तक उस अवस्था का उल्लेख न कर सकेगा जहाँ उसने एक भाषा के क्षेत्र से दूसरी भाषा के क्षेत्र में प्रवेश किया हो। फिर भी वह भारतीय महाद्वीप की आठ विभिन्न भाषाओं— असमिया, बँगला, उड़िया, मराठी, गुजराती, सिन्धी, लहंदा और कोहिस्तानी तथा अन्य बहुत-सी बोलियों—के क्षेत्र से गुजरा होगा।"[1]

इस तरह से देखने पर तो यह मानना पड़ेगा कि गोरखनाथ की भाषा

1. भारत का भाषा सर्वेक्षण, जार्ज अब्राहम ग्रियर्सन, अनुवादक : उदयनारायण तिवारी, हिन्दी समिति, सूचना विभाग, लखनऊ, द्वितीय संस्करण, पृ० 275, 276, 277

में—भूतकालिक कृदन्त प्रत्यय में—ल से सम्बन्धित रूप में सब भाषाओं का मिला-जुला रूप है, मराठी मात्र का रूप नहीं।

राजस्थानी में—ला प्रत्यय भविष्यकालिक कृदन्त के रूप में आते हैं ऐसे रूप भी गोरख बानी में मिलते हैं। यथा—

> पूछौ म्हारा गुरु ने कहाँ बैसि षाइला ॥
> उतर दिस आविला, पछिम दिस जाइला।
> पूछौ म्हारा सत गुरु नैं, तिहाँ बैसि षाइला ॥[1]

यहाँ—नैं रूप राजस्थानी का है। **गुरु नैं** अर्थात् गुरु को। म्हारा राजस्थानी रूप है, अर्थ है—मेरे। इसी तरह षाइला/आविला/जाइला...आदि रूप भविष्य काल से सम्बन्धित है। हिन्दी में इसके रूप होंगे—खाएगा/आएगा/जाएगा। ऊपर के पद में ला वाले रूपों का सम्बन्ध भूतकालिक कृदन्तों से नहीं है।

मूर्द्धन्य ण्

मूर्द्धन्य ण् ध्वनि के आधार पर पूर्व तथा पश्चिम की भाषाओं को अलग किया जा सकता है। पश्चिम की भाषाओं का मूर्द्धन्य णकार का उपयोग अधिक होता है। पूर्व की भाषाओं में इसके स्थान पर प्रायः नकार का (न का) उपयोग होता है। गोरखबानी में दोनों प्रकार के रूप मिलते हैं।

> **भणत** गोरषनाथ **सुणो** नर लोई। **कथणी बदणी** जोग न होई/[2]

सुणो के स्थान पर सुनहु रूप भी मिलेगा। यथा—

> बदंत गोरषनाथ **सुनहु** मछंदर/[3]

यहाँ मैं एक जैसा पद उद्धृत कर रहा हूँ, जिन्हें मराठी-हिन्दी—दोनों भाषाओं से सम्बन्धित कहा जा सकता है। णकार का प्रयोग ही नहीं अपितु और भी मराठी भाषा की विशेषताएँ, इनमें मिलेंगी और फिर भी ये हिन्दी पद हैं। पद इस प्रकार हैं—

> अवधू अहूठ परबत मंझार, बेलडी माड्यौ बिस्तार
> बेली फूल बेली फल, बेलि अछै मोत्याहल ॥टेक॥
> सिष्टि उतपनी बेली प्रकास मूल न थी, चढ़ी अकास,
> उरध गोढ़ कियो बिसतार, जाण नै जोसी करै बिचार ॥1॥

---

1. गोरखबानी, सं० : डॉ० पीताम्बरदत्त बडथ्वाल, पद संख्या 34
2. वही, पद संख्या 44
3. वही, पद संख्या 49

आइसौ भील पारधी हाथ नहीं, पाई प्यंगुलो मुष दाँत न काँहीं
हयौ हथौ मृघलौ धुणहीं न तहीं, घंटा सुर तिहा नाद नहीं ॥2॥
भीलड़ै तिहाँ ताणियौ बाण मन हीं मृघलौ बेधियौ प्रमाँण
हयौ हयौ मृगलौ बेधियौ बाँण, धुणही बाँण न थी सर ताँण ॥3॥
भीलड़ी मातंगी रांणी मृघलौ आंणीं टाँणीं
चरण बिहूणौं मृघलौ आँण्यौ, सीस सींग मुष जाइ न जाण्यौ ॥4॥
भणत गोरषनाथ मछिन्द्र नाँ पूता, मार्‌यो मघ भया अवधूता
याहि हियाली जै कोई बूझै ता जोगी कौ तभुवन सूझै ॥5॥[1]

इस पद का भावार्थ डॉ० पीताम्बरदत्त बड़थ्वाल ने इस प्रकार लिखा है—

"हे अवधूत, साढ़े तीन (हाथ के) पर्वत (शरीर) (माया रूप) बेल खूब फैल गई है। वह खूब फल-फूल गई है। (किन्तु इतना ही नहीं) मुक्ताफल (मुक्तिरूपी मुक्ता) भी इस बेल पर (लगते) हैं। इसी बेल के प्रकाश (विस्तार) से सृष्टि उत्पन्न हुई है। इस बेल का मूल नहीं है (वास्तव में वह सत्य नहीं है, मिथ्या है) फिर भी वह आकाश तक चढ़ गई है। ऊपर की गोढ़ (गोस्थान) तक (ब्रह्मरंध्र तक) उसका बिस्तार हो गया है (जिससे ब्रह्मानुभूति पर आवरण पड़ गया है) हे जाननेवाले ज्योतिषियो, इस बात पर विचार करो।

"एक ऐसा भील (आत्मा) शिकारी है, जिसके हाथ नहीं हैं। पाँवों का पंगु है। उसके मुख में दाँत भी नहीं हैं (मांस खाने के लिए शिकारी के मुख के दाँत चाहिए)। उसके पास धनुष (धनुही, धुणही) भी नहीं है। फिर भी उसने मृग (मन) को मार डाला। मृगों को वश में करने के लिए न उसके पास कोई सुर है (सुरीला राग है) और न हाँक के लिए कोई नाद या घंटा आदि का शब्द ही।

"फिर भी भील ने बाण ताना और इच्छा करते ही (मन ही से) मृग को प्रामाणिक रूप से बेध दिया। वह मारा गया, जो शर उसने ताना था, वह भी बाण नहीं था अर्थात् बिना धनुष के धनुष से बिना बाण के बाण द्वारा व्याध ने मृग (मन) को मार दिया।

"मदमाती भीलनी रानी उस चरणहीन मृग को अपने स्थान पर ले आई। उसके सिर, सींग और पूँछ कुछ नहीं जाने जाते थे। मछन्दर का शिष्य गोरख कहता है कि मारा हुआ मृग (मन) अवधूत (विरक्त योगी) हो गया। इसको हृदय में जो कोई समझ जाएगा, उसको त्रिभुवन का ज्ञान हो

1. गोरखबानी, सं० : डॉ० पीताम्बरदत्त बड़थ्वाल, पद संख्या 26

जाएगा।"[1]

इस पद में मराठी के काही-नाही/वाले रूप हैं। इसी तरह णकार से सम्बन्धित रूप—ताणियौ/बाण/प्रमाँण/ताँण/राणीं/आँणीं/ठाणीं/बिहूणौं/आण्यौ/जाण्यौ/भणत आदि शब्द हैं।

एक और पद—

कैसे बोलौ पंडिता देव कौनैं ठाँई,
निज तत निहारताँ अम्हें तुम्हें नाहीं ॥टेक॥
पषाँणची देवली पषाँणचा देव,
पषाँण पूजिला कैसे फटीला सनेह ॥1॥
सरजीव तेड़िया निरजीवी पूजिला
पापची करणीं कैसे दूतर तिराला ॥2॥
तीरथि तीरथि सनाँन करीला,
बाहर धोये कैसें भीतरि भेदीला ॥3॥
आदिनाथ नाती मछीन्द्रनाथ पूता
निज तत निहारे गोरष अवधूता ॥4॥[2]

यह पद तो मराठी भाषा का पद प्रतीत होता है। अम्हें/तुम्हें ही नहीं,/कौने ठाँई/, पषाँणची/पषाँणचा—चा-ची वाले रूप, पूजिला/तिराला/करीला/गदीला···आदि रूप भी मराठी की पहचान को दृढ़ करते हैं।

(4)

मैंने मराठी के रूपों को गोरखबानी में खोजने का प्रयत्न किया और लगा कि कवि गोरखनाथ महाराष्ट्र में काफी समय तक रहे हैं और उनका सम्पर्क महाराष्ट्र के संत समुदाय से था। रा० चि० ढेरे की पुस्तक पढ़ जाइए—'श्री गुरु गोरक्षनाथ चरित्र आणि परम्परा' तो प्रतीत होगा कि महाराष्ट्र का संत साहित्य नाथ सम्प्रदाय से अत्यधिक प्रभावित है। मुंकुन्दराज, ज्ञानेश्वर, सोपानदेव, निवृत्तिनाथ आदि ही नहीं, बाद में चक्रधर स्वामी तक चले आएँ तो यह प्रभाव किसी-न-किसी रूप में मिलता है। रा० चि० ढेरे के विचार से गुरु गोरखनाथ का जन्म महाराष्ट्र में गोदावरी के किनारे चंद्रगिरि (एकनाथ की चतुःश्लोकी भागवत के आधार पर) में हुआ और उनकी मृत्यु भी महाराष्ट् में नगर जिले में नेवासा के पास हुई। नेवासा के निकट पहाड़ी स्थान पर गोरखनाथ की

1. गोरखबानी, सं० : डॉ० पीताम्बरदत्त बड़थ्वाल, पृ० 118, 119, 120 (पद सं० 26 का भाव)
2. वही, पद संख्या 37

समाधि है, जैसा रा० चि० ढेरे सरदार मिरीकर को उद्धृत करते हुए कहते हैं। मिरीकर के अनुसार कान्होबा—गोरखनाथ ही हैं।[1] सच तो यह है कि गोरखनाथ के सम्बन्ध में निश्चित रूप से कुछ कहना अभी कठिन ही है। उन्हें बंगाल का बतलाया जाए या पंजाब का बतलाया जाए या गोरखपुर तथा नेपाल आदि का बतलाया जाए…इस सम्बन्ध में ठीक-ठीक विचार करना अभी शेष है, इतनी बात तो सच है कि महाराष्ट्र की भाषा से गोरखनाथ परिचित थे। किन्तु उनका लेखन मराठी में नहीं है। उनका अधिक काल भ्रमण में गया है। उनका लोकसम्पर्क भारी रहा है। निश्चित ही उनका जीवन महाराष्ट्र से बाहर अधिक गुजरा है। महाराष्ट्र में वे कब से कब तक रहे, इस बात का निर्णय अभी होना है। लीळाचरित्र में गोरक्षनाथ (गोरखनाथ कहना चाहिए) का उल्लेख इस रूप में मिलता है, जैसे गोरखनाथ को साक्षात् देखा था। लगता है, चक्रधर स्वामी से गोरखनाथ पहले रहे हैं और चक्रधर स्वामी के समय में उनका स्मरण इस रूप में किया गया है, जैसे वह देखी हुई बात है—स्मरण में ताजगी है।

(5)

गोरखबानी की तरह हमें लीळाचरित्र को देखना चाहिए। उक्त रचना मराठी गद्य की प्राचीनतम उत्कृष्ट रचना है और जिसकी मान्यता धर्मग्रंथ के समान है। लीळाचरित्र में सिद्धों तथा नाथों के उल्लेख जगह-जगह हैं। समय-समय पर चक्रधर स्वामी सिद्धों तथा नाथों के प्रसंगों को अपने भक्तगणों को सुनाते रहते हैं। लुइपा सिद्ध के प्रसंग का उल्लेख लीला संख्या 202 (पूर्वार्द्ध) में है। उक्त लीला का शीर्षक है 'लुइपाइउपदेशें जालांधरा सीक्षापण' इस प्रसंग में हिन्दी के 'वाक्य' मिलते हैं—

> "/हउं हांसों तरी तेरा सबु हस्ती घोड़ा हांसे/"—लुइपा का कथन है। वह कहता है—मैं हँसूगा तो तेरे सब हाथी-घोड़े हसेंगे।
> "/तरि चाला जाओ/, एती बार तुम्हीं कांडा गया होतेति/,
> सीधि बारा बरीख दूरि गइ/, आता काइ जाओ?/"[2]

लीला संख्या 298 (पूर्वार्द्ध) से—

> /न डरि न डरि/अदंडिनाथ ने कहा है।

---

1. श्री गुरु गोरक्षनाथ : चरित्र आणि परम्परा, रा० चि० ढेरे, प्रथमावृत्ति, 1959, वोरा एण्ड कम्पनी पब्लिशर्स प्रा० लि०, मुंबई-2, पृ० 101 से 104
2. लीळाचरित्र, सं० : वि० मि० कोलते, महाराष्ट्र राज्य साहित्य संस्कृति मंडल द्वारा प्रकाशित, प्रथम संस्करण 1978 ई०, पृ० 145-146

/काहाँ थी आव्यो ? काहाँ जाव्यो ?/गोरखनाथ ने पूछा था।
/डांक्रामु भेदीया : अब सोरठी सोमनाथू भेदन जाओं/अदंडिनाथ ने कहा है।
/आपु नाहीं भेदिया : मग परु काइ भेदैल/गोरखनाथ ने कहा है।[1]

लीला संख्या 260 (पूर्वार्द्ध) से—

/पुता : हैं ऐसे काइ/मछिंद्रनाथ ने पूछा।[2]

लीला संख्या 507 (उत्तरार्द्ध) से—

/म्हांरो बांसु गोवींदचंदु कैसे केलें ?/
/कान्हु : तुं कब आया/···[3]

इन उदाहरणों से यह बात ज्ञात होती है कि सिद्ध और नाथ सम्प्रदाय के जोगी के प्रसंगों में 'हिन्दी भाषा' के रूपों का उपयोग हुआ है। पूरे वाक्य हिन्दी भाषा के हैं। इससे यह बात भी प्रमाणित होती है कि जोगियों की भाषा किसी प्रदेश-विशेष तक सीमित नहीं थी। प्रतिष्ठान या देवगिरि के क्षेत्र में उनका भ्रमण जारी था। जब जोगी इस क्षेत्र में विचरण करते तो वे इस प्रदेश की भाषा से भी परिचित हो जाते। चक्रधर स्वामी का इन जोगियों से सम्पर्क बना हुआ था। कहते हैं, चक्रधर स्वामी एक दिन किसी गुफा में (अनकैएचेया लेणेगासी) गमन किया। वहाँ पर एक महातमा जोगी बैठा हुआ था। दोनों में सम्वाद हुआ। सम्वाद इस प्रकार है—

गोसावीं पुसिले (गोसाँई ने पूछा) : माहात्मा आपण एथ असिजे (महात्मा आप यहीं रहते हैं)

तीहीं म्हणीतले (उन्होंने कहा) : असों सुखेंसंतोखें (सुख-संतोष से रहता हूँ)

ए नगरींचि भीक्षा कीजे ? (इस नगरी की भिक्षा कीजते हो ?)
कीजे सुखसंतोखे (सुख-संतोष से करता हूँ)
एथ जेविजे (यहाँ जीमते हो ?)
जेउं सुखसंतोषे (सुख-संतोष से जीमता हूँ)
एथ नीद्रा करा (यहाँ निद्रा करते हो ?)

---

1. लीळाचरित्र, पृ० 137-138
2. वही, पृ० 179
3. वही, पृ० 656

करूँ सुखसंतोषे (सुख-संतोष से करता हूँ)
तारि तुम्हां नांव संतोखू म्हणा (इसीलिए तुम्हारा नाम संतोखू कहना चाहिए) सर्वज्ञें म्हणीतले (सर्वज्ञ ने कहा)[1]

यह संतोखू बाद में चक्रधर स्वामी के पास में रहने लगा। एक बार वह माणिकेश्वर की ओर गया था। लौटते समय उसे गाँव का जोगी मिला। उसने उसे रोक लिया। कहा—

"हें काइ रे : जोगु नाहीं : जुगुति नाहीं : सीक्षा नाहीं : आदेसु नाहीं : काठी : खापरी : मुद्रा तरी आमची : आणि तुं गोसावीमां पासि राहिलासी :"[2]

(यह क्या रे : जोग नहीं : जुगुति नहीं : शिक्षा नहीं : आदेश नहीं : काठी : खप्पर : मुद्रा तो हमारी : और तू गोसाँई के पास रह गया।)

बाद में संतोखू ने उस जोगी को प्रतीति करा दी। नाना प्रकार के आसन किए। वह जोगी प्रसन्न हो गया और कहने लगा, "आरे : साक्षात् गोरक्षी।"[3] (अरे, यह तो साक्षात् गोरखनाथ) जोगी उसे घर ले गया। सब प्रकार से उसका सम्मान किया। वहाँ से लौटकर संतोखू पुनः गोसाईं के पास आया और सारा वृत्त सुनाया। सर्वज्ञ क्या कहते? बोले : तुम्हारा रहस्य तुम जानो, हमारा रहस्य औरों के पास प्रकट न करो।

संतोखू की यह कथा कहती है कि गोरखनाथ के रूप-गुण-वृत्ति से देवगिरि राज्य के निवासी और जोगी लोग परिचित थे। चक्रधर स्वामी को अनेक जोगियों का वृत्त ज्ञात था और वे समय-समय पर अवसर के अनुसार अपने भक्तों को ये वृत्त सुनाया करते थे। जोगियों की चमत्कृत कथाओं से वे परिचित थे। कुछ जोगी उनके पास रहे भी हैं। संतोखू की कथा ऊपर लिखी ही है। इस सम्पर्क में हिन्दी-मराठी भाषाओं का मिश्रण हुआ है। जोगियों की शब्दावली प्रायः समान है (हिन्दी-मराठी में लगभग एक प्रकार की है) जोगी रमते रहते थे और सामान्य रूप में उनकी भाषा हिन्दी ही रही है। महाराष्ट्र के संत गण भी नाथ सम्प्रदाय में दीक्षित हुए हैं और वे महाराष्ट्र से बाहर गए हैं। तदनुसार उन्होंने हिन्दी सीख ली है। महाराष्ट्र से बाहर वे हिन्दी का व्यवहार करते हों। मुकुन्दराज से लेकर चक्रधर स्वामी तक यह परम्परा बनी हुई थी। यही कारण है कि महाराष्ट्र के अनेक सन्तों ने मराठी के साथ-साथ आवश्यकतानुसार हिन्दी में भी अपने गीत रचे हैं। उनके नाम

1. लीळाचरित्र, सं० : डॉ० वि० मि० कोलते, महाराष्ट्र राज्य साहित्य संस्कृति मंडल, मुंबई, प्रथम संस्करण 1978 ई०, पृ० 148, लीला सं० 205
2. वही, पृ० 148, लीला संख्या 206
3. वही।

से हिन्दी में पद मिलते हैं। अलाउद्दीन खिलजी के दक्षिण में आगमन से पूर्व का यह सब वृत्त है। महाराष्ट्र में हिन्दी भाषा मराठी भाषा के उद्‌भव काल में ही पहुँच गई थी। उसकी अपनी पहचान उस समय में बन गई थी। अमीर खुसरो के पहले की बात है। खड़ी बोली के रूप तो गोरखबानी में बहुत जगह हैं और उसी मात्रा में मिल जाएँगे जितनी मात्रा में उनका उपयोग अमीर खुसरो की भाषा में मिल जाते हैं। और तो और, लीलाचरित्र स्वयं अपने-आपमें हिन्दी रूपों को पहचानने में सहायक है। कुछ वाक्यों, कुछ शब्द-रूपों को ऊपर उद्धृत किया ही है। गोरखबानी की तरह अन्य सिद्धों और नाथों की बानियाँ अभी भी पूरी तरह से प्रकाश में नहीं आ सकी हैं। यह कार्य अभी होना है।

(6)

भारतवर्ष की आधुनिक भाषाओं का ऐतिहासिक सम्बन्ध देखे बिना उनके इतिहास पर विचार करते समय सीधे उनका सम्बन्ध अपभ्रंश भाषा से—उससे पूर्व प्राकृत से—उससे पूर्व संस्कृत से—बतला देना ठीक नहीं है। क्या वास्तव में हिन्दी तथा मराठी भाषा के उद्‌भव से अपभ्रंश का सम्बन्ध है? इस सम्बन्ध में डॉ० रामविलास शर्मा ने लिखा है—

> "भारतीय भाषाओं का यह आपसी सम्बन्ध तब समझ में आएगा जब अपभ्रंश से भिन्न हम देसी भाषाओं का अस्तित्व स्वीकार करेंगे और आधुनिक आर्यभाषाओं को अपभ्रंश की पुरानी सन्तान न मानकर पुरानी देसी भाषाओं का आधुनिक रूप मानेंगे। डॉ० हर्षे ने लिखा है कि मराठी का सबसे पुराना अभिलेख 983 ई० का है। निस्सन्देह मराठी भाषा इससे बहुत पुरानी है और उसकी प्राचीनता सिद्ध करने के लिए उसे महाराष्ट्री प्राकृत का विकास मानना आवश्यक नहीं है। जिस समस्या पर विचार करना चाहिए, वह यह है कि दसवीं सदी में जब मराठी का अस्तित्व निर्विवाद है तब दो सौ साल तक इसमें साहित्य रचना क्यों रुकी रहती है? डॉ० हर्षे के अनुसार मराठी के प्रथम महान् लेखक मुकुन्दराज ने अपने दार्शनिक ग्रंथ विवेकसिन्धु की रचना 1190 ई० में की। इतने दिन तक मराठी में उत्कृष्ट साहित्य-रचना का कार्य रुका रहा, इसके सांस्कृतिक-सामाजिक कारण हैं। मराठीभाषी जनता को संस्कृत और प्राकृत के आधिपत्य से मुक्ति पाने के लिए दीर्घकाल तक संघर्ष करना पड़ा। इसमें उन्हें अन्य पडोसी प्रदेशों की जनता की अपेक्षा कुछ पहले सफलता मिली, इसका कारण यह है कि महाराष्ट्र में उस वर्ग के सामन्त नहीं थे जिस वर्ग के सामन्त गुजरात, राजस्थान, ब्रज, बांगरू आदि क्षेत्रों में थे। महाराष्ट्र में सामन्तवाद का रूप दूसरा था। वहाँ किसानों के ऊपर बड़े-बड़े जागीरदारों का आधिपत्य न था। इसलिए जिस वर्ग के सामन्त अन्यत्र

अपभ्रंश का पोषण कर रहे थे, उस वर्ग का अभाव होने से मराठी को साहित्य का माध्यम बनाने में महाराष्ट्र के सन्तों को जल्दी सफलता मिली। पर साहित्य के माध्यम में प्रतिष्ठित होने का मतलब यह नहीं है कि इससे पहले कोई भाषा लोक व्यवहार का माध्यम न बनी थी। 12वीं शती के अन्तिम दशकों में सन्त नामदेव मराठी में काव्य सृजन करने लगते हैं। उन्होंने हिन्दी में भी बहुत-से पद लिखे हैं। यह हिन्दी कहीं ब्रजभाषा है, कहीं खड़ी बोली। इन्हीं दिनों हिन्दी प्रदेश के कवि अपभ्रंश में रचनाएँ कर रहे थे। इसका कारण यह है कि हिन्दी प्रदेश उक्त सामन्त वर्ग का गढ़ था। यह वर्ग अपभ्रंश का पोषक था और इस अपभ्रंश के दबाव से हिन्दीभाषी जनता को मुक्ति पाने में देर लगी। इसीलिए हिन्दी भाषा में प्राथमिक रचनाएँ हिन्दी प्रदेश से बाहर महाराष्ट्र और दकन में होती दिखाई देती है।"[1]

निष्कर्ष यह है कि अपने उद्भव काल से मराठी तथा हिन्दी भाषाओं का आपस में सम्बन्ध था। अपभ्रंश भाषाओं से मुक्ति दिलाने में सिद्ध तथा नाथ सम्प्रदाय के जोगियों ने इस भाषा में साहित्य रचकर देसी भाषाओं की स्वतन्त्र पहचान करवाई है।

(7)

हिन्दी भाषा के अखिल भारतीय स्वरूप की पहचान में महाराष्ट्र के योगदान को स्वीकार करना चाहिए। अपभ्रंश भाषा में जिस समय में साहित्य रचा जा रहा था ठीक उसी समय में देसी भाषाओं में हिन्दी का व्यवहार होता रहा है। दूसरी बात यह है कि इन देसी भाषाओं में भौगोलिक कारणों से ध्वनियों के उच्चारणों में अन्तर रहा है किन्तु शब्द-समूह में प्रायः समानता है। आधुनिक हिन्दी तथा मराठी की तुलना में प्राचीन हिन्दी तथा मराठी में अधिक समानता है। इस रूप में भाषाओं की जाँच होनी चाहिए। गोरखनाथ की भाषा में अनेक आधुनिक भाषाओं का मिश्रण ऐसा है जो ऐतिहासिक दृष्टि से एक-दूसरे के निकट प्रतीत होते हैं। सिद्ध तथा नाथ सम्प्रदायों की बानियों को सम्पादित किया जाए तथा उनका भाषा वैज्ञानिक अध्ययन प्रस्तुत किया जाए तो आधुनिक भाषाओं के इतिहास पर निश्चित ही नया प्रकाश पड़ेगा।

---

1. भारतीय साहित्य के इतिहास की समस्याएँ, डॉ० रामविलास शर्मा, वाणी प्रकाशन, 21, दरियागंज, नयी दिल्ली-110002, प्रथम संस्करण 1986 ई०, पृ० 110 तथा 111

महाराष्ट्र में भक्ति आन्दोलन

उपक्रम

भक्ति अपने-आपमें कल्याणकारी और मंगलमय है। समाज का हित भक्ति के मूल में होते हुए भी वह व्यक्ति की जीवनी शक्ति को बढ़ाने वाली है। व्यक्ति और समाज दोनों ही भक्ति के स्तर पर आपस में जुड़ते हैं और इससे समाज में धर्म का विकास होता है। हमारे देश में यह आन्दोलन मध्यकाल में राष्ट्रीय आन्दोलन के रूप में उभरा है। इस आन्दोलन में महाराष्ट्र का अपना योगदान भी है। प्रस्तुत रचना में महाराष्ट्र के विशिष्ट योगदान को स्पष्ट करने का प्रयत्न कर रहा हूँ।

श्रीमद्भागवत्

श्रीमद्भागवत भक्ति का आकर ग्रंथ है। उक्त ग्रंथ के आरम्भ में श्रीमद्-भागवत माहात्म्य से सम्बन्धित प्रथम अध्याय में भक्ति की अपनी कथा दी गई है। कहते हैं, नारद मुनि भारत भूमि का भ्रमण कर रहे थे। वे कई तीर्थस्थल पर गए। पुष्कर, प्रयाग, काशी, गोदावरी, कुरुक्षेत्र, श्रीरंग, सेतुबन्ध आदि तीर्थस्थानों की यात्रा में उन्होंने कलियुग का प्रभाव देखा। कहा--

सत्यं नास्ति तपः शौचं दया दानं न विद्यते।
उदरम्भरिणो जीवा वराकाः कटुभाषिणः ॥ 31 ॥
....

न योगी नैव सिद्धौ वा न ज्ञानी सत्क्रियो नरः।
कलिदावानलेनाद्य साधनं भस्मतां गतम् ॥ 35 ॥

–कलियुग के अनाचारों को अवलोकते हुए नारद मुनि यमुना नदी के तट पर पहुँचे। वहाँ पर हरिलीला हो रही थी। वहाँ पर नारद ने एक तरुणी को देखा। उस तरुणी के दोनों पाँवों में दो वृद्ध पतितावस्था में श्वास लेते हुए पड़े थे। वह तरुणी दोनों वृद्धों की शुश्रूषा कर रही थी और रोती जा रही थी। उस तरुणी

ने नारद को दूर से आते हुए देखा। तुरन्त उसने नारद को निकट बुलाया और कहा—"हे साधु, क्षण-भर के लिए ठहरो और मेरी चिन्ता दूर करो। सम्भवतः आपके वाक्यों से दुःखी मन शान्त होगा।" नारद ने कहा—"हे बाला, तू कौन है? और ये दोनों कौन हैं ? अपने दुःख का कारण बतलाओ।" वह तरुणी बोली—"मैं भक्ति हूँ। ये दोनों ही मेरे पुत्र हैं। इनके नाम—ज्ञान और वैराग्य हैं। काल के प्रभाव से ये दोनों ही जर्जर हो गए हैं। मेरा जन्म द्रविड़ देश में हुआ है। मेरा लालन-पालन कर्नाटक में हुआ है। वहाँ पर मैं बड़ी हुई। महाराष्ट्र में पहुँचकर कुछ जीर्ण हुई, गुजरात में और कुछ जीर्ण हुई। यह कलियुग के पाखण्ड का प्रभाव है। मैं अपने पुत्रों के साथ दुर्बल हो गई। किन्तु यहाँ वृन्दावन में आते ही मैं तो पुनः तरुणी हो गई किन्तु मेरे ये दोनों पुत्र वैसे ही हैं। वे तरुण नहीं हुए। इन दोनों के जरठ बने रहने से दुःखी हूँ। माता तो तरुणी हो जाए और उसके पुत्र वद्ध ही रहें, यह कैसी बात है ? इसी के कारण दुःखी हूँ। चिन्तित हूँ। ऐसा क्यों है ? शंका का समाधान करें।"[1]

बाद में नारद ने भक्ति को उत्तर दिया। उस विस्तार में अभी नहीं जाऊँगा। इतनी बात स्पष्ट है कि भक्ति का उद्भव दक्षिण भारत में हुआ। डॉ० सत्येन्द्र का अनुमान है कि—"इस भागवत महापुराण का निर्माता कोई तमिल प्रदेश का दाक्षिणात्य होगा, यह सम्भावना विद्वानों ने प्रकट की है।" यह भी कहा कि संभवतः इसकी रचना 9वीं या 10वीं शती में हुई। कृष्णभक्ति का मुख्य आधार भागवत है।[2] भागवत की तरह श्रीमद्भगवद्गीता भी भक्ति का आकर ग्रन्थ है। इन दोनों के साथ-साथ उपनिषद् तथा अन्य वे सभी ग्रंथ जो वेदान्त से सम्बन्धित हैं भक्ति को समझने में उपयोगी हैं।

नाथ सम्प्रदाय का आन्दोलन

भक्ति आन्दोलन से पूर्व नाथ सम्प्रदाय का आन्दोलन रहा है। इस आन्दोलन का महत्त्व ज्ञापित करते हुए आचार्य हजारी प्रसाद द्विवेदी लिखते हैं—

> "भक्ति आन्दोलन से पूर्व यह (नाथ सम्प्रदाय का आन्दोलन) सर्वाधिक महत्त्वपूर्ण आन्दोलन रहा है और बाद में भी पर्याप्त शक्तिशाली रहा है। आधुनिक भारतीय भाषाओं में से प्रायः सबके साहित्यिक प्रयत्नों की पृष्ठ-

---

1. श्रीमद्भागवतमहापुराणम् (मूलमात्रम्), गीता प्रेस, गोरखपुर, श्रीमद्भागवतमाहात्म्यै, अध्याय 1, पृ० 26-27, श्लोक संख्या 28 से 34 तक देखिए।
2. भारतीय भाषाओं में कृष्णकाव्य, सं०: डॉ० भगीरथ मित्र, मध्यप्रदेश साहित्य परिषद, भोपाल, प्र० सं० 1978 ई०, पृ० 26

भूमि में इसका प्रभाव सक्रिय रहा है। आधुनिक भारतीय भाषाओं के साहित्य की प्रेरक शक्तियों का अध्ययन इस सम्प्रदाय के अध्ययन के बिना अधूरा ही रह जाएगा।"[1]

आचार्य हजारी प्रसाद द्विवेदी ने नाथ सम्प्रदाय को आन्दोलन के रूप में स्वीकार किया है और 'भक्ति आन्दोलन' के पहले का कहा है। हमें इस तथ्य पर विचार करने की आवश्यकता है। नाथ सम्प्रदाय का आन्दोलन उत्तर से दक्षिण की ओर आया है और ठीक उसी तरह 'भक्ति आन्दोलन' दक्षिण से उत्तर की ओर गया है। महाराष्ट्र में ये दोनों आन्दोलन साथ-साथ रहे। निश्चित ही महाराष्ट्र में 'भक्ति आन्दोलन' से पूर्व 'नाथ सम्प्रदाय' पहुँच गया था।

सन्त वाङ्मय

महाराष्ट्र में भक्ति साहित्य को सन्त वाङ्मय कहा जाता है। 'सन्त वाङ्मय' से ही मराठी साहित्य का आरम्भ होता है। डॉ० यू० म० पठाण का कहना है कि मराठी में बौद्ध साहित्य नहीं मिलता। सच तो यह है कि एलोरा तथा अजन्ता में बौद्धों की विश्वप्रसिद्ध गुफाएँ हैं किन्तु उन गुफाओं पर या गौतम बुद्ध को आधार बनाकर लिखा हुआ साहित्य मराठी में—मराठी भाषा के उद्‌भवकाल में—नहीं मिलता। इसके कारणों की खोज होनी चाहिए।

नाथ सम्प्रदाय और सन्त वाङ्मय

हमें यह मानना चाहिए कि दक्षिण भारत से भक्ति आन्दोलन की लहर महाराष्ट्र तक पहुँचने से पूर्व महाराष्ट्र में नाथ सम्प्रदाय का प्रभाव व्याप्त हो गया था। महाराष्ट्र के 'सन्त वाङ्मय' की पृष्ठभूमि में 'नाथ सम्प्रदाय' है। मुरलीधर गजानन पानसे का कहना है कि महाराष्ट्र में वीरशैव अर्थात् लिंगायत या महानुभाव सम्प्रदाय के अस्तित्व में आने से लगभग डेढ़ सौ वर्ष पूर्व ही नाथ सम्प्रदाय का प्रचार हो गया था। नाथ सम्प्रदाय का प्रभाव वीरशैवों एवं महानुभाव सम्प्रदाय पर दिखलाई देता है। केवल महाराष्ट्र में ही नहीं अपितु सारे उत्तर भारत में एवं उत्तर-पश्चिम की ओर मुसलमानों के प्रदेश तक नाथपंथ फैल गया था।[2] ऐसा होने पर भी जिस तरह मराठी भाषा के उद्‌भवकाल में बौद्ध साहित्य नहीं मिलता ठीक उसी तरह नाथ-सम्प्राय से सम्बन्धित प्रत्यक्ष वाङ्मय मराठी

---

1. नाथ सम्प्रदाय, आचार्य हजारी प्रसाद द्विवेद्वी, नैवेद्य निकेतन, वाराणसी, प्र० सं० 1966 ई०, पृ० 7, निवेदन से।
2. यादवकालीन महाराष्ट्र, डॉ० मुरलीधर गजानन पानसे, मुम्बई मराठी ग्रंथ संग्रहालय, दादर, बम्बई-14, आवृत्ति पहिली 1966 ई०, पृ० 134-135

में उपलब्ध नहीं है। गोरखनाथ या उनसे सम्बन्धित और नाथपंथी जो महाराष्ट्र में भ्रमण करते रहे उन्होंने मराठी भाषा में नहीं लिखा। गोरखनाथ यदि महाराष्ट्र के होते तो निश्चित ही मराठी में लिखते। महाराष्ट्र के कुछ विद्वान गोरखनाथ को महाराष्ट्र से सम्बद्ध करने का प्रयत्न करते हैं किन्तु यह बात ठीक नहीं प्रतीत होती।

नाथ सम्प्रदाय से सम्बन्धित आन्दोलन अखिल भारतीय स्तर का आन्दोलन है। यह आन्दोलन समस्त उत्तर भारत में पूर्वी छोर से पश्चिमी छोर तक व्याप्त रहा है। डॉ० नागेन्द्रनाथ उपाध्याय लिखते हैं—

"कुछ परम्पराओं से ज्ञात होता है कि गोरखनाथ ने यात्राएं भी बहुत की थीं और यहाँ तक कहा जाता है कि उन्होंने मक्का की भी यात्रा की थी। यह भी ध्यान देने योग्य है कि गोरखनाथियों के कुछ केन्द्रों के प्रधानों को 'पीर' भी कहा जाता है जिसका सामान्यतया प्रयोग मुस्लिम संतों के लिए किया जाता है। इन विवरणों से यह पता लगता है कि महाराष्ट्र के मानभावों (वस्तुतः महानुभावों) की तरह ही गोरखनाथ और उनके कनफटा जोगियों ने उत्तरी भारत में किसी रूप में मुसलमानों से संधि कर ली थी। इसकी व्याख्या इस प्रकार की जाती है कि इस प्रकार 'पीर' शब्द का ग्रहण नाथपंथियों के उग्र उन्मूलन से बचने के लिए कर लिया गया था। श्री धुरे की यह व्याख्या सुन्दर लगती है और उसकी पुष्टि के लिए उन्होंने तीन कारण भी दिए हैं। प्रथम कारण यह है कि नाथपंथियों के मुख्य केन्द्र मुस्लिम बहुल प्रदेशों में हैं। अफगानिस्तान, पश्चिमी पंजाब, कच्छ आदि प्रदेशों में क्रमशः कंदहार, टिल्ला, धिनोधर आदि स्थानों में नाथपंथियों के प्रमुख केन्द्र हैं। दूसरे, हिंगलाज की देवी के प्रति विशेष श्रद्धा-मान रखने के कारण मुस्लिम जनता से उन लोगों का सम्पर्क अधिक बढ़ा। तीसरे, इतिहास से पता लगता है कि नाथपंथियों को मुसलमानों द्वारा उत्पन्न की गई विपत्तियाँ सहनी पड़ी थीं। गोरखपुर के गोरखनाथ मंदिर को मुसलमानों ने दो बार ध्वस्त किया था। जिसे नाथपंथियों ने बाद में बनवाया। नामपंथी केन्द्रों में जोगी लोग जो जीवन व्यतीत करते हैं, वह मुसलमान पीरों के दैनिक जीवन के प्रायः समान है। श्री धुरे ने जिन तर्कों और तथ्यों को उपस्थित किया है, उनसे एक अन्य तथा सर्वथा भिन्न विचार भासित होता है कि नाथपंथी जोगियों के समुदाय में जब मुसलमान लोग भी दीक्षित होने लगे तो उनके आधिक्य अथवा प्रभाव से तत्तत् स्थानों में मठों के प्रधानों को पीर कहा जाने लगा हो। गोरखपुर के मठ के प्रधान को

'महंत' ही कहा जाता है, 'पीर' नहीं।"[1]

यह बात ठीक है कि महाराष्ट्र में गोरखनाथ ने काफी भ्रमण किया है। 'लीळाचरित्र (म्हाइंभट द्वारा लिखित) में गोरखनाथ का उल्लेख कुछ पात्रों द्वारा ऐसा हुआ है, मानो गोरखनाथ का साक्षात्कार हुआ है। लीळाचरित्र (1278 ई० रचनाकाल) और ज्ञानेश्वरी (1290 ई० रचनाकाल) के पहले ही गोरखनाथ (लगभग सौ वर्ष पहले) महाराष्ट्र में भ्रमण करते रहे हैं। भारतीय भाषाओं—आधुनिक भाषाओं—के उद्‌भवकाल में सिद्ध योगी और नाथ सारे देश में भ्रमण कर रहे थे। महाराष्ट्र में भी भ्रमण कर रहे थे। मराठी भाषा के उद्‌भवकाल में नाथपंथी महाराष्ट्र में विचरण करते रहे हैं। किन्तु नाथपंथ का स्वतंत्र साहित्य मराठी में नहीं मिलता। गोरखनाथ की जो बानी मिलती है उसमें मराठी भाषा का प्रभाव दिखलाई देता है, ठीक उसी तरह जैसे पंजाबी, राजस्थानी, बँगला आदि भाषाओं का प्रभाव उक्त भाषा पर रहा है। गोरखबानी में भारतीय भाषाओं का मिला-जुला रूप है—वह हिन्दी भाषा का अखिल भारतीय रूप है। गोरखनाथ के नाम पर श्री विनायक लक्ष्मण भावे ने मराठी में लिखी कुछ पंक्तियाँ अपने प्रसिद्ध ग्रंथ 'महाराष्ट्र सारस्वत' में उद्‌धृत की हैं। 'गोरक्ष अमर-संवाद' एवं 'गोरक्षगीत' रचनाओं से वे उद्धृत हैं। उद्‌धृत अंशों पर श्री विनायक लक्ष्मण भावे की टिप्पणी इस प्रकार है—

> "इसमें (अमरनाथ-संवाद) दिए गए दृष्टांत एवं प्रमेय ज्ञानेश्वरी में दिए गए दृष्टांत एवं प्रमेयों से इतना साम्य रखते हैं कि प्रतीत होता है कि इस ग्रंथ का लेखक एवं ज्ञानेश्वर—दोनों एक ही परम्परा के हों एवं दोनों का स्रोत भी समान रहा हों। और फिर यह ग्रंथ जितना प्राचीन समझा जाता है उतना प्राचीन हो तो उसका लेखक जो गोरखनाथ कहा गया है, उसकी सीख के प्रतिबिम्ब और उसके साहित्य की छाया ज्ञाननाथ की सीख एवं साहित्य में निश्चित रूप से दिखलाई देती है।"[2]

आगे और भी लिखा है—

> "गोरक्षगीता भी उसके (गोरखनाथ के) नाम पर मिलती है···इसकी सामग्री को देखें तो लगता है कि गोरखनाथ से दिया हुआ उपदेश है

1. गोरखनाथ, डॉ० नागेन्द्रनाथ उपाध्याय, नागरी प्रचारिणी सभा, वाराणसी, प्र० सं० संवत् 2033, पृ० 59 तथा 60
2. महाराष्ट्र सारस्वत (पुरवणी सह), विनायक लक्ष्मण भावे, ग० रा० भटकल, पाप्युलर प्रकाशन, 35सी ताड़देव रोड, मुंबई 34, आवृत्ति पाँचवीं, 1963 ई०, (मराठी पुस्तक) पृ० सं० 33

जिसे उसके शिष्य गैनीनाथ ने अपनी शिष्य मंडली के लिए लिखकर रखा है।"[1]

गोरखनाथ द्वारा लिखित मराठी रचनाओं की खोज होनी चाहिए। उपलब्ध रचनाओं को संदिग्ध ही माना गया है। इतनी बात स्पष्ट है कि नाथपंथ में दीक्षित शिष्यमंडली ने कुल परम्परा को अपने से जोड़ने के लिए मराठी में कुछ लिखा हो। महाराष्ट्र में जो शिष्य इस परम्परा में दीक्षित हुए उन्होंने अपने गुरु से जो कुछ सीखा उसे अपनी सुविधा के लिए मराठी में लिखा हो और वह भी उनके अपने लिए। विनायक लक्ष्मण भावे यही मानते हैं।[2]

महाराष्ट्र में प्रचलित अन्य सम्प्रदाय

महाराष्ट्र में भक्ति से सम्बन्धित साहित्य पर नाथ सम्प्रदाय का व्यापक प्रभाव है। इस प्रभाव को पहचानने की आवश्यकता है। नाथ सम्प्रदाय की तरह अन्य और भी सम्प्रदाय महाराष्ट्र में प्रचलित रहे हैं। वे हैं—'महानुभाव सम्प्रदाय', 'नागेश-सम्प्रदाय', 'रामदासी सम्प्रदाय', 'दत्त सम्प्रदाय', 'स्वामी रामानंद सम्प्रदाय' और सबसे प्रधान और महत्त्वपूर्ण सम्प्रदाय—'वारकरी सम्प्रदाय'। इन सब सम्प्रदायों में अखिल भारतीय स्तर का सम्प्रदाय 'नाथ सम्प्रदाय' है। डॉ० नजमुन्निसा व० पीरजादे ने अपने शोध प्रबन्ध 'महाराष्ट्र का हिन्दी साहित्य' (अप्रकाशित 1985) में महाराष्ट्र के सन्त साहित्य के अन्तर्गत प्रचलित सम्प्रदायों का परिचय इसी रूप में दिया है। उक्त परिचय को देखा जाएँ तो प्रतीत होगा कि जिन कवियों ने हिन्दी में भी रचनाएँ लिखी हैं, वे प्रधान रूप से वारकरी सम्प्रदाय के हैं।[3] बारकरी सम्प्रदाय यों मूल रूप में गुरु परम्परा की दृष्टि से नाथ सम्प्रदाय से जुड़ा हुआ है। श्री मुरलीधर गजानन पानसे लिखते हैं—

> "नाथ योगियों का कार्यक्षेत्र दसवीं शताब्दी में पूरे महाराष्ट्र में था, इसमें संदेह नहीं किया जा सकता। गोरखनाथ, अमरनाथ के बाद में हरिनाथ, रघुनाथ, मुकुंदराज, इन सभी ने नाथपंथ की परम्परा विदर्भ में चलाई और गहिनीनाथ, निवृत्तिनाथ, ज्ञानदेव ने नेवासा पढंरपुर की ओर नाथतत्त्वों को लगातार बनाए रखा। नाथसिद्धों के विचारों का (तत्त्वप्रणाली का) मराठी जनमानस पर क्या कुछ प्रभाव रहा, वह बाद में अस्तित्व में आए हुए लिंगायत, महानुभाव एवं वारकरी आदि पंथों के विचारों की मीमांसा करने

1. महाराष्ट्र सारस्वत, पृ० सं० 33
2. वही, पृ० सं० 33-34
3. महाराष्ट्र का हिन्दी संत साहित्य, डॉ० नजमुन्निसा व० पीरजादे, अप्रकाशित शोध प्रबन्ध, 1985, मराठवाड़ा विश्वविद्यालय, औरंगाबाद

पर समझ में आती है। इनमें से प्रत्येक सम्प्रदाय की गुरुपरम्परा नाथपंथ से ही निकली हुई है। वीरशैव तत्त्वज्ञान का प्रणेता अल्लमप्रभु स्वयं नाथ-सिद्ध ही था। अल्लमप्रभु को लगा कि गोरखनाथ ने हठयोग पर अधिक बल दिया है। वह उसे ठीक नहीं लगा। उसने स्वयं गोरखनाथ से चर्चा भी की और बाद में अपने स्वतंत्र विचार प्रस्तुत किए। बाद के रेवण सिद्ध और मरुळसिद्ध भी पहले नाथपंथी ही थे। महानुभाव पंथ की स्थिति भी यही है। इस पंथ के संस्थापक चक्रधर के गुरु गुंडम राउळ व पितामह गुरु चांगदेव राउळ दोनों ही नाथों के अनुयायी थे। बालोन्मत्त पिशाचवत् आचरण करनेवाले गुंडम राउळ को तो नाथपंथियों के प्रतिनिधि के उदाहरण के रूप में दिखलाया जाता है। स्वयं चक्रधर के मन पर नाथपंथ का पूर्व संस्कार रहा है। उसके समय-समय पर कथित उद्‌गारों द्वारा यह तथ्य प्रमाणित हो जाता है। और वारकरी पंथ के प्रमाता ज्ञानेश्वर के गुरु पर—निवृत्तिनाथ पर—आध्यात्मिक अनुग्रह करनेवाले गहिनीनाथ तो साक्षात् गोरखनाथ के ही शिष्य थे।"[1]

संक्षेप में नाथपंथ महाराष्ट्र में प्रचलित प्रधान सम्प्रदायों से ऐतिहासिक रूप में जुड़ा हुआ है और भक्ति साहित्य—जिसे महाराष्ट्र में सन्त वाङ्मय कहा गया है—उसकी पृष्ठभूमि में रहा है।

सन्त और भक्त

हिन्दी में 'संत' और 'भक्त'—अलग-अलग नाम मिलते हैं। ऐसा विभाजन मराठी में सगुण कवि अलग और निर्गुण कवि अलग—ऐसा भेद नहीं बतलाया जा सकता। आचार्य शुक्ल ने भक्तिकाल का जो विभाजन किया है, उस तरह का विभाजन मराठी वाङ्:मय में नहीं है। कवि चाहे किसी सम्प्रदाय का हो उसकी अपनी विचारधारा अलग भी रही हो तब भी वह सामान्य रूप से संत वाङ्मय के रचयिता के रूप में ही जाना और पहचाना गया है। 'भक्ति' शब्द महाराष्ट्र में अधिक प्रचलित नहीं हुआ। इसके विपरीत मराठी में हिन्दी के भक्त कवियों को संत कवि के रूप में ही संबोधित किया जाता है।

नाथ सम्प्रदाय से प्रभावित होने पर भी मराठी में नाथ सम्प्रदाय उस रूप में प्रचलित नहीं हो सका जैसे वह उत्तर भारत, पूर्वी भारत तथा पश्चिमी भारत में हुआ है। गोरखनाथ के बाद में कबीर तक के काल में नाथयोगियों की परम्परा

1. यादवकालीन महाराष्ट्र मु० ग० पानसे, मुंबई मराठी ग्रन्थ संग्रहालय, दादर, बम्बई-14, आवृत्ति पहिली 1966 ई०, पृ० 135 (मराठी पुस्तक)

उत्तर भारत में चलती रही है। आचार्य हजारी प्रसाद द्विवेदी जी ने अपनी पुस्तक 'नाथ सम्प्रदाय' में 'गोरखनाथ के समसामयिक और परवर्ती सिद्ध' स्वतंत्र अध्याय लिखा है। उक्त अध्याय के बाद में एक और अध्याय—'परवर्ती सिद्ध सम्प्रदाय में प्राचीन मत'—है।[1] दोनों अध्याय देख जाने से ज्ञात होगा कि नाथ-योगियों की परम्परा उत्तर भारत में दीर्घकाल तक चलती रही है। कबीर के आगमन तक यह परम्परा रही है। स्वयं कबीर पर उक्त परम्परा का प्रभाव है। ऐसी परम्परा महाराष्ट्र में नहीं मिलती। नाथ सम्प्रदाय का स्वतंत्र साहित्य मराठी में विकसित नहीं हुआ। स्वयं ज्ञानेश्वर की ज्ञानेश्वरी नाथ सम्प्रदाय का ग्रन्थ नहीं है। गुरु परम्परा के रूप में नाथ सम्प्रदाय से जुड़ना और बात है तथा उक्त सम्प्रदाय को अपना कर चलना दूसरी बात है। ऐसा मराठी में नहीं हो सका है।

वारकरी सम्प्रदाय

नाथ सम्प्रदाय से वारकरी सम्प्रदाय गुरु परम्परा के रूप में ज्ञानेश्वर के कारण जुड़ा हुआ है। वारकरी सम्प्रदाय में नाथ सम्प्रदाय की विशेषताएँ मिलती हैं। देशाटन करना, लोकसम्पर्क बढ़ाना वारकरी सम्प्रदाय का प्रमुख लक्षण है। वारी का अर्थ होता है 'फेरी' और 'वारकरी' का अर्थ हुआ फेरी करने वाला। वारी का अर्थ यात्रा भी होता है। फेरी करने वाला अर्थात् यात्राओं के क्रम को दोहराए रखना। यह बात अलग है कि बाद में 'वारकरी सम्प्रदाय' की फेरी (वारी) केवल पंढरपुर तक रह गई। भाविक लोग—भक्त लोग ही कहना चाहिए—दल के दल—सामूहिक यात्रा करते हैं। कीर्तन करते हुए पंढरपुर पहुँचते हैं। सामूहिक रूप में कीर्तन करना—गुणगान करना—भक्ति भाव को मुखरित करने के सदृश है। नाद में ब्रह्म को पहचानना और उससे जुड़ने का यह कार्य है। पंढरपुर की यात्रा इस रूप में आज भी होती है। किन्तु आरम्भ में वारकरी सम्प्रदाय के संत भारत का भ्रमण करते रहे हैं। इस रूप में वे नाथयोगियों के स्वभाव को अपनाए हुए हैं। नामदेव, तुकाराम, बहिणाबाई, एकनाथ आदि ने मराठी के साथ-साथ हिन्दी में भी लिखा है। ज्ञानेश्वर ने स्वयं हिन्दी में न लिखा हो किन्तु उनकी ज्ञानेश्वरी पर हिन्दी भाषा के संस्कार दिखलाई देते हैं। इस तथ्य को प्रमाणित करने के लिए मैंने 'ज्ञानेश्वरी की भाषा' शीर्षक लेख लिखा है।[2] ज्ञानेश्वर ने उत्तर

---

1. नाथ सम्प्रदाय, आचार्य हजारी प्रसाद द्विवेदी, पृ० 166 से 220
2. मराठी भाषा और साहित्य, राजमल बोरा एवं गणेश अष्टेकर, नेशनल पब्लिशिंग हाउस, 23 दरियागंज, नई दिल्ली-2, प्र० सं० 1986 ई०, पृ० 40 से 72 तक।

भारत की यात्रा की है। संक्षेप में वारकरी सम्प्रदाय से सम्बन्ध रखने वाले संत कवि भक्ति साहित्य से जुड़े हुए हैं। नामदेव से आरम्भ होने वाली यह परम्परा संत एकनाथ तक बराबर चलती रही है।

निर्गुण और सगुण

निर्गुण तथा सगुण—दोनों रूपों में भक्ति भावना पर विचार करें तो महाराष्ट्र का संत साहित्य निर्गुण की ओर झुका हुआ प्रतीत होगा। सगुण से आरम्भ करते हुए भी वे निर्गुण की ओर प्रवृत्त दिखलाई देते हैं। हिन्दी में ज्ञानमार्गी कवियों की ओर विशेष रूप से कबीर के साहित्य की जो विशेषताएँ हैं, वे सब विशेषताएँ 'संत वाङ्:मय' में समान रूप से मिलती हैं। भक्ति साहित्य का जो अखिल भारतीय रूप है, वह 'संत वाङ्:मय' में विद्यमान है। यह भक्ति 'ज्ञान-मूलक' है। 'जाति-पाँति पूछे नहिं कोई। हरि कौ भजे सो हरि का होई।' या 'मौको कहाँ ढूँढ़े बंदे मैं तो तेरे पास में।' वाली प्रवृत्ति मराठी के संत वाङ्मय में है। ज्ञानमूलक भक्ति में 'आतमबोध—स्वयं का बोध', आध्यात्मिक बोध महत्त्वपूर्ण होता है। कुछ उदाहरण[1]—

आऊँ तो बीठल, जाऊँ तो बीठल
बीठल व्यापक माया।
नामा का चित हरि सौ लागा
ताय परमपद पाया। —नामदेव

× ×

कब लग तंत रहूँ या मनके जतन किया नहिं जाई।
या अरदास करै जन नामौ, सुनि लीज्यो राम राई॥
—नामदेव

× ×

एका जनार्दन साचा कहै
आलख निठल सार
देख मुंढे[2] अपना नफा
करो नाम उच्चार —एकनाथ

× ×

1. महाराष्ट्र का हिन्दी संत साहित्य, डॉ० नजमुन्निसा व० पीरजादे, अप्रकाशित शोध प्रबंध से उदाहरण दिए गए हैं।
2. मुंढे—साधक को संबोधित किया है।

चित मिले तो सब मिले
नहीं तो फोकट संग
पाणी पाथर यक ही ठौर
कोर न भीगे अंग —तुकाराम

× ×

ज्याका चित लगा मेरे राम को नाम
कहै तुका मेरा चित लगा त्या के पाव —तुकाराम

× × ×

मेरा मीपन सटाकर साहेब पकरे तेरे पाय।
बहैणि कहै तुम से गोबिन्द तेरे पर बलि जाय।
—बहिणाबाई

कबीर की साखियाँ, उनके पद आदि में ज्ञानमूलक कथन हैं। उसी तरह महाराष्ट्र के संत वाङ्‌मय में ज्ञानमूलक कथन मिलेंगे। ये कथन सगुण से निर्गुण की ओर आने वाले कथन हैं। गुरु महिमा और नाम जपना या नाम महिमा का कथन—संत वाङ्‌मय की मूल प्रेरणा है। संत वाङ्‌मय प्रधान रूप से आध्यात्मिक बोध से प्रवृत्त होकर चला है। महाराष्ट्र में कृष्ण की उपासना राम की तुलना में अधिक प्रचलित रही है। ज्ञानेश्वरी भगवद्‌गीता का भाष्य है। वह मराठी की सर्वोत्कृष्ट और अभिजात रचना है। रुक्मिणी विदर्भ की थी और वह कृष्ण की पटरानी थी। इस रूप में श्रीकृष्ण महाराष्ट्र के जँवाई हुए। रुक्मिणी से सम्बद्ध कृष्ण की कथा मराठी वाङ्‌मय में अधिक है। कीर्तन में 'राधारमण' के स्थान पर 'विट्ठल रुकमाई' वाला नाम अधिक गेय है। श्रीकृष्ण का गोपियों से जो सम्बन्ध रहा है—उससे सम्बन्धित भाव महानुभाव पंथ में मिलेगा। महानुभाव पंथ श्रीकृष्ण के लीलावाले रूप को मानता है। मराठी में 'गवळणी' से सम्बन्धित पद मिलते हैं। महानुभाव पंथ वारकरी सम्प्रदाय की तुलना में द्वैतवादी है। जीव और परमेश्वर को अलग माना गया है। वारकरी सम्प्रदाय अद्वैतवादी है। सगुण का विवेचन करते हुए भी वे अद्वैत की ओर अंततः प्रवृत्त होते दिखलाई देते हैं। संक्षेप में 'मराठी का संत वाङ्‌मय प्रधान रूप से निर्गुण की ओर प्रवृत्त होने के कारण उन्हें संत की संज्ञा प्राप्त हुई है।

संत वाङ्‌मय की विशेषताएँ

डॉ० ग० तु० अष्टेकर साहब ने हिन्दी में एक पुस्तक लिखी है। पुस्तक का नाम है 'मराठी संत कवियों की सामाजिक भूमिका'। उक्त पुस्तक संत वाङ्‌मय की प्रासंगिकता पर विचार करती है। साथ ही 'संत वाङ्‌मय' के अखिल भारतीय

संदर्भ को समझाने का प्रयत्न करती है। संत वाङ्मय व्यक्ति और समाज दोनों को कहाँ तक प्रभावित करता रहा है और उसका वास्तविक बल क्या है? इस सब की परीक्षा उक्त पुस्तक में है। उक्त पुस्तक से कुछ उद्धरण प्रस्तुत है[1]—

"महाराष्ट्र की सन्त कवि परम्परा के विचार में ज्ञानेश्वर से रामदास तक के सन्त कवियों को ही स्थान दिया जाता है। रामदास के बाद भी अनेक सन्त कवि हुए परन्तु उनका ऐसा गहरा प्रभाव नहीं हुआ जिससे इस प्रदेश की जनता को कोई नई दिशा मिली हो।" (पृ० 44)

"हर किसी मराठी सन्त कवि ने ईश्वर से जो वरदान माँगा है, उसका उद्देश्य स्वकल्याण की अपेक्षा सामाजिक हित का ही परिलक्षित होता है। यह बात सच्चे सन्तों पर अधिक सार्थकता से लागू होती है।"

(पृ० 61)

"इस प्रदेश का हर मराठी सन्त कवि चातुर्वर्ण्य का समर्थक दिखाई देता है। ज्ञानेश्वर से लेकर एकनाथ तक जितने भी विख्यात संत कवि हो गए हैं उनमें से किसी ने भी उक्त वर्णाश्रित सामाजिक व्यवस्था के विध्वंस की ज़िद नहीं दिखाई है।" (पृ० 63-64)

"कुछ सन्त कवियों ने अपने दैनंदिन (दैनिक) जीवन में भी सामाजिक समता को उतारना चाहा परन्तु उनके उस दिशा में किए गए प्रयास बहुत सफल नहीं हो सके। यदि कोई ऊँचे वर्ण का सन्त कवि उक्त प्रयास करता रहा था तो उसका नाम था सन्त एकनाथ। उक्त सन्त कवि ने वर्ण-भेद को रोटी के स्तर पर मिटाने की कोशिश की थी। (पृ० 75)

इसी तरह के और उदाहरण मिलेंगे। पुस्तक वैचारिक स्तर की है और समकालीन संदर्भ में भक्ति साहित्य का मूल्यांकन किया गया है।

भक्ति आन्दोलन को राष्ट्रीय संदर्भ में रखकर देखें और महाराष्ट्र के विशिष्ट योगदान को पहचानने का प्रयत्न करें तो ज्ञात होगा कि महाराष्ट्र का संत वाङ्मय व्यक्ति की तुलना में समाज के हित के प्रति अधिक सजग रहा है। दूसरी बात, देशाटन की मूल प्रवृत्ति को वह अपनाता रहा है। वारकरी सम्प्रदाय में अखिल भारतीय भक्ति का रूप मिल जाएगा। भाषा के स्तर पर एवं विचारों के स्तर पर एकसूत्रता की ओर संत वाङ्मय अग्रसर होता रहा है। साधना पद्धतियों के

1. मराठी सन्त कवियों की सामाजिक भूमिका—डॉ० ग० तु० अष्टेकर, पंचशील प्रकाशन, जयपुर प्र० स० 1980 ई०

प्रति अपनी-अपनी बात कहते हुए भी मूल रूप में वे सामान्य तथ्यों के प्रति अधिक आग्रह रखते हैं। हिन्दी की ज्ञानाश्रयी शाखा और सूफी शाखा—यों कहिए निर्गुण धारा के तत्त्व मराठी के सन्त वाङ्मय में अधिक प्रबल रहे हैं। इस स्तर पर हिन्दी तथा मराठी दोनों का भक्ति साहित्य प्राय: समान तत्त्वों पर आधारित प्रतीत होता है। हमें महाराष्ट्र के सन्त वाङ्मय को ठीक-ठीक पहचानने की आवश्यकता है। भक्ति साहित्य की मूल आत्मा सन्त वाङ्मय में विद्यमान है।

हिन्दी साहित्य का भक्तिकाल
[1318 ई०-1643 ई०]

आचार्य रामचन्द्र शुक्ल ने हिन्दी साहित्य का कालविभाजन किया है। उसमें उन्होंने भक्तिकाल का समय संवत् 1375 से संवत् 1700 रखा है। यह लगभग 325 वर्षों का काल है। राजनीतिक दृष्टि से सुल्तान अलाउद्दीन खिलजी के शासन काल समाप्त होने के बाद भक्तिकाल का आरम्भ होता है और अकबर बादशाह, जहाँगीर और शाहजहाँ के काल तक भक्तिकाल की सीमाएँ मानी गई हैं। 1643 ई० में शाहजहाँ शासन कर रहा था। औरंगज़ेब का सम्बन्ध भक्तिकाल से नहीं है। इस कालखण्ड के भीतर हिन्दी साहित्य में जो कुछ लिखा गया, उस पर आचार्य शुक्ल ने बहुत विस्तार से लिखा है। उनके अध्ययन का केन्द्र भक्तिकाल है। आचार्य शुक्ल की तरह आचार्य हजारी प्रसाद द्विवेदी ने भी भक्तिकाल को अपने अध्ययन का आधार बनाया है। दोनों विद्वानों के विचारों में अन्तर है। एक के अध्ययन के केन्द्र में 'तुलसी' है और दूसरे के अध्ययन के केन्द्र में 'कबीर' हैं। दोनों के विचारों का विवेचन यहाँ पर प्रस्तुत कर रहा हूँ।

(2)

भक्तिकाल का सामान्य परिचय देते हुए शुक्ल जी बतलाते हैं—

"देश में मुसलमानों का राज्य स्थापित हो जाने पर हिन्दू जनता में गौरव, गर्व और उत्साह के लिए वह अवकाश न रह गया। उसके सामने ही उसके देवमन्दिर गिराए जाते थे, देवमूर्तियाँ तोड़ी जाती थीं और पूज्य पुरुषों का अपमान होता था और वे कुछ भी नहीं कर सकते थे। ऐसी दशा में अपनी वीरता के गीत न तो वे गा ही सकते थे और न बिना लज्जित हुए सुन ही सकते थे। आगे चलकर जब मुस्लिम-साम्राज्य दूर-दूर तक स्थापित हो गया तब परस्पर लड़ने वाले स्वतंत्र राज्य भी नहीं रह गए। इतने भारी राजनीतिक उलटफेर के पीछे हिन्दू जनसमुदाय पर बहुत दिनों तक उदासी छाई रही। अपने पौरुष से हताश जाति के लिए भगवान की शक्ति और करुणा

की ओर ध्यान से जाने के अतिरिक्त दूसरा मार्ग ही क्या था ?"[1]

आचार्य शुक्ल की इन्हीं पंक्तियों पर आचार्य हजारी प्रसाद द्विवेदी जी की टिप्पणी इस प्रकार है—

"हिन्दी साहित्य के अध्ययन और लोक-चक्षुगोचर करने का भार जिन विद्वानों ने अपने ऊपर लिया है, वे भी हिन्दी साहित्य का सम्बन्ध हिन्दू जाति के साथ ही अधिक बतलाते हैं और इस प्रकार अनजान आदमी को दो ढंग से सोचने का मौका देते हैं। एक यह कि हिन्दी साहित्य एक हतदर्प, पराजित जाति की सम्पत्ति है, इसलिए उसका महत्त्व उस जाति के राजनीतिक उत्थान-पतन के साथ अंगांगि-भाव से सम्बद्ध है और दूसरा यह कि ऐसा न भी हो तो भी वह एक निरन्तर पतनशील जाति की चिन्ताओं का मूर्त प्रतीक है, जो अपने-आपमें कोई विशेष महत्त्व नहीं रखता। मैं इन दोनों का प्रतिवाद करता हूँ। और अगर ये बातें मान भी ली जाएँ तो भी यह कहने का साहस करता हूँ कि फिर भी इस साहित्य का अध्ययन करना नितान्त आवश्यक है क्योंकि दस सौ वर्षों तक दस करोड़ कुचले हुए मनुष्यों की बात भी मानवता की प्रगति के अनुसंधान के लिए केवल अनुपेक्षणीय ही नहीं बल्कि ज्ञातव्य वस्तु है। ऐसा करके मैं इस्लाम के महत्त्व को भूल नहीं रहा हूँ लेकिन जोर देकर कहना चाहता हूँ कि अगर इस्लाम नहीं आया होता तो भी इस साहित्य का बारह आना वैसा ही होता जैसा आज है।"[2]

दोनों ही आचार्यों के कथन पर विचार करने से पूर्व मैं मराठी के विद्वान श्री पु० ग० सहस्रबुद्धे की पंक्तियों को इस संदर्भ में उद्धृत करना चाहूँगा। डॉ० ग० तु० अष्टेकर ने इन पंक्तियों को अपनी पुस्तक में उद्धृत किया है। पंक्तियाँ इस प्रकार हैं—

"(समाज में) दो तरह के विचार-प्रवाह होते हैं। पहला वह होता है जिसमें बौद्धिकता, समता, प्रवृत्त्यात्मकता, लोक-संग्रहवृत्ति, धर्म की परिवर्तनीयता और लोकाभिमुखता, स्वराज्य और स्वधर्म का अभेद तथा राजधर्म और क्षात्रधर्म की श्रेष्ठता को महत्त्व प्राप्त होता है। दूसरा वह होता है जिसमें शब्द-प्रामाण्य, विषमता, निवृत्ति, वैयक्तिकता, धर्म की अपरिर्वतनीयता और समाज-विमुखता तथा स्वराज्य और राजधर्म के प्रति उदासीनता को ही महत्त्व प्राप्त होता है। ई० स० की दसवीं-ग्यारहवीं शती में

---

1. हिन्दी साहित्य का इतिहास, आचार्य रामचन्द्र शुक्ल, नागरी प्रचारिणी सभा, वाराणसी, नौवाँ संस्करण, संवत् 2009, पृ० 60
2. हिन्दी साहित्य की भूमिका, आचार्य हजारी प्रसाद द्विवेदी, राजकमल प्रकाशन, नई दिल्ली-110002, संस्करण 1979 ई०, पृ० 13

पहला विचार-प्रवाह क्षीण हुआ और दूसरा बलवान होता रहा, परिणामतः इस देश का सत्यानाश हो गया। यही कारण था कि यह देश इस्लाम के आक्रमण के सामने घुटने टेक गया और विद्या, कला, सम्पत्ति, कृषि और वाणिज्यादि क्षेत्र में इस देश का दिवाला पिट गया। इस तरह की (विषम) स्थिति में धर्मवेत्ताओं को चाहिए था कि अपने समाज के रूढ़ धर्मतत्त्वों पर सोचें और उनमें सुधार लाएँ। समाज विघातक रूढ़ियों को त्याज्य बताकर सामाजिक उत्कर्ष करने में सहायक सिद्ध होने वाली नयी आचरण-संहिता समाज को देना ही उक्त धर्मज्ञों का कार्य (कर्त्तव्य) होता है परन्तु बहमनी सत्ताकाल में विद्यमान धर्म-मार्त्तण्डों ने ऐसा तो कुछ भी नहीं किया बल्कि इससे विपरीत उन्होंने धर्म को अधिकाधिक व्यक्तिगत, समाज-विमुख, परलोकनिष्ठ और स्थूल कर्मकाण्डात्मक रूप देकर इस बात का पूरा-पूरा इंतजाम करके रख दिया कि महाराष्ट्र के समाज का पूर्णतः अधःपात हो जाए।"[1]

हमें तीनों ही विद्वानों के द्वारा व्यक्त विचारों की परीक्षा करनी चाहिए। आचार्य शुक्ल की पंक्तियों के सम्बन्ध में ही पहले विचार करें। 'भक्तिकाल का सामान्य परिचय' (प्रकरण) का अनुच्छेद है और वह भी प्रथम अनुच्छेद है। उक्त अनुच्छेद के तुरन्त बाद में दूसरे अनुच्छेद में पहला ही वाक्य है—**'यह तो हुई राजनीतिक परिस्थिति'**। स्पष्ट है कि शुक्ल जी के उक्त अनुच्छेद को **'राजनीतिक परिस्थिति'**—समझना चाहिए। संदर्भ से काटकर इन पंक्तियों के आधार पर भक्ति साहित्य के प्रति शुक्ल जी के विचारों को काटना उचित नहीं लगता। अपनी जगह और **'राजनीतिक परिस्थितियों'** के संदर्भ में शुक्ल जी का कथन आज भी ठीक है। शुक्ल जी ने केवल राजनीतिक परिस्थिति की बात नहीं की। वे धार्मिक परिस्थिति की चर्चा आगे करते हैं। भक्ति के अखिल भारतीय संदर्भ को स्पष्ट करते हैं और तब कहते हैं—

"कालदर्शी भक्त कवि जनता के हृदय को सँभालने और लीन रखने के लिए दबी हुई भक्ति को जगाने लगे। क्रमशः भक्ति का प्रवाह ऐसा विस्तृत और प्रबल होता गया कि उसकी लपेट में केवल हिंदू जनता ही नहीं, देश में बसने वाले सहृदय मुसलमानों में से भी न जाने कितने आ गए। प्रेम-स्वरूप ईश्वर को सामने लाकर भक्त कवियों ने हिन्दुओं और मुसलमानों दोनों को मनुष्य के सामान्य रूप में दिखाया और भेदभाव के दृश्यों को हटा-

---

1. मराठी संत कवियों की सामाजिक भूमिका, डॉ० ग० तु० अष्टेकर, पंचशील प्रकाशन, फिलम कालोनी, चौड़ा रास्ता, जयपुर, प्रथम संकरण, 1980, पृ० 72 और 73

कर पीछे कर दिया ?"[1]

संक्षेप में शुक्ल जी की पंक्तियों को—प्रथम अनुच्छेद की पंक्तियों को—जैसे कि उन्होंने कहा भी है 'राजनीतिक परिस्थिति' के रूप में ग्रहण किया जाए। आचार्य हजारी प्रसाद द्विवेदी इन्हीं पंक्तियों का खण्डन करते हैं। उनका विरोध दो बातों से है। वे हैं—

1. हिन्दी साहित्य हतदर्प पराजित जाति की सम्पत्ति है, इसलिए उसका महत्त्व उस जाति के राजनीतिक उत्थान-पतन के साथ अंगांगि-भाव से सम्बद्ध है।

और 2. वह (साहित्य) एक निरन्तर पतनशील जाति की चिन्ताओं का मूर्त प्रतीक है, जो अपने-आपमें कोई विशेष महत्त्व नहीं रखता।

और बाद में उन्होंने कहा—

"मैं इन दोनों बातों का प्रतिवाद करता हूँ।"

स्पष्ट है कि आचार्य हजारी प्रसाद जो प्रतिवाद कर रहे हैं, ठीक वैसा आशय आचार्य रामचन्द्र शुक्ल का नहीं है। आचार्य शुक्ल ने हिन्दी साहित्य को क्या 'हिन्दू जाति' के साथ जोड़ा है ? ऐसा नहीं है। उनके हिन्दी साहित्य के इतिहास में ही अनेक मुसलमान कवियों के उल्लेख मिलते हैं। उनकी साहित्यिक महत्ता और उनकी देन को उन्होंने स्वीकार किया है और उनकी मुक्तकंठ से प्रशंसा भी की है। यही नहीं, भक्तिकाल के जिस कवि पर आचार्य शुक्ल ने सबसे अधिक परिश्रम किया और उन्हें प्रकाश में लाया—वह कवि मलिक मोहम्मद जायसी है। गोस्वामी तुलसीदास, उनके अपने प्रिय कवि होने पर भी उन्होंने तुलसी की अपेक्षा जायसी को अधिक समय दिया। जायसी ग्रंथावली की भूमिका आचार्य रामचन्द्र शुक्ल की उत्कृष्ट भूमिका है। डॉ० नगेन्द्र ने तो यहाँ तक कहा कि अनुसंधान और आलोचना दोनों का उत्तमयोग **जायसी ग्रन्थावली की भूमिका** है। हिन्दी साहित्य का सम्बन्ध केवल हिन्दू जाति के साथ जोड़ना न तो शुक्ल जी को इष्ट रहा है और न ही इस बात को आज भी कोई स्वीकार करना चाहेगा। आचार्य शुक्ल ने 'हताश' शब्द का प्रयोग किया है और वह भी राजनीतिक परिस्थिति के संदर्भ में, किन्तु द्विवेदी जी ने **हतदर्प-पराजित जाति**—कह दिया और समस्त हिन्दी साहित्य के साथ जोड़ दिया। शुक्ल जी भक्ति साहित्य का सामान्य परिचय दे रहे हैं और राजनीतिक परिस्थितियाँ बतला रहे हैं। वे समग्र हिन्दी साहित्य की न तो बात कर रहे हैं और न ही भक्ति साहित्य को ठीक उस संदर्भ प्रस्तुत कर रहे हैं, जैसे कि आचार्य हजारी प्रसाद द्विवेदी कह रहे हैं। एक बात और,

1. हिन्दी साहित्य का इतिहास, आचार्य रामचन्द्र शुक्ल, नागरी प्रचारिणी सभा, वाराणसी, नौवाँ संस्करण, संवत् 2009, पृ० 62

आचार्य हजारी प्रसाद द्विवेदी कहते हैं—"अगर इस्लाम नहीं आया होता तो भी इस साहित्य का बारह आना वैसा ही होता जैसा आज है।"—चार आना तो घटा दिया—इस्लाम का प्रभाव मान लिया। इस्लाम के आगमन को नकारा नहीं जा सकता। भक्तिकाल का मूल्यांकन करते समय 'इस्लाम' पर विचार करना केवल राजनीतिक दृष्टिकोण से नहीं अपितु धार्मिक परिस्थितियों के संदर्भ में भी विचार करना आवश्यक है। आचार्य रामचन्द्र शुक्ल ने परिस्थितियों पर विचार कर जनता की चित्तवृत्तियों को पहचानने का प्रयत्न किया है। अपने सिद्धान्त में वे दृढ़ रहे हैं। उनकी दृढ़ता के कारण ही जहाँ भी अवसर मिला उनके विचारों का खंडन करने का प्रयत्न विद्वानों ने किया है।

(3)

श्री पु०ग० सहस्रबुद्धे के विचार आचार्य रामचन्द्र शुक्ल के विचारों से मेल खाते हैं। दोहराने की आवश्यकता नहीं है। हमें भक्तिकाल के ऐतिहासिक परिप्रेक्ष्य को समझने की आवश्यकता है। रोमिला थापर ने 'भारत का इतिहास' पुस्तक लिखी है। उक्त पुस्तक में उन्होंने 'भक्ति आन्दोलन' को राजनीतिक परिप्रेक्ष्य में प्रस्तुत किया है और उसके महत्त्व को स्थापित किया है। वे लिखती हैं—

> "आठवीं से तेरहवीं शताब्दी तक के काल को कभी-कभी 'अंधकार युग' कहा जाता है, जब हिन्दुओं की उच्च संस्कृति का ह्रास हुआ और राजनीतिक विश्रृंखलता के फलस्वरूप एक पूर्णतया विदेशी शक्ति को इस उपमहाद्वीप में विजय प्राप्त करने में सुविधा हुई। परन्तु यह अंधकार युग न होकर निमणात्मक युग था जिसका विस्तृत अध्ययन लाभप्रद हो सकता है क्योंकि आज के भारत की अनेक संस्थाएँ इसी युग में स्थायी रूप ग्रहण करने लगीं थीं।
>
> राजनीतिक-आर्थिक ढांचे के आधार के रूप में सामन्तवाद मोटे रूप में अभी हाल तक जीवित रहा है और समाज के विकास को प्रभावित करता रहा है। इस काल में जन्म लेनेवाली अनेक जातियाँ सामाजिक क्षेत्र में अब भी सक्रिय हैं। भारत के विभिन्न भागों में आज भी बोली जाने वाली भाषाएँ तेरहवीं शताब्दी की विभिन्न प्रादेशिक भाषाओं से निकली हैं। स्थापित धर्मों से सर्वथा पृथक् अनेक धार्मिक पन्थ जो आज ग्रामीण जनता (भारत की बहुसंख्यक जनता) पर छाए हुए हैं, इसी युग में उद्भूत हुए थे। इतना ही नहीं, इस काल की ऐतिहासिक साक्षी की पूर्णता इस समय के पूर्ण चित्रण के पुन-

निर्माण की सुविधा प्रदान करती है।"[1]

रोमिला थापर ने राजनीतिक परिस्थितियों का विश्लेषण किया है। भक्तिकाल से सम्बन्धित युग भी यही रहा है। इसे वे एक ओर अंधकार युग भी कहती हैं और दूसरी ओर वह निर्माणात्मक युग भी कहतीं हैं। भक्ति के सम्बन्ध में रोमिला थापर लिखती हैं—

> "बौद्ध मत और इस्लाम, दोनों संस्थागत दीक्षा देने वाले धर्म होने के कारण सम्भाव्य अनुयायियों को अपनी ओर आकर्षित करने की शक्ति रखते थे। इससे दोनों में कड़ा विरोध हो गया और मठों पर आक्रमण होने के कारण बौद्धों को पूर्वी भारत से दक्षिण-पश्चिम एशिया में जाना पड़ा। भारत के भूतपूर्व बौद्ध क्षेत्रों—उत्तर, पश्चिम और पूर्व—में बहुत-से लोगों ने इस्लाम धर्म स्वीकार कर लिया। चौदहवीं शताब्दी से उत्तर भारतीय समाज में भक्ति सम्प्रदाय एक महत्त्वपूर्ण शक्ति बन गया और कुछ सीमा तक उसने बौद्धों के पलायन से होने वाली रिक्तता की पूर्ति की क्योंकि उसने व्यावसायिक जातियों को अपनी ओर आकर्षित किया।"[2]

'भक्ति आन्दोलन' के सम्बन्ध में रोमिला थापर ने जो कुछ लिखा है, वह साहित्यिक मूल्यांकन के रूप में कम और उसके राजनीतिक स्वरूप पर अधिक है। 'भक्ति आन्दोलन'—अपने-आपमें चाहे जो रहा हो किन्तु उसका राजनीतिक प्रभाव रहा है। इस्लाम धर्म, बौद्ध धर्म और हिन्दू धर्म—तीनों का सम्बन्ध 'भक्ति आन्दोलन' से है। भक्ति आन्दोलन में बौद्ध धर्म वाला रूप नहीं है। किन्तु इस्लाम का रूप 'भक्ति आन्दोलन' में है। सूफियों को 'भक्ति आन्दोलन' का अंग माना गया है। बौद्धों का जो प्रभाव नाथयोगियों और सिद्धों पर रहा है, उस माध्यम से भी यदि बौद्धों का सम्बन्ध 'भक्ति आन्दोलन' से जोड़ना चाहें तो कठिनाई ही होगी। संक्षेप में 'भक्ति आन्दोलन' परम्परा से जुड़ा होने पर भी मध्यकाल में एक आन्दोलन के रूप में देश-भर में व्याप्त रहा है।

(4)

भक्ति आन्दोलन की कतिपय विशेषताएँ निम्नलिखित हैं—

- भक्ति आन्दोलन के साथ आधुनिक भारतीय भाषाएँ जुड़ी हुई हैं।

---

1. भारत का इतिहास, रोमिला थापर (1000 ई० पूर्व से 1526 ई० तक) राजकमल प्रकाशन, नई दिल्ली, तृतीय संस्करण 1983 ई०, पृ० 200
2. वही।

सामान्य रूप में भारत की आधुनिक भाषाओं के अविर्भावकाल के साथ में भक्ति साहित्य का आरम्भ हुआ है।

- दक्षिण भारत की भाषाओं का इतिहास देखें तो भक्ति साहित्य आधुनिक भाषाओं के उद्भवकाल से जुड़ा हुआ प्रतीत होगा।
- हिन्दी साहित्य के उद्भवकाल में सिद्ध, नाथ और योगी प्रबल रहे हैं और उनसे सम्बन्धित साहित्य हिन्दी के आदिकाल में मिलता है।
- हिन्दी साहित्य का आदिकाल भक्तिकाल से अलगाया गया है।
- हिन्दी साहित्य के आदिकाल में सिद्ध साहित्य और बाद में नाथ साहित्य—दोनों ही प्रकार का साहित्य भक्ति आन्दोलन की पूर्व-पीठिका है।
- भक्ति आन्दोलन ने भारतीय साहित्य और भारतीय संस्कृति को नई चेतना प्रदान की।

(5)

'भक्तिकाल' की सामग्री अधिक है और उसको वीरगाथा काल की तरह तालिकाबद्ध रूप में प्रस्तुत करना सरल नहीं है। शुक्ल जी ने भक्तिकाल की सामग्री पर वीरगाथा काल की सामग्री की तरह ही विचार किया है। उनका सिद्धांत उनके काल विभाजन में सबसे अधिक ठीक 'भक्तिकाल' पर ही बैठता है। भक्तिकाल का उन्होंने उप-विभाग किया है। इस तरह का उप-विभाग उन्होंने अन्य कालों का नहीं किया। 'भक्तिकाल' नामकरण का न तो अब तक विरोध हुआ और न उसके उप-विभाग के सम्बन्ध में शुक्ल जी की मान्यताएँ खण्डित हुई हैं। अन्य कालों के सम्वन्ध में नामकरण को या काल विभाजन को लेकर 'साहित्य के इतिहास' में जिस तरह का मतभेद मिलता है, उस तरह का मतभेद भक्तिकाल के सम्बन्ध में नहीं है।

(6)

'भक्तिकाल' पुनरावलोकन का प्रश्न यदि उपस्थित होता है, तो वह नयी उपलब्ध सामग्री के संदर्भ में ही हो सकता है। इधर, जो हिन्दी साहित्य के इतिहास प्रकाशित हुए हैं, उनमें नयी शोध-सामग्री का उपयोग हुआ है। व्यावहारिक स्तर पर इतिहास-ग्रंथों में रचनाओं की संख्या बढ़ी है, काशी नागरी प्रचारिणी सभा, वाराणसी से 16 भागों में हिन्दी साहित्य के बृहत् इतिहास छप रहे हैं। इनमें भक्तिकाल से सम्बन्धित दोनों भाग छप गए हैं। इनका नामकरण वही है जो

शुक्ल जी ने किया था—'भक्तिकाल : निर्गुण भक्ति' और 'भक्तिकाल : सगुण भक्ति' क्रमशः हिन्दी साहित्य के बृहत् इतिहास के चतुर्थ और पंचम भाग हैं। इसी तरह डॉ० नगेन्द्र द्वारा सम्पादित 'हिन्दी साहित्य का इतिहास' भी इधर छपा है। इन सब इतिहासों को देखा जाए तो सिद्धान्त रूप में विशेष परिवर्तन नहीं दिखलाई देता। दूसरी बात यह है कि 'हिन्दी साहित्य के इतिहास' अब सम्पादित हो रहे हैं। अतः सम्पूर्ण इतिहास में ग्रन्थ का गठन जिस रूप में होना चाहिए वैसा गठन दिखाई नहीं देता। इधर जो इतिहास मिलते हैं, उनमें भक्तिकाल पर उपलब्ध नयी सामग्री का उल्लेख होते हुए भी सिद्धान्त रूप में कोई नयी बात सामने नहीं आई है। भक्तिकाल के कवियों पर विस्तृत रूप में विचार करते हुए उनके पंथ और सम्प्रदायों को अधिक स्पष्ट किया गया है। इसी तरह इन सम्प्रदायों की परम्पराओं का परिचय भी दिया गया है। इस परिचय में भक्तिकाल का समय आगे-पीछे बढ़ गया है। अर्थात् शुक्ल जी ने जो समय भक्तिकाल के लिए बतलाया अब वह वहीं तक सीमित नहीं रहा। वह समय केन्द्र में है और उसको विस्तार से समझने के लिए पूर्व परम्परा का अब परिचय दिया जा रहा है। इसी तरह से रीतिकाल के कवियों में भी भक्ति की प्रवृत्ति दिखलाई जा रही है। आचार्य शुक्ल तो केशवदास को भक्तिकाल में न रखकर उनके लिए फुटकल खाता खोल देते हैं। इधर लिखे गए इतिहासों में ये फुटकल खाते नहीं हैं। इन फुटकल खातों से एक बात तो स्पष्ट होती है कि शुक्ल जी साहित्य की प्रवृत्तियों पर अपना ध्यान केन्द्रित करते रहे हैं जहाँ उन्हें भिन्न प्रवृत्ति दिखलाई दी उसे उन्होंने अलग किया है और इतिहास में उसका मूल्यांकन भी उसी तरह से किया गया है। डॉ० नगेन्द्र द्वारा सम्पादित ग्रंथ में केशवदास तथा सेनापति को भी सगुण भक्तिकाल के अन्तर्गत रखा गया है।[1] ऐसा रखना उचित है या अनुचित यह अलग प्रश्न है। इधर लिखे जानेवाले इतिहासों में काल के साथ प्रवृत्ति पर सामान्य रूप में विचार न कर प्रवृत्ति को मुख्य मानकर उस प्रवृत्ति का स्वतंत्र इतिहास लिखा जा रहा है और इस तरह से लिखते समय हमारा ध्यान साहित्य की अन्य प्रवृत्तियों पर ठीक ढंग से नहीं रह पाता। कहना यह है कि इधर जो इतिहास लिखे जा रहे हैं, उनमें विधाओं और प्रवृत्तियों का विकास दिखलाया जा रहा है।

आचार्य रामचन्द्र शुक्ल ने अपने इतिहास में काल और प्रवृत्ति दोनों का ध्यान रखा है। और समग्र इतिहास पर विचार किया है। यह एक व्यक्ति द्वारा किया गया महत्त्वपूर्ण कार्य है। इस कार्य में भी 'भक्तिकाल' का उनका विवेचन सिद्धांत रूप में उनके अपने इतिहास में इतना सटीक है कि उसके कारण उन्होंने न केवल

---

1. हिन्दी साहित्य का इतिहास—डॉ० नगेन्द्र, पृ० सं० 181-182

इतिहास के मानदण्ड स्थिर किए अपितु साहित्य समीक्षा के मानदण्ड भी स्थिर किए। मौलिक उद्भावनाओं और मौलिक प्रस्थापनाओं की दृष्टि से भक्तिकाल का उनका यह विवेचन ऐतिहासिक महत्त्व रखता है। हमें उनकी मौलिक उद्भावनाओं के आधार पर नयी उपलब्ध सामग्री पर विचार करना चाहिए तभी हम शुक्ल जी के कार्य को ठीक ढंग से आगे बढ़ा सकेंगे।

रामभक्ति साहित्य

'रामायण' भारतीय साहित्य का आदिकाव्य है। इसी रूप में उसकी ख्याति है। वह भारतीय साहित्य का मूल और अमर ग्रंथ है जिसने बाद के अनेक कवियों और साहित्यकारों को शताब्दियों से आकर्षित किया है। महर्षि वाल्मीकि ने भारतवर्ष की भौगोलिक गरिमा का, प्राकृतिक सौन्दर्य का, वन और नगरों का, पर्वत और नदियों का, आँखों देखा विवरण इस तरह प्रस्तुत किया है, जिससे भारतवर्ष की स्वतंत्र सत्ता का, उससे अपनत्व का, सांस्कृतिक थाती का अनुभव होता है। और फिर राम इन सबके बीच विचरण करते रहे हैं, जिससे इन सबका मोल बढ़ा है। रामायण के पात्र मानवीय वृत्तियों को परिष्कृत रूप में प्रस्तुत करते हैं। पात्र अलौकिक होने पर भी लौकिक रूप में प्रस्तुत हैं। रामायण के पात्र बाद में अलौकिक होते गए। महर्षि ने उन्हें लौकिक रूप में ही अधिक प्रस्तुत किया है। रामकथा प्रधान रूप से लौकिक, पारिवारिक और गृहस्थ जीवन की कथा है, जो अपने बृहत् रूप में मानव और राक्षस के संघर्ष की कथा में परिणत होती है। राम की जयकथा भारतीय संस्कृति की जयकथा है, जिसमें धरती स्वर्ग से जुड़ गई है। स्वर्ग की संकल्पना को लौकिक और व्यावहारिक संकल्पना में प्रस्तुत करने का प्रयत्न रामकथा में हुआ है। मानवीय उदात्त वृत्तियों का ऐसा सजीव और उत्कृष्ट रूप अन्यत्र दुर्लभ है। महर्षि के पात्रों का अपना-अपना व्यक्तित्व है जो अपने-अपने चरित्र के प्रतीक हो गए हैं और उस रूप में स्मरण किए जाते हैं।

(2)

रामायण महाभारत का परवर्ती काव्य है या पूर्ववर्ती काव्य, इस सम्बन्ध में विवाद है। ऐतिहासिक रूप में मान्यता यही है कि 'रामायण' की कथा महाभारत की कथा से पूर्ववर्ती है। दोनों महाकाव्यों की तुलना करते हुए आचार्य हजारी प्रसाद द्विवेदी लिखते हैं—

> "रामायण भी एक युग का व्यक्तित्व लेकर प्रकट है। इसके केन्द्रस्थल में तेजोदृप्त गृहस्थ है जो विपत्तियों से म्लान नहीं हो जाता, सम्पत्ति

से उकता नहीं जाता, शत्रु की गर्वोक्तियों से उत्तेजित नहीं हो जाता और परिस्थितियों की विषमताओं से विचलित नहीं हो उठता—शान्त, सौम्य, गम्भीर और अविकत्थन। रामायण का वीर महाभारत के वीर की अपेक्षा अधिक सँवरा हुआ, अधिक सँभालकर रचा हुआ वीर है, जिसकी चित्तवृत्ति महाभारत के वीर की भाँति सहज ही उत्तेजित नहीं हो जाती बल्कि मर्यादाओं की रश्मि से सदा नियन्त्रित होती रहती है। महाभारत के वीर अधिकतर अपने सजातीय वीर समाज में पनपे हैं, परन्तु रामायण के वीर अधिकांश विजातीय परिवेष्टन में चमके हैं। महाभारत के क्षत्रिय वीर अनेक प्रकार के कालोपयोगी अस्त्र-शस्त्रों से सुसज्जित हैं, तत्कालीन प्रचलित नवीनतम युद्ध-कौशलों और युद्ध-रूढ़ियों के अभ्यस्त हैं, पर रामायण के अनेकों वीर—हनुमान, सुग्रीव, जाम्बवान् न तो इन कौशलों के जानकार हैं, और न रूढ़ियों के कायल। फिर भी रामायण के वीर के चित्त में सहज नैतिक स्वर प्रधान हैं। महाभारत के वीर में नैतिक आचरण कुछ-कुछ बौद्धिक है, समय-बेसमय उसका अन्यथाचरण हो सकता है पर रामायण के वीर का नैतिक आचरण सहज है, उसका अन्यथा भाव सम्भव नहीं। इस प्रकार रामायण में महाभारत की अपेक्षा कुछ पूर्वतन समाज के चरित्र को महाभारत की अपेक्षा परवर्ती भाषा और शैली में चित्रित किया गया है।"[1]

और रामायण के कवि के सम्बन्ध में—

"रामायण के कई अंश यद्यपि असंदिग्ध रूप से परवर्ती हैं, फिर भी वह महाभारत की तुलना में एक हाथ की रचना अधिक है, सच्चे अर्थों में परवर्ती महाकाव्यों को प्रेरणा देने वाला है। छन्दों का प्रवाह, सर्गों का चुस्त संगठन, प्रकृति का अत्यन्त जीवन्त रूप में उपस्थापन, पात्रों का मर्यादित विकास और मानवीय मनोभावों का उदात्तीकरण—जिस दृष्टि से देखिए, रामायण निपुण कवि की रचना है। वह अधिक यत्न-संस्कृत चरित्रों की वनस्थली है।"[2]

(3)

रामायण की रामकथा और उसके नायक राम ने ही नहीं अपितु उससे सम्बद्ध अन्य पात्रों ने भी अनेक कवियों, साहित्यकारों, भक्तों, दार्शनिकों, संगीतकारों और

---

1. विचार प्रवाह, हजारी प्रसाद द्विवेदी, राजकमल प्रकाशन, नई दिल्ली-2, 1984 ई० संस्करण, पृ० 16
2. वही।

सामान्य जनता को अपनी ओर आकृष्ट किया है। भारतवर्ष की प्रायः सभी भाषाओं में राम से सम्बन्धित काव्य मिलते हैं। रामकथा ने विदेशी कवियों को आकर्षित किया है। विदेशी भाषाओं में रामकाव्यों के अनुवाद हुए ही हैं किन्तु इसके साथ-साथ मौलिक रचनाएँ भी लिखी गई हैं। डॉक्टर (फादर) कामिल बुल्के ने **'रामकथा : उत्पत्ति और विकास'** (प्रथम संस्करण 1950, द्वितीय संस्करण 1962 ई०) प्रबन्ध में एक प्रकार से रामकथा से सम्बन्धित देसी भाषाओं तथा विदेशी भाषाओं में रचे गए (वाल्मीकि के उपरान्त) रामकाव्यों का आकलन वैज्ञानिक ढंग से प्रस्तुत किया है। रामकथा पर जैसा ग्रंथ फादर कामिल बुल्के का है, वैसा ग्रंथ कृष्णकथा पर अब तक किसी ने नहीं लिखा है। डॉ० धीरेन्द्र वर्मा ने इस ग्रन्थ का परिचय देते हुए लिखा है—

> "यह ग्रंथ वास्तव में रामकथा-सम्बन्धी समस्त सामग्री का विश्वकोष कहा जा सकता है। सामग्री की पूर्णता के अतिरिक्त विद्वान् लेखक ने अन्य विद्वानों के मत की यथास्थान परीक्षा की है तथा कथा के विकास के सम्बन्ध में अपना तर्कपूर्ण मत भी दिया है। वास्तव में यह खोजपूर्ण रचना अपने ढंग की पहली ही है और अनूठी भी है। हिन्दी क्या किसी भी यूरोपीय अथवा भारतीय भाषा में इस प्रकार का कोई दूसरा अध्ययन उपलब्ध नहीं है।"[1]

(4)

महर्षि वाल्मीकि के राम पुरुषोत्तम राम थे जो बाद में भक्तों के प्रभु राम हुए। भक्त चूड़ामणि गोस्वामी तुलसीदास को व्यक्ति रूप में जानना हो तो उनकी विनय पत्रिका पढ़नी चाहिए। भक्ति की प्रतीति का वह अमर ग्रंथ है। भक्ति अपने-आपमें मंगलमय होती है। भक्ति से समाज का कल्याण होता है। तुलसी राम के भक्त थे। राम को उन्होंने मंगल का मूल, मंगल का भवन और अमंगल को दूर करने वाला माना है। राम सर्वव्यापी हैं। तुलसी मानते हैं कि राम से राम का नाम बड़ा है और सब भक्तों को तो राम नाम का आधार ही प्राप्त है। कहा है—

राम एक तापस तिय तारी।
नाम कोटि खल कुमति सुधारी ॥ —बालकाण्ड 4।24

अर्थात् राम ने तो एक अहल्या का उद्धार किया था किन्तु उनके नाम ने तो

---

1. रामकथा (उत्पत्ति और विकास), रेवरेंड फादर कामिल बुल्के, हिन्दी परिषद् प्रकाशन, प्रयाग विश्वविद्यालय, इलाहाबाद, द्वितीय संस्करण 1962 ई०, पृ० 7

करोड़ों दुष्टों की कुमति को ठीक कर दिया। सम्भवतः तुलसी के इस कथन पर सहज में विश्वास न हो किन्तु सच तो यह है कि तुलसी ने इस तथ्य की बौद्धिक व्याख्या की है। नाम की महिमा नामी से अधिक होती है। नाम के आधार पर सगुण और निर्गुण दोनों जुड़ते हैं। तुलसी कहते हैं—'नाम और रूप दोनों ही ईश की उपाधियाँ हैं। इनको कहना और समझाना कठिन है। किसे छोटा कहें ? और किसे बड़ा कहें ? ऐसा भेद करने लगें तो अपराध होगा। इन गुणों के भेद को सज्जन लोग ठीक से पहचान लेते हैं। सच तो यह है कि रूप नाम के अधीन रहता है और रूप का ज्ञान, नाम के बिना नहीं हो सकता। रूप विशेष का यदि हम नाम न जान पाएँ तो वह अपरिचित रह जाएगा। ठीक वैसे ही, जैसे हाथ पर रखी हुई चीज बिना नाम के पहचानी नहीं जाएगी। रूप की पहचान तो नाम से ही होती है। नाम स्मरण करते ही नाम के साथ रूप अवतरित हो जाता है। हृदय में अपने-आप स्नेह उमड़ने लगता है। कहा है—

नामरूप गति अकथ कहानी।
समुझत सुखद न परति बखानी॥ —बालकाण्ड 7।21

समझते जाओ तो सुख मिलेगा। उसका बखान नहीं किया जा सकता। आगे और कहा है—

अगुन सगुन बिच नाम सुसाखी।
उभय प्रबोधक चतुर दुभाषी॥ —बालकाण्ड 8।21

नाम निर्गुण और सगुण को जोड़ने वाला है। वह उभय प्रबोधक है। उसे चतुर दुभाषिया मानना चाहिए।

(5)

तुलसी ने विनयपत्रिका में राम नाम का गुण स्तवन तन्मय होकर किया है। उनकी तन्मयता का एक उदाहरण—

श्री रामचन्द्र कृपालु भजु मन हरन भवभय-दारुनं।
नवकंज-लोचन, कंजमुख, करकंज पदकंजारुनं॥1॥
कंदर्प-अगनित-अमित छवि नवनील नीरद सुन्दरं।
पटपीत मानहु तड़ित रुचि सुचि नौमि जनक सुतावरं॥2॥
भजु दीनबन्धु दिनेस दानव-दैत्य-बंस-निकंदनं।
रघुनंद आनन्दकंद कोसलचंद दसरथ-नन्दनं॥3॥
सिर मुकुट, कुण्डल तिलक चारु उदारु अंग विभूषनं।
आजानुभुज, सर-चाप-धर संग्राम-जित-खर दूषनं॥4॥

इति वदति तुलसीदास संकट-सेष-मुनि-मन-रंजनं।
मम हृदय-कंज निवास कुरु, कामादि-खल-दल गंजनं ॥5॥

पद की तन्मयता को पहचानें। तुलसी कहते हैं—'भजु मन' यह अपने-आपको सम्बोधित करना हुआ। कहा 'हे, मन, तू उसका भजन कर···श्रीरामचन्द्र कृपालु का भजन कर, उस नाम का भजन कर जो सब प्रकार के दारुण भव भय को हरण करने वाला है। नाम-स्मरण करने के साथ रूप आँखों में अवतरित हो गया। तुरन्त राम की छवि दिखलाई दी। उस अमित छवि पर तुलसी रीझ गये। नवकंज लोचन···से लेकर···नौमि जनक सुतावरं तक राम की छवि अंकित है। उस छवि के सामने आते ही तुलसी नमन करते हैं। नाम के साथ रूप खिचा चला आया है। याद कीजिए, उपस्थित हो जाता है। आगे फिर तन्मय होकर गाया—'भजु दीनबन्धु'—'हे मन, तू उस दीनबन्धु का भजन कर' और फिर विरुदावली में कहा—'दानव-दैत्य-बंस-निकंदनं'। राम को दीनबन्धु प्रमाणित किया। रघुनंद आनंद के निधान हैं, कोसल के चंद हैं और दशरथ के नन्दन हैं। यह सब मुक्त कंठ से गाई गई प्रशस्ति है, स्तवन है, गुणगान है। आगे फिर राम के दूसरे बाने का चित्र अंकित कर दिया। 'सिर मुकुट कुण्डल से लेकर···संग्राम जित-खरदूषनं' तक की छवि दूसरे ही प्रकार की है। अन्त में तुलसीदास जी कहते हैं कि हे राम, मेरे हृदय में वास कीजिए। इससे काम आदि शत्रु जो भी हैं, वे नष्ट हो जाएँगे। राम का आवास यदि हृदय में होगा तो काम आदि शत्रु सब अपने-आप भाग जाएँगे।

(6)

विनयपत्रिका का ऊपर उद्धृत पद बहुत प्रसिद्ध है। इस पद का गान अकेले तुलसी ने किया, ऐसी बात नहीं। इस पद का गान करते समय भक्त गण आज भी तन्मय होते हैं। इसके माध्यम से वे राम का स्मरण करते हैं और राम की छवि को अपने मन में लाते हैं। सूर्यकान्त त्रिपाठी निराला की पत्नी मनोहरा देवी इस भजन को तन्मयता से गाती थीं। निराला ने अपनी पत्नी के मुख से इस तन्मय गान को सुना और इससे निराला को तुलसी का साक्षात्कार हुआ। निराला के इस अनुभव को डॉ० रामविलास शर्मा ने लिखा हैं—

> "श्री रामचन्द्र कृपालु भजु मन हरन भवभय दारुनं···तुलसीदास की शब्द योजना इतनी सुन्दर है, सूर्जकुमार के ध्यान में यह बात पहले न आई थी।
>
> जब मनोहरा देवी ने गाया—
>
> 'कंदर्प-अगनित-अमित-छवि नवनील नीरद सुन्दरं···'

तब सूर्जकुमार को लगा, गले में मृदंग बज रहा है।

मनोहरा देवी के कंठ से, तुलसीदास का यह छंद सुनकर सूर्जकुमार के न जाने कौन-से सोते संस्कार जाग उठे। साहित्य इतना सुन्दर है, संगीत इतना आकर्षक है, उनकी आँखों ने जैसे नया संसार देखा, कानों ने ऐसा संगीत सुना जो मानो इस पृथ्वी पर, दूर किसी लोक से आता हो। अपनी इस विलक्षण अनुभूति पर, वह स्वयं चकित रह गये। अपने सौन्दर्य पर जो अभिमान था, वह चूर-चूर हो गया। ऐसा ही कुछ गाएँ, ऐसा ही कुछ रचकर दिखाएँ, तब जीवन सार्थक हो।"[1]

स्वयं निराला लिखते हैं—

"रामायण की रसमयी रचना ने जनता को मुग्ध तो कर दिया, किन्तु शिक्षा के अभाव के कारण, स्मृति सुखद और श्रुति मधुर कुछ पदावली को छोड़कर रामायण के गूढ़ अध्यात्म भाव जनता की समझ में नहीं आए। यह बात तब और भी स्पष्ट हो जाती है, जब शिक्षित जनों की की हुई टीकाओं पर ध्यान दिया जाता है। हम यह नहीं कहते कि टीकाएँ किसी काम की नहीं। नहीं, अपरिपक्व विचार वाले साधारण जनों के लिए वे अत्यन्त लाभदायक सिद्ध हुई हैं। किन्तु जो योग्यता रामायण जैसी आध्यात्मिक पुस्तक की टीका में होनी चाहिए, वह तो आज तक हमें किसी भी टीका में देखने को नहीं मिली। शृंखला के साथ पदबन्ध, अनुप्रास, अलंकार आदि श्रेष्ठ काव्यगुण तो गोस्वामी जी ने उसमें दिखाए ही हैं, और उनकी यह सरल, स्वाभाविक और सुन्दर गति उसकी लोकप्रियता का भी प्रधान कारण हैं। किन्तु, फिर भी काव्यकला से कहीं बढ़कर, उसके वे भाव हैं, जिनका जीवन के साथ, निम्नतम आदर्श से आरम्भ कर सर्वोच्च सीमा तक घनिष्ठ सम्बन्ध हैं। रामायण में गोस्वामी जी ने कोरी कविता ही नहीं लिखी। न शब्दजाल बुनने का व्यर्थ प्रयास ही उठाया है। मर्यादा पुरुषोत्तम भगवान् श्री रामचन्द्र जी की जीवनी लिखकर, श्रम को सार्थक करना भी गोस्वामी जी का उद्देश्य नहीं था। उन्होंने उसमें अपनी चिरकाल की निष्कपट तपस्या के जो दृश्य दिखाए हैं, उनके हमें गौतम, कपिल, जैमिनी, पतंजलि, व्यास और कणाद के दुर्बोध दर्शनों में भी कहीं मुश्किल से दर्शन मिलते हैं।"[2]

---

1. निराला की साहित्य साधना, भाग 1, डॉ० रामविलास शर्मा, राजकमल प्रकाशन, नई दिल्ली-2, द्वितीय संस्करण 1971 ई०, पृ० 29-30
2. निराला ग्रंथावली, भाग 1, सं० ओंकार शरद्, प्रकाशन केन्द्र, न्यू बिल्डिंग्स्, अमीनाबाद, लखनऊ, प्रथम संस्करण संवत् 2030, पृ० 452

निराला ने कवि तुलसी को पहचानने का प्रयत्न किया और स्वयं तुलसीमय होकर 'तुलसीदास' काव्य लिखा। तुलसी राम में मगन थे और निराला तुलसी में मगन हुए।

(7)

'रामकथा' वाल्मीकि और तुलसी ने ही नहीं अपितु भारतीय भाषाओं के अनेक कवियों ने लिखी है। आधुनिक भाषाओं में – पंप रामायण (कन्नड़—ग्यारहवीं शताब्दी); कंब रामायण (तमिल—बारहवीं शताब्दी); रंगनाथ रामायण (तेलुगु—तेरहवीं शताब्दी); भास्कर रामायण (तेलुगु)—रामचरितम् (मलयालम); माधवकंदली रामायण, लवकुश युद्ध (असमीया); रामलीला ना पदी (गुजराती)—सभी चौदहवीं शताब्दी; कृत्तिवास रामायण (बँगला); सारलादास-कृत महाभारत (उड़िया); कण्णश, रामायण (मलयालम); रामविवाह, रामबाल-चरित, सीताहरण (गुजराती)—सभी पन्द्रहवीं शताब्दी। आधुनिक भाषाओं की ये सभी रचनाएँ तुलसीदास के रामचरित मानस के पूर्व की हैं।

(8)

'रामचरितमानस' सोलहवीं शती की रचना है। इसी शताब्दी में आधुनिक भारतीय भाषाओं में और भी रचनाएँ लिखी गई हैं—मोल्ल रामायण (तेलुगु); तोरवेरामायण; मराबण कालग (कन्नड़); अध्यात्मरामायण (मलयालम); भावार्थ रामायण, सीता स्वयंवर (मराठी); गीति रामायण—रामविजय, श्री रामकीर्त्तन, उत्तरकाण्ड-बालकाण्ड (असमीया); बलरामदास रामायण रामविभा (उड़िया); सूरसागर, भरतमिलाप, कुमुदेंदु रामायण (हिन्दी); रावण मंदोदरी संवाद, सीता हनुमान संवाद, लवकुशाख्यान (गुजराती)। सोलहवीं शती में आधुनिक भाषाओं में अधिक रचनाएँ लिखी गईं।

(9)

सत्रहवीं शती में भी काफी रचनाएँ मिलती हैं—द्विपद रामायण—कट्टुवरद (तेलुगु); सीता स्वयंवर, लघुरामायण, संक्षेप रामायण (मराठी); रामचंद्रिका, अवधविलास, गोविन्द रामायण (हिन्दी); गणक चरित कथा रामायण (असमीया); अद्भुताश्चर्य रामायण, रामायण गाथा, अद्भुत रामायण, अध्यात्मरामायण (उड़िया); रणयज्ञ, सीता विरह (गुजराती)।

(10)

ऊपर रामकथा से या रामायण से सम्बन्धित जिन रचनाओं के नाम दिए गए

हैं, वे पूर्ण नहीं हैं। कुछ प्रधान रचनाओं के नाम ही लिखे हैं। सत्रहवीं शती के बाद में भी कविगण रामकाव्य लिखते रहे हैं। 'राम तुम्हारा वृत्त स्वयं ही काव्य है, कोई कवि बन जाय सहज संभाव्य है ॥' (मैथिलीशरण गुप्त, साकेत)। यहाँ तक कि उपन्यास भी रामकथा को आधार मानकर लिखे जा रहे हैं। श्री भगवानसिंह का इन दिनों में प्रकाशित 'अपने-अपने राम' उपन्यास है।

(11)

तुलसी ने लिखा है—

रामकथा कै मिति जग नाहीं। असि प्रतीति तिन्ह के मन माहीं ॥
नाना भाँति राम अवतारा। रामायन सत कोटि अपारा ॥
कल्पभेद हरिचरित सुहाए। भाँति अनेक मुनीसन्ह गाए ॥
करिअ न संसय अस उर आनी। सुनिअ कथा सादर रति मानी ॥
राम अनंत अनंत गुन, अमित कथा विस्तार।
सुनि आचरजु न मानिहहिं, जिन्ह के बिमल बिचार ॥33॥

(बालकाण्ड)

तुलसी का रामचरितमानस रामभक्ति का प्रधान ग्रंथ है। ऐतिहासिक पुरुषोत्तम राम भक्तों के प्रभु राम हुए। राम ने अवतार लिया। भक्तों के भगवान् अवतारी पुरुष हैं। निर्गुण ब्रह्म का सगुण रूप में अवतरित होना है। मध्यकाल में—जिसे हम भक्तिकाल कहते हैं—भक्ति ने समाज को सांस्कृतिक बल प्रदान किया। अवतारवाद के साथ भक्ति को सम्बद्ध मानना चाहिए। अवतार किनके लिए ? उत्तर है—भक्तों के लिए। भक्ति, सबके लिए है। भक्ति ने समाज को वर्गभेद से मुक्त किया। भक्ति ने सामाजिक जीवन में नई चेतना उत्पन्न की और उसे मध्यकाल का आन्दोलन कहा गया है।

(12)

राम ऐतिहासिक राजा हैं, पुरुषोत्तम हैं, परब्रह्म हैं, अवतारी पुरुष हैं; लीलापुरुष हैं, भक्तों के प्रभु हैं, दुष्टों का संहार करने वाले हैं;···और सबके अपने-अपने, जो जैसा मानते हैं, उनके अनुसार उनके अपने हैं। ऐतिहासिक राजा मात्र वे नहीं रहे। अनंत काल में उनका विस्तार हो गया है। लौकिक से अलौकिक हो गये। दिव्य गुणों से युक्त हो गए। इसलिए यह कहना ठीक लगता है कि इतिहास ने पुराण का रूप लिया, मिथक का रूप लिया। इतिहास के साथ बदलते युग की अवधारणाएं जुड़ती गई हैं। अलग-अलग कालों में, अलग-अलग भाषाओं में रामकथा ने विस्तार पाया है। जिस किसी भाषा में 'रामकथा' लिखी गई है, उस भाषा

का व्यवहार करने वाले समुदाय से राम उनकी. महत् आकांक्षाओं, आदर्शों और मानवीय प्रयोजनों से ऐसे जुड़े हैं कि उस भाषा का व्यवहार करने वालों को राम उनके अपने लगने लगते हैं। अलग-अलग भाषाओं में रामकथा लिखी जाने के कारण रामकथा का भौगोलिक विस्तार हुआ है। देश की तो वह अपनी कथा है ही किन्तु उसका विस्तार विदेशों में भी हुआ है। विदेशी भाषाओं में रामकथा लिखी गई है। संस्कृत भाषा में रामकथा की अपनी परम्परा है ही किन्तु इसके साथ-साथ प्राकृत तथा आधुनिक भारतीय भाषाओं में भी उसकी परम्परा हो गई है। परम्परा में काल का विस्तार होता है। इस तरह रामकथा ने देश और काल में विस्तार पाया है।

(13)

रामकथा के विस्तार ने भारतीय संस्कृति को निरन्तरता प्रदान की है। हमारे देश की सांस्कृतिक छवि रामकथा से सम्बद्ध है। वह साहित्य में तो अवतरित है ही किन्तु उक्त कथा के कई प्रसंग प्रस्तरों में विविध रूप धारण किए हुए हैं। कलाओं ने उक्त कथा को मूर्त किया है। मन्दिरों का अपना विस्तार अलग है। लोककलाओं में, लोकगीतों में, गृहस्थ-जीवन के सांस्कृतिक प्रसंगों में राम स्मरण किए जाते हैं। यों राम भारतीय जीवन के अंग हो गए। मानवीय वृत्तियों के परिष्कार में राम हैं। जीवन के साथ इस तरह सम्बद्ध होने के कारण 'राम' भारतीय संस्कृति को प्रतिबिम्बित करने वाले हो गए हैं। राम के साथ नाता क्या जोड़ें ? तुलसी कहते हैं—'तात, मात, गुरु, सखा तू सब विधि हितू मेरो। तोहि मोहि नाते अनेक मानिए जो भावै। ज्यों-त्यों तुलसी कृपालु चरन सरन पावै।' और कहा—'मनियत सबै राम के नाते।' तुलसी ने राम के साथ नाता जोड़ने के विविध रूप बतलाए किन्तु सब नातों में 'तुलसीदास सदा हरि चेरा।' कहना ही ठीक समझना है।

(14)

'रामकथा' और रामकथा से सम्बन्धित सारे भक्ति साहित्य में, चाहे वह किसी भी भाषा में लिखा गया हो, प्रधान बात यह है कि 'राम' अवतारी पुरुष हो गए। पुरुषोत्तम से प्रभु राम हुए। भक्तों के सम्बल हुए और भक्ति का आलम्बन बने। रामभक्तों में हनुमान अधिक लोकप्रिय हुए हैं। हनुमान, पवनसुत, मारुतिनन्दन—स्वयं पूज्य हो गए। हमारे देश में राम के मन्दिरों से अधिक हनुमान के मन्दिर हैं। भक्त स्वयं भक्ति के बल पर, भगवान् के निकट पहुंचने में सफल हैं और इसका प्रमाण हनुमान हैं। हनुमान को 'संकट-मोचन' कहा गया है। भक्ति का विस्तार भगवान् से भक्त में हो गया है।

कृष्णभक्ति साहित्य

कृष्णभक्ति साहित्य का मूल आधार ग्रन्थ श्रीमद्‌भागवत है। और भागवत में भी दशम स्कंध सबसे महत्त्वपूर्ण है। महाभारत के कृष्ण का व्यक्तित्व कुछ और है। कृष्णभक्ति साहित्य प्रधान रूप से श्रीमद्‌भागवत पर आधारित होने पर भी, उसका सम्बन्ध अन्य-अन्य उन सभी प्रधान ग्रन्थों से है जिसमें कृष्ण-चरित्र लिखा गया है। उनमें महाभारत है, भगवद्‌गीता है और अन्य-अन्य पुराण और काव्य हैं। रामकथा के समान कृष्णकथा किसी एक ग्रन्थ तक सीमित नहीं है। इस सम्बन्ध में सरस्वती प्रसाद चतुर्वेदी ने लिखा है—

"रामचरित की तुलना में, कृष्ण का चरित यह अद्‌भुत विशेषता रखता है। वह लोकग्राही और सहज धर्म का प्रतिष्ठाता है, संयम और नियम का विधाता नहीं। इसलिए उसको लोक में अद्‌भुत प्रतिष्ठा मिली और आनंद बरसानेवाले कृष्ण के चरित ने लोक की कल्पनाओं में उत्तरोत्तर विस्तार प्राप्त किया। उनके चरित के सम्बन्ध में लोकवाणी में जो भी उदात्त कल्पनाएँ होती रहीं, उनका संकलन पीछे आकर पुराणों में हो गया। वाल्मीकि रामायण के समान कृष्णचरित पर कोई सम्यक् इतिहास हमें नहीं प्राप्त है, महाभारत में भी पीछे अध्याय के अध्याय उनकी भक्ति में प्रक्षिप्त किए गए। लोककथाओं में संवलित होने के कारण ही कृष्णचरित ने पुराण नहीं, पुराणों का रूप लिया। रामचरित ने अपने को पुराण नहीं बनाया।"[1]

(2)

कृष्णभक्ति साहित्य से सम्बन्धित रचनाएँ तमिल भाषा में भागवत से पहले मिलती हैं। कृष्णभक्ति साहित्य का निर्माण दक्षिण में पहले हुआ। स्वयं भागवत

---

1. भारतीय भाषाओं में कृष्णकाव्य, प्रथम खण्ड, सं० : डॉ० भगीरथ मिश्र, मध्य प्रदेश साहित्य परिषद, भोपाल, प्रथमावृत्ति 1978, पृ० 14

भी दणिण में लिखा गया है। उसका रचयिता कोई तमिलभाषी भक्त था।[1] संभवत: वह आलवारों की परम्परा में हो।

(3)

रामकथा पर जैसे फादर कामिल बुल्के ने पुस्तक लिखी है, वैसे कृष्णकथा का परिचय देने वाली पुस्तक अब तक देखने को नहीं मिली। कृष्णकथा का विश्वकोष बनना चाहिए। रामकथा की तरह कृष्णकथा अनेक भाषाओं में लिखी गई है। संस्कृत, प्राकृत और अपभ्रंश में ही नहीं अपितु भारतवर्ष की प्राय: सभी आधुनिक भाषाओं में कृष्णकथा लिखी गई है।

(4)

मध्य प्रदेश साहित्य परिषद, भोपाल की ओर से 1966 ई० में भारतीय भाषाओं में कृष्णकाव्य व्याख्यान माला आयोजित की गई। इसमें 14 भाषाओं के अधिकारी विद्वानों को आमंत्रित किया गया। उनके व्याख्यान हुए। उस सामग्री का सम्पादन डॉ० भगीरथ मिश्र ने किया। उक्त सम्पादित सामग्री का प्रथम खण्ड; उक्त परिषद ने 'भारतीय भाषाओं में कृष्णकाव्य' नाम से प्रकाशित किया है। पुस्तक बहुत उपयोगी है। इस पुस्तक में आठ लेख हैं—

क्र० सं०	व्याख्यान (लेख) का शीर्षक	लेखक
1.	पुराणेतर संस्कृत वाङ्मय में श्रीकृष्ण का स्वरूप	सरस्तती प्रसाद चतुर्वेदी
2.	श्रीमद्भागवत में श्रीकृष्ण	आचार्य बलदेव उपाध्याय
3.	प्राकृत में श्रीकृष्ण	डॉ० एन० उपाध्याय
4.	अपभ्रंश साहित्य में कृष्णकाव्य	डॉ० हरिवल्लभ चून्नीलाल भायाणी
5.	आधुनिक हिन्दी कृष्णकाव्य	प्रमोद वर्मा
6.	ब्रजी और बुन्देली का कृष्णकाव्य	डॉ० सत्येन्द्र
7.	कृष्णभक्ति काव्य और वल्लभ सम्प्रदाय	ब्रजेश्वर वर्मा
8.	गौड़ीय सम्प्रदाय का कृष्णकाव्य	प्रभुदयाल मीतल

1. भारतीय भाषाओं में कृष्णकाव्य, प्रथम खण्ड, सं० : डॉ० भगीरथ मिश्र, मध्य प्रदेश साहित्य परिषद, भोपाल, प्रथमावृत्ति 1978, पृ० 261 (डॉ० सत्येन्द्र के लेख की उक्त पृष्ठ की टिप्पणी देखिए।)

ये सभी लेख कृष्णकाव्य से सम्बन्धित हैं। ये पूर्ण नहीं हैं। इन लेखों में भारतवर्ष की सभी भाषाओं के कृष्णकाव्य नहीं हैं। प्रधान रूप से संस्कृत, प्राकृत, अपभ्रंश, आधुनिक हिन्दी, ब्रज और बुन्देली भाषाओं में लिखे गए कृष्णकाव्यों का विहगावलोक इनमें होते हुए भी कृष्णकाव्यों की आत्मा को समझाने का प्रयत्न है।

(5)

संस्कृत वाङ्मय में कृष्ण के विविध रूप मिलते हैं। उनमें प्रधान चार रूप हैं—

1. बाल गोपाल कृष्ण 2. गोपीजन-वल्लभ कृष्ण 3. कूटनीतिज्ञ, क्रान्तदर्शी और पराक्रमी कृष्ण और 4. धर्म संस्थापक कर्मयोगी श्रीकृष्ण। रामायण के कथानक में जैसी एकरूपता है, वैसी एकरूपता संस्कृत के किसी एक काव्य में, जो कृष्ण के सभी रूपों का साक्षात्कार कराने वाली रचना हो, नहीं मिलती। ऐसा प्रयास पंडित द्वारकाप्रसाद मिश्र ने 'कृष्णायन' हिन्दी महाकाव्य में किया है।

(6)

श्री सरस्वती प्रसाद चतुर्वेदी ने पुराणों को छोड़कर संस्कृत वाङ्मय में श्रीकृष्ण के स्वरूप को बतलाने का प्रयत्न किया है। महाभारत, नाटक, महाकाव्य, गीतिकाव्य, स्तोत्र और फुटकर कविताओं को आधार बनाकर उन्होंने अपना लेख लिखा है। महाभारत में कृष्ण को वह गौरव प्राप्त नहीं हो सका जो रामायण में राम को प्राप्त हुआ है। ऐसा होने पर भी लगता है कि कृष्ण ने घटनाओं को अपनी ओर मोड़ा है। जिन प्रसंगों में कृष्ण आए हैं, उन्हीं प्रसंगों को आधार बनाकर बाद में बहुत-से काव्य और नाटक लिखे गए हैं। महाभारत संस्कृत वाङ्मय का ही नहीं अपितु भारतीय भाषाओं में लिखे गए कृष्णकाव्यों का अक्षय स्रोत है। महाभारत के कृष्ण को बाद में कवियों ने और नाटककारों ने भक्तों के भगवान् का गौरव प्रदान किया है।

(7)

भास का 'दूतवाक्यम्', भट्टनारायण का 'वेणीसंहार', माघ का 'शिशुपालवध' ऐसी रचनाएँ हैं जिनमें महाभारत के वे प्रसंग हैं, जिनमें कृष्ण रहे हैं किन्तु महाभारत में उन्हीं प्रसंगों को विस्तार नहीं दिया जा सका। इन रचनाओं में वे प्रसंग उभर कर आए हैं और उनमें कृष्ण को नायकत्व प्राप्त हुआ है। लोक में विकसित भावना के अनुरूप कृष्ण का गुणगान भी इनमें है।

(8)

महाभारत के बाद में श्रीमद्भागवत की रचना हुई है। भागवत में श्रीकृष्ण की चरितलीलाओं का प्रतिपादन है। इस सम्बन्ध में डॉ० बलदेव उपाध्याय ने लिखा है—

"सरस मंजुल भाषा में ब्रजनन्दन की ललित ललाम लीलाओं का मधुमय विन्यास श्रीमद्भागवत का वैशिष्ट्य है। भागवत रस तथा माधुर्य का अबाध स्रोत है। नाना परिस्थितियों के परिवर्तन से उत्पन्न होने वाले मानव हृदय को उद्वेलित करने वाले भावों के चित्रण में श्रीमद्भागवत अद्वितीय है। भागवत पुराण तथा काव्य की सुषमा एक साथ प्रस्तुत करता है। श्रीकृष्ण के जीवन चरित तथा नाना प्रकार के कार्यकलाप के वर्णन के साथ-साथ वह गोपीजनों की शृंगारिक भक्ति का प्रतिपादक एक अपूर्व ग्रन्थ है। ध्यातव्य है कि श्रीकृष्ण की विविध लीलाओं—वृन्दावन लीला, मथुरा लीला और द्वारका लीला—में भागवत का विशेष आग्रह वृन्दावन लीला पर अवश्य है, परन्तु वह इतर तीनों लीलाओं की उपेक्षा किंचिन्मात्र नहीं करता।"[1]

(9)

माघ के शिशुपालवध (सातवीं शती) के बाद कृष्णकाव्यों की जो परम्परा चली है, उसमें महाभारत के कृष्ण के स्थान पर भागवत के कृष्ण को अधिक जगह मिली है। सरस्वती प्रसाद चतुर्वेदी का कहना है कि लगभग 35 सूक्तिकार कवियों के सूक्ति-मुक्तक हमें सूक्ति-संग्रहों में मिलते हैं। कुछ मुख्य सूक्तिकार—अभिनन्द, उमापतिधर, उद्भट, वनमाली, महीधर, शतानन्द, शुभंकर, शुभांक, केशवदेवसेन, आचार्य गोपीक, लक्ष्मणसेन, देव, योगेश्वर, पुंसोक आदि। ये सब सूक्तिकार माघ कवि के अनन्तर और जयदेव के गीतगोविन्द के पूर्ववर्ती हैं। बारहवीं शती में राघव पाण्डवीय ने 'पारिजातहरण' लिखा और कालिंजर नेरश परर्मादि देव के अमाप्य वत्सराज ने 'रुक्मिणीहरणत्य' लिखा।[2]

(10)

सूक्तिकारों के बाद गीतगोविन्दकार जयदेव का नाम आता है। और जयदेव की यह परम्परा रूपगोस्वामी तक चलती है। गीतगोविन्द 'मधुर-कोमल-कान्त-

---

1. भारतीय भाषाओं में कृष्णकाव्य, प्रथम खण्ड, सं० : डॉ० भगीरथ मिश्र, मध्यप्रदेश साहित्य परिषद, भोपाल, प्रथमावृत्ति 1978 ई०, पृ० 62
2. वही, पृ० 27

पदावली' से युक्त रचना है। उसमें राधा और कृष्ण के शृंगार के सन्दर्भों का निबन्धन है। उससे पूर्व लीलांशुक बिल्वमंगल ने 'कृष्ण कर्णामृत' की रचना की है। इसी परम्परा में रूपगोस्वामी भी हैं। इस परम्परा का आकलन करते हुए सरस्वती प्रसाद चतुर्वेदी लिखते हैं—

"बिल्वमंगल या जयदेव ने जब अपने काव्यों की रचनाएँ की थीं, उनको वृन्दावन, गोकुल, मथुरा आदि के प्रत्यक्षदर्शन का अनुभव नहीं था। राधा, गोपियाँ, गोप और कृष्ण ही उनकी काव्य कल्पना को भक्तिभाव के सहयोग से विस्तार दे रहे थे। रूपगोस्वामी तथा उनकी पद्यावली के अनेक कवि कृष्ण की जन्मभूमि और उनकी लीलाभूमि के प्रत्यक्ष द्रष्टा हैं, अतः इनके मुक्तकों में कुछ नई बातें आई हैं—प्रकृति-वर्णन के सन्दर्भ, गोचारण का प्रसंग तथा मुरलीनाद का अभिनिवेश के साथ निबन्धित किया जाना।..."[1]

(11)

संस्कृत की कुछ रचनाओं का विहगावलोकन ऊपर प्रस्तुत किया गया है। प्राकृत और अपभ्रंश ही नहीं अपितु भारत की प्रायः सभी प्रधान भाषाओं में कृष्ण साहित्य विपुल परिमाण में लिखा गया है। कृष्णभक्ति साहित्य के स्वरूप पर विचार करें तो उसमें विविधता मिलती है। और सामान्य रूप में सन्दर्भों का ठीक-ठीक ज्ञान नहीं होता। विशेष बात यह है कि 'कृष्णभक्ति साहित्य' मुक्तक रूप में अधिक लिखा गया है और मुक्तकों का सन्दर्भ वैसे ही ज्ञात नहीं होता। इस साहित्य की लम्बी परम्परा ब्रजभाषा में मिलती है। भक्तिकाल और रीतिकाल के अनेक कवियों ने कृष्ण को अपने काव्य का विषय बनाया है। इस विपुल साहित्य के सन्दर्भ अपने-आप में खोज का विषय हैं। डॉ० चन्द्रभान रावत ने इस सन्दर्भ को प्रकाश में लाने का प्रयत्न किया है।

(12)

डॉ० चन्द्रभान रावत ने पुस्तक की प्रस्तावना में लिखा है।—

"हिन्दी के कृष्णभक्ति साहित्य का विषय है—भक्ति; वस्तु है—कृष्ण-केन्द्रीय सन्दर्भ सूत्रों की अन्विति और भाषा है—ब्रजभाषा। ब्रजभाषा से यहाँ तात्पर्य सामान्य भाषा से नहीं है। यह काव्यभाषा का ही पर्याय है—एक विशिष्ट संरचना वाली भाषा। प्रस्तुत पुस्तक में कृष्णभक्ति साहित्य की वस्तु के स्थलीय सन्दर्भों, विभिन्न स्रोतों से आकर काव्यवस्तु में उसके

---

1. भारतीय भाषाओं में कृष्णकाव्य, प्रथम खण्ड, सं० : डॉ० भगीरथ मिश्र, मध्य प्रदेश साहित्य परिषद, भोपाल, प्रथमावृत्ति 1978, पृ० 49

संक्रमण की प्रक्रिया, उसके स्थानांतरण और उसकी कुछ केन्द्रों पर संसृष्टि पर विचार किया गया है।"[1]

डॉ० रावत की पुस्तक की योजना स्पष्ट है। तदनुसार पुस्तक को आठ अध्यायों में विभाजित किया गया है। अध्यायों के शीर्षक क्रमशः इस प्रकार हैं—1. वस्तु : स्थलीय सन्दर्भों की खोज। 2. कृष्णवस्तु व्यंजना : मानसीय स्थानांतरण। 3. वस्तु स्थानांतरण : आचार्य मानस से कवि मानस। 4. वस्तु भावन : कवि मानसीय व्यंजना। 5. गोपाल केन्द्रीय वस्तु : वैदिक सामग्री संक्रमण। 6. युगल केन्द्रीय वस्तु : दार्शनिक वस्तु संक्रमण। 7. वासुदेव अवतार : आगमीय पौराणिक वस्तु संक्रमण। 8. वस्तु संसृष्टि : लीला, नायक, नायिका और धाम।

(13)

डॉ० चन्द्रभान रावत सन्दर्भों का परिचय देते समय किसी उलझन में नहीं पड़ते। जो उपलब्ध हैं, उन्हें वे स्वीकार कर लेते हैं और उनका आधार बतलाते हैं। सन्दर्भ के विकल्पों पर विस्तार से विचार किया गया है। यह मानने वालों की बात है कि किस विकल्प को स्वीकार किया जाय। उदाहरण के लिए 'सखी' को लें। इस सम्बन्ध में लिखा है—

"सखीत्व का आरम्भिक सूत्र वृंदा है। वृंदा से सम्बन्धित तीन स्थान माने जाते हैं : कामवन, कुसुम सरोवर और वृंदावन। कुसुम सरोवर पर सखी पद्धति से वृन्दा ने नारद को कृष्णतत्त्व का साक्षात्कार कराया था।"[2]

इससे सन्दर्भ पूरा नहीं हुआ। यह प्रश्न रह गया कि वृन्दा कौन? अतः वृन्दा के सम्बन्ध में अनुश्रुतियाँ लिखीं, पुराणों के आधार पर उसके अन्य सन्दर्भ दिए और निष्कर्ष रूप में लिखा—

"इस प्रकार, 'वृन्दा' का तत्त्व अनेक संकेतों से गर्भित है। इसमें शाक्त, तंत्र, योग, यक्ष आचार, निकुंज, विहार आदि सभी सूत्र सन्निविष्ट हैं। इन्हीं सूत्रों का विकास सखी भावना की उत्कटता में हुआ है। उक्त समस्त सखी भावना का विलयन सखी भाव के माधुर्य में हुआ है।"[3]

---

1. कृष्णभक्ति साहित्य : वस्तु, स्रोत और संरचना, डॉ० चन्द्रभान रावत, प्रकाशक : श्री वेंकटेश्वर विश्वविद्यालय, तिरुपति (आ० प्र०), प्रथम संस्करण 1977 ई० ('प्रस्तावना' से)
2. वही, पृ० 9
3. वही, पृ० 9 और 10

(14)

कृष्णभक्ति साहित्य में अनेक नाम आते हैं। स्वयं कृष्ण के अनेक नाम हैं। इसी तरह गोपियों के भी नाम हैं—राधा तथा अन्य सखियों के नाम हैं। इन सब नामों का साधार विवेचन पुस्तक में है। संदर्भों की खोज तो यह है ही किन्तु इसके आधार पर भाषा और सांस्कृतिक मान्यताओं का परिचय भी मिलता है। पुस्तक वैज्ञानिक ढंग से लिखी गई है। आवश्यक तालिकाएँ पुस्तक में हैं। सम्बन्ध-सूत्र बतलाने के लिए कुछ रेखांकन भी दिए हैं। जहाँ भाषा कार्य नहीं करती, वहाँ तालिकाएँ और रेखांकन अभिव्यक्ति में अधिक सहायक होते हैं। उदाहरण के लिए कृष्ण और राधा के रेखांकन नीचे दिए जा रहे हैं—

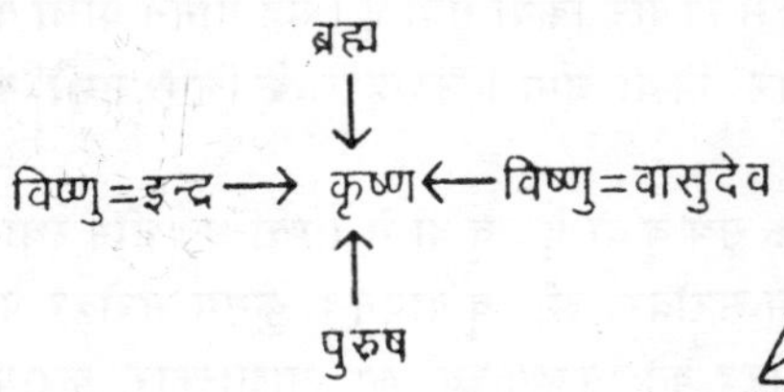

कृष्ण
[256]

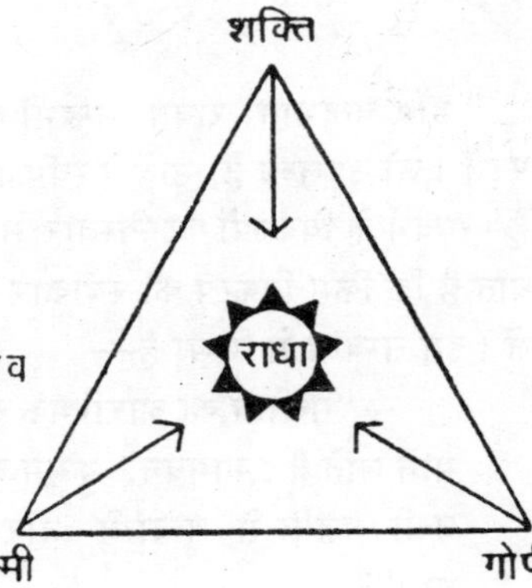

राधा
[258]

राधा-कृष्ण युगल के सम्बन्ध में लिखा है—

"लक्ष्मी-नारायण एवं कृष्ण-रुक्मिणी युगल ऐश्वर्यमय होकर प्रतिष्ठित हुए। लक्ष्मी-नारायण की सौन्दर्य तात्त्विक सीमा कृष्ण-रुक्मिणी में पहुँच गई। इसके विपरीत माधुर्याश्रित राधा-कृष्ण युगल शक्तिवादी और तांत्रिक दर्शन से प्रेरणा और सामग्री लेकर मुख्यतः पूर्वी भारत में उदित हुआ। इस युगल की सौन्दर्य तात्त्विक सम्भावनाएँ अमित और अद्भुत हैं, जो आज तक भी नहीं चुकी हैं। विष्णु-लक्ष्मी और कृष्ण-रुक्मिणी युगल भी इसमें पर्यवसित हो गए। पूर्वी भारत तथा ब्रजभूमि में विकसित सभी भक्ति सम्प्रदाय राधा-कृष्ण युगल की रसकेलि से आप्लावित हो उठे।"[1]

---

1. कृष्णभक्ति साहित्य : वस्तु, स्रोत और संरचना, डॉ० चन्द्रभान रावत, प्रकाशक : श्री वेंकटेश्वर विश्वविद्यालय, तिरुपति (आ० प्र०), प्रथम संस्करण 1977, पृ० 256

(15)

कृष्णभक्ति साहित्य से सम्बन्धित पारिभाषिक शब्दावली को इस पुस्तक मे अप्रत्यक्ष रूप से जगह मिल गई है। सम्बन्ध-सूत्र बतलाकर साहित्य से सम्बन्धित शब्द का संदर्भ स्पष्ट करने के बाद लेखक चुप हो जाता है। पुस्तक का प्रयोजन भी यही है। कृष्णभक्ति साहित्य से सम्बन्धित पारिभाषिक शब्दावली इसी पुस्तक के आधार पर कुछ इस प्रकार है--लीला, माधुर्य, स्नेहलीला, आसक्ति लीला, व्यसन लीला, फललीला, ध्यानलीला, अवतार लीला, नित्यलीला, निकुंज लीला, अद्वैत लीला, युगल लीला, लक्ष्मी-विष्णु-युगल, कृष्ण-रुक्मिणी युगल, राधा-कृष्ण युगल, रासलीला आदि। ये सारी शब्दावली लीला से सम्बन्धित हैं और अलग-अलग सम्प्रदायों में इनके अलग-अलग अर्थ हैं। सांस्कृतिक मान्यताओं का जब तक ठीक-ठीक परिचय नहीं होता तब तक इनसे सम्बद्ध भावनाओं का मूल्य हम नहीं आँक सकते। इस नाते डॉ० चन्द्रभान रावत की यह पुस्तक 'कृष्णभक्ति साहित्य' के लिए संदर्भ ग्रंथ की पुस्तक हो गई है। डॉ० रावत ने इसी कार्य को आगे बढ़ाते हुए 'रास : काव्यरूप और संरचना' पुस्तक भी लिखी है।

(16)

'रास : काव्यरूप और संरचना' पुस्तक के आरम्भ में 'प्रेरणा' शीर्षक के अन्तर्गत डॉ० रावत लिखते हैं—

"क्षेत्र की दृष्टि से रासलीला हिन्दी साहित्य की वस्तु नहीं बल्कि समस्त भारतीय साहित्य की सम्पत्ति है। जहाँ रास की परम्परा ने अपना कलात्मक संस्कार किया है, धार्मिक अभिप्रायों को सजाया है, वहाँ अपना क्षेत्र विस्तार भी इस परम्परा ने किया है।

इस (रास) नृत्यमय पद्धति ने भारतीय कला विकास को बहुत अधिक प्रभावित किया है। इससे सबसे अधिक प्रभावित चित्रकला हुई। मध्यकाल की राजस्थान शैली, काँगड़ा शैली, गांधार शैली, मुगल शैली आदि 'रास' के अभिप्रायों को लेकर चित्र उपस्थित करती रहीं। आधुनिक युग में रवि वर्मा, नन्दलाल बसु, असित कुमार हालदार, कनु देसाई, रामप्रसाद, सौदामिनी, उपेन्द्र महारथी आदि अनेक चित्रकारों की कलम पर रासलीला का प्रभाव है। विभिन्न नृत्यशैलियाँ भी रास से प्रभावित हैं। मणिपुरी, गर्बा (गुजरात), कथक, स्रायकेला, बहसावा का छाया नृत्य, कथकली, भरतनाट्यम् इसके प्रभाव से अछूते नहीं। संगीत कला को रास की अनेक देनें हैं। किंवदन्ती के अनुसार राग-रागनियों का उद्भव रास से हुआ। शायद

मृदंग और पखावज जैसे वाद्ययंत्रों का विकास भी रास के साथ हुआ है। दार्शनिक दृष्टि से रास का प्रतीकीकरण भी महत्त्वपूर्ण है। तात्पर्य यह कि भारतीय कला विलास, साहित्य सृजन और आध्यात्मिक जीवन में रास के प्रभाव की जड़ें गहरी हैं।"[1]

(17)

कृष्णभक्ति साहित्य अन्य-अन्य भारतीय भाषाओं में विपुल परिमाण में है। तमिल में आलवारों ने कृष्ण की बाललीलाओं और अन्य-अन्य लीलाओं का विस्तार से वर्णन किया है। कृष्ण के विविध नाम हैं। कोई नाम किसी प्रदेश में लोकप्रिय हुआ तो दूसरा नाम दूसरे प्रदेश में। महाराष्ट्र में विट्ठल (या विठोबा) तथा रुकमाई (रुक्मिणी) का नाम अधिक प्रचलित है। तदनुसार मराठी में साहित्य रचना भी हुई है। यही स्थिति अन्य-अन्य भाषाओं की है। भारत की सभी भाषाओं में कृष्णभक्ति साहित्य के वस्तु, स्रोत और संरचना के रूप में तुलनात्मक रूप में अध्ययन की आवश्यकता है। डॉ० चन्द्रभान रावत का कार्य ब्रजभाषा तक सीमित है। किन्तु उस प्रकार की रचनाएँ अन्य-अन्य भाषाओं में लिखी गई हों तो उन्हें हिन्दी में प्रस्तुत कर कृष्णभक्ति साहित्य को बृहत् रूप में उजागर करना हमारा काम है। तदर्थ हमें अन्य-अन्य भाषाओं के विद्वानों से सहयोग लेना चाहिए।

---

1. रास : काव्यरूप और संरचना, डॉ० चन्द्रभान रावत, ऋषभचरण जैन एवं सन्तति, नई दिल्ली-2, प्रथम संस्करण 1982 (आरम्भ में 'प्रेरणा' शीर्षक से)।

भक्तिकाल और भारतीय संस्कृति

भक्ति का सम्बन्ध भारतीय संस्कृति से अनेक रूपों में है, जिसको उजागर करने की आवश्यकता है। भक्ति के मूल में आध्यात्मिक भावना है। भक्ति सगुण के प्रति हो या निर्गुण के प्रति—किसी के प्रति हो, मूल बात है कि भक्ति भावना का सम्बन्ध परमसत्ता से सम्बन्ध जोड़ना है। भारतीय इतिहास में भक्ति एक आन्दोलन के रूप में ख्यात है। भक्ति का सम्बन्ध सारे देश से है। किसी क्षेत्र-विशेष में सीमित रहने वाला यह आन्दोलन नहीं है। इसने दक्षिण, उत्तर, पूरब और पश्चिम —सभी ओर अपने रूप दिखाए हैं। भारतीय जीवन में इसका स्वरूप अनेक कलाओं में उजागर हुआ है। हिन्दी साहित्य में भक्तिकाल की पहचान अलग रूप से की गई है किन्तु सच्चाई यह है कि भक्ति की प्रवृत्ति भारत की प्राय: सभी आधुनिक भाषाओं में मिलती है। भाषाएँ भिन्न हो सकती हैं किन्तु उनके भीतर जो कुछ अभिव्यक्त है, उसमें समानता है। हिन्दी साहित्य के भक्तिकाल के समान और भाषाओं के साहित्य के इतिहास में भक्तिकाल मिलेगा। किन्तु सबका काल निर्धारण ठीक एक समान नहीं है। इसके ऐतिहासिक कारण हैं। भारतीय संस्कृति की पहचान में **'भक्ति'** से सम्बन्धित आन्दोलन को व्यक्त करने का प्रयत्न कर रहा हूँ।

(2)

डॉ० रामविलास शर्मा कहते हैं कि इंग्लैंड का पुनर्जागरण और हिन्दी का भक्ति साहित्य समकालीन हैं। डॉ० रामविलास शर्मा कुछ प्रश्न उपस्थित करते हैं। वे अंग्रेजी साहित्य की प्रवृत्तियों के साथ हिन्दी साहित्य की प्रवृत्तियों की तुलना भी करते हैं। लिखते हैं—

> "भारत में व्यापारिक पूँजीवाद के युग में जो धारा सर्वाधिक व्यापक और शक्तिशाली रही, वह भक्ति साहित्य की थी। हिन्दी का छायावादी साहित्य इंग्लैंड के रोमांटिक साहित्य से काफी मिलता-जुलता है, उसे स्वच्छन्दतावाद नाम दिया भी गया है। इंग्लैंड का पुनर्जागरण और हिन्दी

का भक्ति साहित्य समकालीन हैं किन्तु हिन्दी का छायावाद अंग्रेजी के रोमांटिक आन्दोलन से सौ साल बाद का है। इसका कारण क्या है और छायावाद तथा भक्ति साहित्य में क्या वैसा ही सम्बन्ध है जैसा रोमांटिक और पुनर्जागरण साहित्य में है ?"[1]

इस प्रकार से कुछ प्रश्न पूछने के बाद आगे इन प्रश्नों को कुछ और उजागर करते हुए वे लिखते हैं—

"**व्यापारिक पूँजीवाद के युग में भारत स्वाधीन है, औद्योगिक पूँजीवाद के युग में भारत पराधीन है।** इंग्लैंड में जब औद्योगिक विकास होता है तब भारत का देहातीकरण होता है, उसका खेतिहरपन बढ़ता है। **भक्ति-साहित्य और पुनर्जागरण साहित्य** की धाराएँ **सामंत विरोधी हैं,** भक्ति साहित्य के निर्माण में किसानों, कारीगरों और उनसे सम्बद्ध कवियों की जैसी भूमिका है, वैसी उनकी भूमिका अंग्रेज़ी साहित्य में नहीं है। व्यापारिक पूँजीवाद के युग में हिन्दी प्रदेश की नगर-सभ्यता राजभाषा फारसी से बँधी हुई है, देशी भाषा के माध्यम से वह अपनी भूमिका नहीं निबाह पाई। सामंती साहित्य की प्रतिनिधि धारा—रीतिवाद की धारा—पुनर्जागरण काल में क्षीण है, इंग्लैण्ड में गृहयुद्ध के बाद उसे नया जीवन मिलता है। भक्ति साहित्य के समानान्तर, **केशवदास के बावजूद** यहाँ रीति साहित्य की धारा क्षीण है, दिल्ली की केन्द्रीय सत्ता के विघटन के बाद रीतिवाद को नया जीवन मिलता है। **अंग्रेजी राज के कारण भारत के सामाजिक, सांस्कृतिक जीवन में जो अवरोध पैदा हुआ, उसका परिणाम है, इंग्लैण्ड की तुलना में यहाँ रीति साहित्य की दीर्घकालीनता।**"[2]

(3)

डॉ० रामविलास शर्मा ने भक्ति साहित्य को पुनर्जागरण के साहित्य के साथ जोड़ा है। प्रश्न है क्या हम **भक्ति आन्दोलन** को पुनर्जागरण के रूप में **पहचानने का प्रयत्न करें ? भारतवर्ष के इतिहास में क्या भक्ति आन्दोलन को इस रूप में** पहचानने के प्रयत्न नहीं हुए हैं ? भारगीय इतिहास में कुछ शताब्दियों को **'अंधकार-युग'** से सम्बोधित किया जाता है। ऐसा इसलिए कि उन शताब्दियों का इतिहास अभी अंधकार में हैं। काशीप्रसाद जायसवाल की पुस्तक का नाम है— **'भारतवर्ष का अन्धकार युगीन इतिहास'** (सन् 150 से 350 ई०)। यों कहिए

1. निराला की साहित्य साधना, भाग 3, रामविलास शर्मा, राजकमल प्रकाशन, नई दिल्ली-110002, तृतीय संस्करण 1990 ई०, पृ० 11
2. वही।

सन् 150 से 350 ई० तक की दो शताब्दियाँ अंधकार युग कहलाईं। इसी तरह रोमिला थापर कहती हैं कि **आठवीं से तेरहवीं शताब्दी** तक का काल अन्धकार युग कहा जाता है। वे ऐसा कहकर फिर उसका प्रतिवाद भी करती हैं। वे कहती हैं—

> "आठवीं से तेरहवीं शताब्दी तक के काल को कभी-कभी 'अंधकार-युग' कहा जाता है, जब हिन्दुओं की उच्च संस्कृति का ह्रास हुआ और राजनीतिक विश्रृंखलता के फलस्वरूप एक पूर्णतया विदेशी शक्ति का इस उपमहाद्वीप में विजय प्राप्त करने में सुविधा हुई। परन्तु यह **अन्धकार युग** न होकर **निर्माणात्मक युग था** जिसका विस्तृत अध्ययन लाभप्रद हो सकता है, क्योंकि आज के भारत की अनेक संस्थाएँ इसी युग में स्थायी रूप ग्रहण करने लगी थीं।"[1]

भक्ति आन्दोलन का सम्बन्ध क्या **अन्धकार युग** से है? और क्या भक्ति आन्दोलन ने भारतीय जनजीवन को सांस्कृतिक थाती से अवगत नहीं किया? क्या इसे भारतीय पुनर्जागरण के रूप में नहीं पहचाना जा सकता? क्या इस आन्दोलन ने भारतीय संस्कृति को पारम्परिक बल प्रदान नहीं किया? भारतवर्ष के जन-जीवन में आध्यात्मिक भावना को निरन्तरता प्रदान करने में भक्ति आन्दोलन ने निर्माणात्मक (या सृजनात्मक कहो) कार्य नहीं किया? इन सब प्रश्नों का उत्तर भारतवर्ष के इतिहास के परिप्रेक्ष्य में प्रस्तुत करने की आवश्यकता आज भी बनी हुई है।

(4)

भक्ति आन्दोलन की सबसे बड़ी विशेषता यह है कि इस आन्दोलन ने भारत-वर्ष की आधुनिक भाषाओं को प्राणवत्ता (नया जीवन) प्रदान की। तमिल, मलयालम, कन्नड़, तेलुगु, मराठी, गुजराती, उड़िया, बँगला, असमी, सिंधी, पंजाबी, हिन्दी, और इन भाषाओं से सम्बन्धित बोलियों में भक्ति साहित्य मिलता है। सच तो यह है कि भारतवर्ष की प्रधान आधुनिक भाषाएँ प्रायः अपने उद्भव-काल में भक्ति साहित्य से सम्बद्ध रही हैं।

(5)

पारम्परिक रूप में भक्ति आन्दोलन का सम्बन्ध संस्कृत वाङ्मय से है। और

---

1. भारत का इतिहास (1000 ई० पू० से 1526 तक), रोमिला थापर, राज-कमल प्रकाशन प्रा० लि०, नई दिल्ली-110002, तृतीय संस्करण, 1983 ई०, पृ० 200

विशेष रूप से भक्ति का दार्शनिक पक्ष संस्कृत भाषा में ही मिलता है। भक्ति से सम्बन्धित दर्शन प्रधान रूप से 'वेदान्त' दर्शन है। उसमें उपनिषद, ब्रह्मसूत्र और भगवद्गीता प्रधान हैं। संस्कृत वाङ्मय के इन प्रधान ग्रन्थों के भाष्य आचार्यों ने संस्कृत में लिखे हैं और इन सबको लिखने वाले आचार्यों में प्रधान नाम शंकराचार्य, वल्लभाचार्य, रामानुजाचार्य, मध्वाचार्य, निम्बार्क आदि हैं। ये सभी आचार्य संस्कृत भाषा में प्रधान रूप से लिखते रहे हैं। इन आचार्यों ने वैचारिक स्तर पर अपनी-अपनी स्थापनाएँ प्रस्तुत की हैं। शंकराचार्य का अद्वैत-वाद इन सबमें अधिक प्रसिद्ध है। सारे वाद आत्मा और परमात्मा के सम्बन्धों को बतलाते हैं। वैचारिक स्तर पर इन आचार्यों ने अपने समय के अन्य विचार-धारा रखने वालों से संवाद किया है। प्रधान रूप से शंकराचार्य का नाम इस रूप में अधिक प्रसिद्ध है। भारतवर्ष में बौद्ध धर्म का लोप हुआ या वह भारतवर्ष के हिन्दू धर्म में लीन हो गया? इसके कारणों की जाँच अभी होनी है किन्तु इतनी बात सच है कि भक्ति साहित्य में बौद्ध धर्म स्वतंत्र अस्तित्व के रूप में मुखरित नहीं है। आचार्यों द्वारा जो भी वैचारिक पक्ष उजागर हुआ उसको जन-जीवन से जोड़ने का कार्य भक्ति आन्दोलन ने किया है। और यह भक्ति आन्दोलन यदि प्रबल हुआ तो इसका कारण इसका सम्बन्ध आधुनिक भाषाओं से होता रहा है। आधुनिक भाषाओं को अपनाने के कारण भक्ति की पहुँच जनजीवन तक हो सकी है।

(6)

डॉ० रामविलास शर्मा ठीक कहते हैं कि भक्ति साहित्य सामन्त विरोधी है। वह किसानों, कारीगरों और उनसे सम्बद्ध कवियों का साहित्य है। भक्ति साहित्य दरबारी साहित्य नहीं है। दरबारी साहित्य—सामन्तों का साहित्य है। इस अर्थ में भक्ति साहित्य पर विचार करें तो उसे हतदर्प और पराजित जाति का साहित्य नहीं कह सकते। मुसलमानों के आक्रमण के पहले ही भक्ति साहित्य की वैचारिक पृष्ठभूमि आचार्यों ने प्रस्तुत कर दी थी और इन्हीं आचार्यों से प्रेरणा प्राप्त कर भक्त कवियों ने, संत कवियों ने, सूफी कवियों ने अपनी-अपनी भाषाओं में विपुल साहित्य रचकर जनजीवन में आध्यात्मिक ज्योति जगाई है। भक्ति आन्दोलन से पूर्व पृष्ठभूमि में नाथ सम्प्रदाय का आन्दोलन है। इस आन्दोलन को भक्ति आन्दोलन से जोड़ने के प्रयत्न अभी तक ठीक से नहीं हुए हैं। आचार्य हजारी प्रसाद द्विवेदी ने ऐसा प्रयत्न प्रथमतः हिन्दी में किया। वे लिखते हैं—

> "भारतीय धर्म साधना के इतिहास में इस (नाथ) सम्प्रदाय का बहुत महत्त्वपूर्ण स्थान रहा है। भक्ति आन्दोलन के पूर्व यह सर्वाधिक महत्त्वपूर्ण धार्मिक आन्दोलन रहा है और बाद में भी पर्याप्त शक्तिशाली रहा है।

आधुनिक भारतीय भाषाओं में से प्राय: सबके साहित्यिक प्रयत्नों की पृष्ठ-भूमि में इसका प्रभाव सक्रिय रहा है। आधुनिक भारतीय भाषाओं के साहित्य की प्रेरक शक्तियों का अध्ययन इस सम्प्रदाय के अध्ययन के बिना अधूरा रह जाएगा ?"[1]

(7)

नाथ सम्प्रदाय का आन्दोलन भक्ति आन्दोलन की पृष्ठभूमि में है और दोनों ही आन्दोलन अखिल भारतीय स्वरूप के हैं और इन आन्दोलनों का सम्बन्ध भारतवर्ष की सामान्य जनता से रहा है। इनका सम्बन्ध राजदरबारों से नहीं है। इनको सामन्त विरोधी कह सकते हैं।

(8)

किसी देश की संस्कृति में निरन्तरता यदि वर्तमान में भी रहती है और वह मिटती नहीं है तो उसे पहचानने की आवश्यकता है। उसके रूप भले ही बदल जाए किन्तु उसमें निहित अमूर्त भावना उस निरन्तरता को जीवित रखती है। अतीत और वर्तमान संस्कृति के बल पर ही जुड़े रहते हैं। इसी को हमारे यहाँ सनातनता कहा गया है। भारत का अतीत यदि वर्तमान में सनातन रूप में समकालीन बना हुआ है तो उसे भारतीय संस्कृति का प्रधान लक्षण मानना चाहिए। अनादि, अनंत के प्रति भारतीय जनजीवन में जो प्रतिबद्धता पाई जाती है, उसको जीवित रखने में भक्ति साहित्य ने बहुत सहायता की है।

(9)

रीतिकाल को डॉ० रामविलास शर्मा दीर्घकाल तक बने रहना बतलाते हैं। यह सच है। शाहजहाँ के बाद का काल हिन्दी साहित्य में रीतिकाल है और वह भारतेन्दु युग तक बना रहता है। रीतिकाल का समय ऐसा है जब केन्द्र में (दिल्ली में) सत्ता कमजोर हो गई थी और परिधि के और सीमाओं के राज्य अपने-अपने क्षेत्र में बलवान हो गए थे और आपस में लड़ भी रहे थे। ऐसे समय में विदेशी शक्तियों ने यहाँ पर अपना प्रभाव जमाने का प्रयत्न किया और हमारे देश की संस्कृति का सामना विदेशी संस्कृति से और विशेष रूप से यूरोप की संस्कृति से हुआ। भारतीय संस्कृति और यूरोप की संस्कृति—दोनों के ऐतिहासिक सम्बन्ध बतलाने के प्रयास अब हो रहे हैं और इस प्रयास में निर्मल वर्मा की एक पुस्तक

1. नाथ सम्प्रदाय, हजारी प्रसाद द्विवेदी, नैवेद्य निकेतन, 5, वाराणसी, द्वितीय संस्करण ('निवेदन' से)

प्रकाशित हुई है। पुस्तक का नाम है—**भारत और यूरोप : प्रतिश्रुति के क्षेत्र**। यह पुस्तक राजकमल प्रकाशन, नई दिल्ली-2 से 1991 ई० में प्रकाशित हुई है। इस पुस्तक में भारतीय संस्कृति की पहचान आधुनिक परिप्रेक्ष्य में प्रस्तुत करने का उत्तम प्रयास हुआ है।

(10)

निर्मल वर्मा लिखते हैं—

"अतीत और वर्तमान के बीच इतनी बड़ी सांस्कृतिक फांक भारतीय मानस में पहले कभी नहीं आई थी; बेहद असहिष्णु मुसलमानों के शासन काल में भी नहीं। हिन्दुओं को बलपूर्वक इस्लाम धर्म स्वीकार कराया जा सकता था लेकिन जिन्होंने इससे इनकार किया कम से कम उन्हें इतनी सुरक्षित जगह अवश्य मिली जिसमें उनका अतीत उनके वर्तमान में साँस ले सके और जहाँ उनका वर्तमान अतीत के मिथकों और प्रतीकों के सहारे अपने को सुरक्षित रख सके। यह वह अतीत नहीं था जिसे पश्चिमी प्राच्यवेत्ताओं ने खोजा था, जिसे संग्राहलयों में प्रदर्शित किया जा सके या जिसे प्राचीन ग्रंथों से उकेरा जा सके; न ही बहुत पहले मृत और दफनाई जा चुकी सभ्यता की स्मृति की ममी (सुरक्षित शव) की तरह प्रदर्शन की चीज थी; भारत का अतीत मिस्र और यूनान के उस अतीत की तरह नहीं था जिसकी प्राचीन स्मृति के टुकड़ों को विस्मृति की धूल से बचाने की आवश्यकता नहीं पड़ती, इस अतीत को खोदकर इसलिए नहीं निकाला जा सकता था क्योंकि इसे कभी दफनाया ही नहीं गया था। भारत का अतीत सनातन रूप से समकालीन था, उसी तरह जैसे अतीत के विश्वासों और संस्कारों में वर्तमान सनातन रूप से अनुबंधित था, अपने धर्म में स्थित जो अनादि-अनंत है।"[1]

निर्मल वर्मा की इन पंक्तियों की व्याख्या अपेक्षित है। अतीत और वर्तमान के बीच इतनी बड़ी सांस्कृतिक फाँक भारतीय मानस में पहले कभी नहीं आई थी; अर्थात् यह वह काल है जिससे भारत विदेशियों से—यूरोप से कहना चाहिए—अत्यन्त आक्रान्त था और जिसकी परिणति भारत को उपनिवेश बनाने का प्रयत्न हुई थी। यह वस्तुतः रीतिकाल का समय है—जो कुछ दीर्घकालीन हो गया। ब्रिटिशों ने भारत के अतीत को विस्मृत करवाने का प्रयत्न किया। मैक्समूलर ने भारत के अतीत गौरव का (भारतीय संस्कृति का) गुणगान किया है किन्तु वह भारत नहीं आया। ऐसा क्यों? इसका विश्लेषण करते हुए निर्मल वर्मा लिखते हैं—

1. भारत और यूरोप : प्रतिश्रुति के क्षेत्र, निर्मल वर्मा, राजकमल प्रकाशन प्रा० लि०, नई दिल्ली-110002, प्रथम संस्करण 1991, पृ० 34 तथा 35

"यदि मैक्समूलर भारत नहीं आए, तो इसका सीधा-सा कारण यह था कि उनके लिए ऐसा कोई देश था ही नहीं, उन्हें तो बहुत पहले इतिहास की लहरें बहा ले गई थीं और पीछे छूट गए थे वे खँडहर जो सिर्फ कौतुक और विस्मय का विषय हो सकते थे। **यह क्रूर विडंबना ही है कि यूरोप ने जिस भारत के अतीत को खोजने का दावा प्रस्तुत किया, उसी के वर्तमान को नष्ट करने की ज़िम्मेदारी भी अदा की।"**[1]

(11)

निर्मल वर्मा जानते हैं (और वे सभी जानते हैं, जिन्होंने भारत के अतीत को वर्तमान से जोड़ा है) कि भारत का अतीत सनातन रूप से समकालीन है। इस सनातनता को बनाए रखने में हमारे देश में जो आध्यात्मिक भावना प्रबल रूप में विद्यमान है, उस भावना के कारणों की खोज होनी चाहिए। और इन कारणों में भक्ति आन्दोलन को सर्वोपरि मानना चाहिए।

(12)

डॉ० गोविन्दचन्द्र पाण्डेय मानते हैं कि भक्ति आन्दोलन के उभड़ने का एक कारण भारतीय संस्कृति पर इस्लामी संस्कृति का प्रभाव भी है। इतिहासकारों ने इन आन्दोलनों को अलग-अलग रूप में प्रस्तुत किया है।[2] सच तो यह है कि जब-जब धर्म की हानि होती है और संस्कृति के ह्रास का बोध होता है तो उस-उस समय देश में जागरण होता है। अतीत की ओर मुड़कर अतीत को फिर वर्तमान में सनातन बनाए रखने का प्रयत्न होता है। ऐसा प्रयत्न भक्ति आन्दोलन के समय में हुआ। इस आन्दोलन में प्रथम नाथ सम्प्रदाय का आन्दोलन है और बाद में भक्ति आन्दोलन है। और इन आन्दोलनों की प्रधान विशेषता यह है कि संस्कृत भाषा को त्यागकर आधुनिक भाषाओं को अपनाने के प्रयत्न हुए। भाषा-परिवर्तन को मामूली क्रान्ति नहीं समझना चाहिए।

(13)

भक्ति आन्दोलन में देश की सामान्य जनता है। उसमें कारीगर, खेती करने वाले किसान, गाँव के आदमी और विभिन्न व्यवसाय करने वाले सभी लोग आते

1. वही (भारत और यूरोप : प्रतिश्रुति के क्षेत्र), पृ० 34
2. भारत में मुगल साम्राज्य का प्रारम्भिक इतिहास (अकबर की मृत्यु तक, सम्पादक : श्रीराम गोयल एवं शिवकुमार गुप्त, मुंशीराम मनोहरलाल पब्लिशर्स प्रा० लि०, नई दिल्ली-55, प्रथम संस्करण 1987—देखिए पृ० 1 से 9 (डॉ० गोविन्दचन्द्र पाण्डेय का अध्याय एक)

हैं। इनका सम्बन्ध सामन्तों से सीधा नहीं है। भक्तों ने अपनी-अपनी भाषाओं में गीत गाए, पद लिखे, कविता लिखी और उस परम सत्ता के प्रति अपनी भक्ति व्यक्ति की। सब प्रकार के जातिगत भेद दूर कर 'हरि भजन' को महत्त्व दिया। 'जाति-पाँति पूछें नहिं कोई। हरि को भजे सो हरि का होई।' कह जनजीवन में आध्यात्मिक भावना के प्रति नई शक्ति का संचार किया। निर्गुण और सगुण दोनों को जोड़ने वाली कड़ी 'नाम' है। राम का नाम राम से अधिक बलवान बतलाया। 'कहौं कहाँ लगि नाम बड़ाई। रामु न सकहिं नाम गुन गाई।'—इस नाम के कारण तुलसी तुलसीदास हो गए। कहा—'नामु राम को कलपतरु कलि कल्यान निवासु, जो सुमिरत भए भाँग तें तुलसी तुलसीदासु।' (बालकाण्ड, दोहा 26)

(14)

भक्त कवियों ने अपने-अपने क्षेत्र में, अपनी-अपनी भाषाओं में क्रान्ति की है। संस्कृत भाषा सबको नहीं आती थी। अतः संस्कृत भाषा में अतीत का जो ज्ञान सुरक्षित चला आ रहा था, उसको अपने समय के लिए सर्वसुलभ और सबकी पहुँच के भीतर पहुँचाने का काम भक्त कवियों ने किया।

(15)

हमारे देश के इतिहास में जब-जब अंधकार के युग आए हैं, उस-उस समय नई चेतना भी आई है। इन्हें आन्दोलन कहा गया, जागरण कहा गया, पुनर्जागरण कहा गया और नव जागरण भी कहा गया। अलग-अलग शताब्दियों के लिए अलग-अलग शब्दों का प्रचलन हुआ। इस्लामी संस्कृति से सामना होने से पहले बौद्धों की संस्कृति से सामना हुआ था। भक्ति-आन्दोलन का सम्बन्ध बौद्धों की संस्कृति से उतना नहीं है जितना इस्लामी संस्कृति से है। इस आन्दोलन के कारण अतीत फिर सनातन बना रहा है—समकालीन बन कर रहा है।

(16)

यूरोप की शक्तियों के आगमन के बाद भारत का सामना ईसाई संस्कृति से हुआ है। इस समय भी देश में पुनर्जागरण हुआ है, जिसमें कई नाम हैं—दयानन्द सरस्वती, राजा राममोहनराय, रामकृष्ण परमहंस, विवेकानन्द, अरविन्द आदि वे नाम हैं। इन सबने वैचारिक स्तर और सामाजिक स्तर पर भारतीय संस्कृति को यूरोप की संस्कृति के सम्मुख नई चेतना के रूप में प्रस्तुत किया और क्या इस पुनर्जागरण में 'भक्ति आन्दोलन' को लोग भूल गए? नहीं, ऐसा नहीं हुआ। अतीत की ओर मुड़ते हुए भक्त कवियों ने जो कुछ अपनी-अपनी भाषाओं में लिखा उसे भारतीय संस्कृति का अंग मानकर ही इन नये विचारकों ने अपने विचारों को

गरिमा प्रदान की। भक्त कवियों और संत कवियों का महत्त्व आज भी क्षीण नही है। भक्त कवियों की रचनाएँ आज हमारे लिए क्लासिकल रचनाएँ हो गई हैं। हम उन्हें श्रेष्ठ रचनाओं के रूप में आज भी पढ़ते हैं किन्तु पढ़ने से भी अधिक उनका महत्त्व सामान्य लोगों के जीवन में उनका प्रचार-प्रसार आज भी मूर्त रूप मे अनुभव किया जा सकता है। हमारी भाषाएँ भक्ति आन्दोलन के कारण प्राणवान और बलवान हुई हैं। हमारी भाषाओं की अभिव्यक्ति क्षमता भक्त कवियों ने बढ़ाई हैं। इस नाते भक्ति आन्दोलन भारतीय संस्कृति को सनातन बनाए रखने और अतीत को समकालीन रूप में सुरक्षित रखने में समर्थ रहा है और रहेगा। उसे अप्रासंगिक नहीं कह सकते। भक्ति साहित्य आज भी प्रासंगिक है।

लीला का सौंदर्य बोध

कहा है—'लोकवत्तु लीलाकैवल्यम्' (ब्रह्मसूत्र 2/1/33)। इस सूत्र का सामान्य अर्थ यह है कि परब्रह्म परमेश्वर का विश्व के सृजन में प्रवृत्त होना, लोक में आप्तकाम पुरुषों की भाँति केवल लीलामात्र है। यों कहिए कि सृष्टि का सृजन लीलामात्र है। इस सूत्र से पूर्व का सूत्र है—'न प्रयोजनवत्तत्त्वात्' 2/1/32। तात्पर्य यह कि परब्रह्म या परमात्मा जगत् का कारण नहीं हो सकता। क्योंकि प्रत्येक कार्य किसी न किसी प्रयोजन से युक्त होता है और परमात्मा पूर्णकाम होने के कारण प्रयोजनरहित हैं। ठीक इसी तरह 'लोकवत्तु लीला-कैवल्यम्' सूत्र के बाद का सूत्र देखें। कहा है—'वैषम्यनैघृण्ये न सापेक्षत्वात्तथा हि दर्शयति' (2/1/34), तात्पर्य यह कि परमात्मा में विषमता और निर्दयता का दोष नहीं है। कारण यह कि वह जीवों के शुभाशुभ कर्मों की अयेक्षा रखकर सृष्टि करता है। श्रुति का कथन यही है। संक्षेप में परमात्मा या परब्रह्म के मूल स्वरूप से जो परिचित हो जाता है, वह फिर इस सृष्टि को लीला मात्र मानने लगता है।

(2)

लीला का सम्बन्ध अध्यात्म से है और लीला स्वयं अपने-आप में लौकिक होती है। दूसरे शब्दों में अध्यात्म निर्गुण है और लीला सगुण है। सगुण के माध्यम से जो निर्गुण से परिचित हो जाते हैं, वे लीला के सौन्दर्य बोध का अनुभव करते हैं। अध्यात्म से परिचित हुए बिना लीला के सौन्दर्य बोध का अनुभव कैसे हो?

(3)

लीला अपने-आप में सृजन है। लीला सगुण और लौकिक है। ज्ञानेन्द्रियों के माध्यम से हम जो कुछ अनुभव करते हैं, उस अनुभव को लीला रूप में ग्रहण करें तो लीला के माध्यम से हम परम सत्ता की ओर उन्मुख हो सकते हैं।

(4)

प्रस्तुत निबंध में लीला के सौंदर्य पक्ष का विवेचन करना है। लीला का अनुभव अपने-आप में सौंदर्य है। यह कहना जितना सरल है, उसे समझाना उतना ही कठिन है। गोस्वामी तुलसीदास के मानस में लीला के सौंदर्य पक्ष का विवेचन जगह-जगह है। भक्तगण लीलाओं के सौंदर्य बोध का भावन करते दिखलाये गये हैं। राम का बिम्ब मानस के अन्य पात्रों के दृश्यों में अंकित है। इस बिम्ब के कारण राम के प्रति उनकी निजी भावनाएँ ललित और सौंदर्य से युक्त हो गई हैं। नारद, दशरथ, हनुमान, भरत, वाल्मीकि एवं अन्य अनेक पात्र राममय हो गये हैं। सियाराममय सब जग जानी---वास्तव में 'लोकवत्तु लीलाकैवल्यम्'---ही है।

(5)

लीला स्वयं सृजन है। रामलीला हो या कृष्णलीला, ये अपने-आप में राम या कृष्ण के जीवन प्रसंगों को पुनः प्रस्तुत करते हैं। यह प्रस्तुतीकरण सांस्कृतिक सृजन के रूप में है। इन लीलाओं का वैचारिक पक्ष भी है और आचरण से जुड़ा पक्ष भी है। प्रधान रूप से लीला आचरण को व्यावहारिक रूप प्रदान करती है।

(6)

आचरण का वैचारिक विश्लेषण 'शील' के आधार पर किया जा सकता है। शील मानवीय चरित्र की धुरी है। लीलाओं से सम्बन्धित पात्रों के शील को यदि हम पहचानते हैं, तो लीला के सौंदर्य बोध से हमारा साक्षात्कार हो जाता है। जहाँ शील है, वहाँ सौंदर्य है—दोनों को एक-दूसरे का पर्याय ही समझिए। शील की अभिव्यक्ति के लिए ही तो लीला की जाती है। राम के शील को प्रस्तुत करने में गोस्वामी तुलसीदास अघाते नहीं और उक्त शील की व्याख्या करने के प्रयत्न में रामचंद्र शुक्ल शुक्ल हो गये हैं।

(7)

शील व्यक्ति के आचरण का सहज धर्म है। शील आचरण में ही आकार ग्रहण करता है। सभी मनोविकार या उद्वेग—अपनी सहजता में शील दर्शाते हैं। व्यक्ति रूप में जो उद्वेग होता है, वही सामाजिक रूप में शील का द्योतक होता है। स्पिनोजा ने उद्वेग की परिभाषा इस प्रकार दी है—

"उद्वेग से मेरा अभिप्राय शरीर के ऐसे रूपभेदों से है जिनसे शरीर की क्रियाशक्ति बढ़ती या घटती, सहायता पाती या रुकती है, और इसके

साथ ही इन रूपभेदों के प्रत्यय भी अभिप्रेत हैं।"[1]

हम यों भी कह सकते हैं कि मनुष्य उद्वेगों का पुतला है। मनुष्य अपने उद्वेगों से परिचालित है। उद्वेग का सम्बन्ध मनुष्य की क्रियाशक्ति से है। इस नाते मनुष्य के आचरणों में उद्वेग झलकते हैं। उद्वेगों की पहचान आचरणों के आधार पर होती है और इस पहचान को ही हम शील कहते हैं।

(8)

दूसरों के उद्वेगों को मन में लाना भाव है। भाव की पहली शर्त आलम्बन है। बिना आलम्बन के भाव होता ही नहीं है। और कोई भाव किसी व्यक्ति में इस रूप में स्थिरता ग्रहण करे कि वह भाव उस व्यक्ति के स्वभाव की, उसके अपने आचरण की, कहना चाहिए, पहचान बन जाए, तो फिर वह भाव उस व्यक्ति के शील के रूप में जाना जायेगा।

(9)

एक उदाहरण देना चाहूंगा। मानस का प्रसंग है। राम कैंकेयी के सम्मुख उपस्थित हैं। कैंकेयी ने अपना वृत्त विस्तार से राम के सम्मुख निवेदित किया। ऐसे समय में राम ने केकैंयी को जो उत्तर दिया, वह उत्तर राम के शील के उत्कर्ष को व्यक्त करने वाला है। तुलसी की पंक्तियाँ इस प्रकार हैं—

सबु प्रसंगु रघुपतिहि सुनाई। बैठि मनहु तनु धरि निठुराई॥
मन मुसुकाई भानुकुल भानू। रामु सहज आनंद निधानू॥
बोले बचन बिगत सब दूषन। मदु मंजुल जनु बाग बिभूषन॥
सुनु जननी सोई सुतु बड़ भागी। जो पितु मातु बचन अनुरागी॥
तनय मातु पितु तोषनिहारा। दुर्लभ जननि सकल संसारा॥

मुनिगन मिलनु बिसेषि बन, सबहिं भाँति हित मोर।
तेहि महँ पितु आयसु बहुरि, संमत जननी तोर॥41॥

(अयोध्याकाण्ड)

प्रथम प्रतिक्रिया यह कि राम स्थितप्रज्ञ प्रतीत हुए। सहज ही में, मन ही मन मुस्करा दिये, दुःखी होने का प्रश्न ही नहीं था। राम तो सहज ही में आनंद के निधान हैं। जो स्वयं आनंद के निधान न हों, वे भला दूसरों को आनंदित कर

1. स्पिनोजा : नीति, अनुवादक : डॉ० दीवानचन्द, हिन्दी समिति, सूचना विभाग, लखनऊ, प्र० सं० 1962 ई०, पृ० सं० 106

सकेत हैं। राम तो ऐसे हैं, जिसे देखते ही लोग दुःख भूल जाते है और सुखी होते हैं। राम के स्वभाव के सम्बन्ध में कहा—

> करुनामय मृदु राम सुभाऊ। प्रथम दीख दुखु सुना न काउ॥
> तदपि धीर धरि समउ विचारी। पूँछीं मधुर बचन महतारी॥
> मोहि कहु मातु तात दुख कारण। करिअ जतन जेहि होई निवारन॥
> (3-4-5/दोहा संख्या-401/अयोध्याकाण्ड)

करुणा करना, सहज में आनंदित रहना, मधुर वचन में बोलना, मृदु स्वभाव —यह सब राम के शील को व्यक्त करते हैं। इस शील के कारण ही राम राम हैं।

(10)

राम के शील को ही तो हम सब अपने मन में लाते हैं। इसी में लीला का सौंदर्य है। रामलीला में रामचरित के प्रसंगों का निदर्शन होता है। उन्हें देखकर भक्तों का मन रंजित होता है। लीला का सौंदर्य अनुभव करने के लिए भक्त-हृदय चाहिए।

(11)

लीला की विशेषताएँ निम्नलिखित हैं—

1. लीला सगुण होती है।
2. लीला के माध्यम से भक्तगण, भगवान् के सान्निध्य का अनुभव कर सकते हैं।
3. लीला में प्रभु के साहचर्य का सुख है।
4. लीला भक्तों के मन का रंजन करती है।
5. लीला अपने-आप में सृजन होने के कारण, लीला का सम्बन्ध कलाओं से है।
6. कलाओं में भी प्रधान रूप से 'नाटक' से है और नाटक वह कला है, जिसमें अन्य कलाओं का समाहार होता है। इस अर्थ में लीला में कलाओं के सभी रूप आ जाते हैं।
7. लीला से भक्ति का विधान होता है।
8. लीला अध्यात्म के बोध में सहायक होती है। लीला के आध्यात्मिक पक्ष से जब तक हमारा परिचय नही होता, तब तक लीला के सौंदर्य का ठीक-ठीक अनुभव भी नहीं होता।
9. लीला अपने-आप में क्रीड़ा तदनुसार खेल है। इसीलिए इसमें क्रीड़ा करने

वाले और क्रीड़ा देखने वाले दोनों ही रंजित होते हैं।

10. यों तो जगत् में हम जो कुछ देखते हैं, वह सब ब्रह्म की लीला है।

(12)

लीला के सौन्दर्य पक्ष पर विचार करना है। इस दृष्टि से समझने-समझाने हेतु हमें विश्लेषण करना होगा। स्थूल रूप में हम लीला के दो पक्ष कर सकते हैं—

लीला

सृजनात्मक स्वरूप | बोध स्वरूप

निश्चित ही इन दोनों में हमारा ध्यान बोध पक्ष पर ही अधिक रहता है। हम स्वयं लीला करें और लीला का आनन्द लें—यह तो लीला का सृजनात्मक रूप हुआ और दूसरे लोग लीला करें और हम उससे आनन्द प्राप्त करें यह दूसरा रूप हुआ। इसी को ऊपर बोध स्वरूप कहा गया है। मानस में प्रभु राम सीता से कहते हैं—

सुनहु प्रिया व्रत रुचिर सुसीला। मैं कछु करबि ललित नरलीला।।
तुम्ह पावक महुँ करहु निवासा। जौं लगि करौं निसाचर नासा।।
जबहिं राम सब कहा बखानी। प्रभु पद धरि हिय अनल समानी।।
निज प्रतिबिम्ब राखि तहँ सीता। तैसइ सील रूप सुबिनीता।।
लछिमनहू यह मरमु न जाना। जो कछु चरित रचा भगवाना।।

(5/24/अरण्यकाण्ड, मानस)

राम की यह नर लीला है। राम के पक्ष से देखों तो यह सृजनात्मक स्वरूप है और भक्त के रूप में देखो तो यह बोध स्वरूप है। और दोनों को आपस में जोड़ने का कार्य भक्ति करती है। इस नाते लीला का सौन्दर्य भक्ति में मानना होगा।

(13)

लीला के सौन्दर्य को अनुभव करने के लिए मानस से बढ़कर कोई उत्तम वाक्य मेरे अपने पढ़ने में नहीं है। सगुण के साथ-साथ सगुण में निहित निर्गुण का मेल मानस में अद्‌भुत रीति से व्यक्त है। स्वयं राम के साहचर्य में रहने वाले अन्य अनेक पात्र राम की लीला को नहीं जानते। इस पर भी वे राम के साहचर्य में सुख का

अनुभव करते रहते हैं। रामचरितमानस अपने ठीक-ठीक अर्थों में रामचरित को लीला रूप में प्रस्तुत करता है और उस लीला का अनुभव राम के साहचर्य में रहने वाले अन्य पात्र करते हैं। लीला रहस्यमयी होती है। सबकी समझ में लीला आ ही जाए, यह आवश्यक नहीं। 'लछिमनहू यह मरमु न जाना। जो कछु चरित रचा भगवाना॥' किन्तु वाल्मीकि तो जानते हैं। वाल्मीकि कहते हैं—

जगु पेखन तुम्ह देखनिहारे। विधि हरि संभु नचावनिहारे॥
तेउ न जानहिं मरमु तुम्हारा। और तुम्हहि को जाननिहारा॥
सोइ जानइ जेहि देहु जनाई। जानत तुम्हहि तुम्हइ होइ जाई॥
तुम्हरिहि कृपा तुम्हहि रघुनंदन। जानहिं भगत भगत उर चंदन॥
चिदानंदमय देह तुम्हारी। बिगत बिकार जान अधिकारी॥
नर तन धरेहु संत सुर काजा। कहहु करहु जस प्राकृत राजा॥
राम देखि सुनि चरित तुम्हारे। जड़ मोहहिं बुध होहिं सुखारे॥
तुम्ह जो कहहु करहु सब साचा। जस काछिअ तस चाहिए नाचा॥

पूँछेहु मोहि कि रहौं कहँ मैं पूँछत सकुचाउँ।
जहँन होतु तहँ देहु कहि तुम्हहि देखावों ठाउँ॥72॥

(अयोध्याकाण्ड)

प्रसंग कुछ लम्बा हो गया है। किन्तु लीला का सौन्दर्य वाल्मीकि अनुभव करते हैं। वे सगुण-निर्गुण के भेद को जानते हैं और रामचरित लीला के मर्म को समझे हुए हैं। मारीचि भी लीला से परिचित है इसीलिए कहता है—

मम पाछें धर धावत धरें सरासन बान।
फिरि-फिरि प्रभुहिं बिलोकिहउँ धन्य न मो सम आन॥26॥

(अरण्यकाण्ड)

इस तरह राम के साहचर्य में रहने वाले अन्य अनेक पात्र राम से जो भी नाता रखते हों, उस नाते से ही राम को परम प्रिय लगते हैं और अपने हृदय में राम का अनुभव कर वे सब राममय होते हैं। इस राममय होने में राम की भक्ति है और इस भक्ति में ही लीला का सौन्दर्य निहित है। भक्त का हृदय इस लीला के सौन्दर्य से आपूरित है।

(14)

लीला से भक्ति का विधान होता है। भक्ति अपने-आप में मंगलमय होती है।

भक्ति के मर्म को समझना लीला के सौन्दर्य से अवगत होना है। लीलाओं से भक्तों का मन रीझता है। रीझना, रंजित होना, सुखी होना, आनन्दित होना, विभोर होना, पुलकित होना, गद्‌गद होना, यह सब लीला के सौन्दर्य का परिणाम है। तुलसी की वाणी में इस सुख का विपुल वर्णन है। दशरथ का सुख देखिए—'मंगल मूल राम सुत जासू। जो कछु कहिअ थोर सबु तासू ॥' 5/2 (अयोध्याकाण्ड) 'मंगल मूल' कहो, 'मंगल भवन' कहो एक ही बात है। मंगल शब्द का उपयोग तुलसी ने बहुत जगह किया है। कुछ उदाहरण—

जब तें रामु ब्याहि घर आए। नित नव मंगल मोद बधाए।
1।5 (अ०)

सुनि मुनि दसरथ बचन सुहाए। मंगल मोद मूल मन गाए।
6।4 (अ०)

जग मंगल भल काजु बिचारा। बेगिअ नाथ न लाइअ बारा।
25 (अ०)

(15)

मंगल का विश्लेषण करना चाहूगा। मंगल में कल्याण की कामना है। विवाह को सामाजिक रूप में आज भी मंगल कार्य माना जाता है। कल्याण शब्द का प्रयोग भी मंगल के अर्थ में, विवाह कार्य के अर्थ में दक्षिण में आज भी प्रचलित है। विवाह के अर्थ में मंगल का अर्थ संकोच हो गया है। यों मंगल का अर्थ शुभ है। और इसके अर्थ की व्याप्ति में हमारा वह निश्चित ज्ञान है जिससे कि वह मानव-प्रकृति के उस आदर्श की सिद्धि का साधन है, जिसे हमने अपना लक्ष बनाया है। स्पिनोजा ने शुभ का यही अर्थ दिया है। उसके अनुसार शुभ की परिभाषा इस प्रकार है—

"शुभ या भद्र से मैं ऐसी वस्तु समझता हूँ, जिसकी बाबत हम निश्चित जानते हैं कि वह हमारे लिए लाभकारक है।"[1]

यहाँ पर मैं यह स्पष्ट कर देना चाहूँगा कि शुभ में लाभ निहित है। जो-जो शुभ है, वह-वह लाभदायक है। इसके विपरीत जो-जो लाभदायक है वह-वह शुभ होना चाहिए। किन्तु लाभ के अर्थ में कल्याण की वह व्याप्ति नहीं है, जो शुभ के अर्थ में है। शुभ और लाभ दोनों में शुभ को प्राथमिकता देनी चाहिए। शुभ में निहित लाभ वैयक्तिक और सामाजिक दोनों हैं।

---

1. स्पिनोजा : नीति, अनुवादक : डॉ० दीवानचन्द, हिन्दी समिति, सूचना विभाग, लखनऊ, प्र० सं० 1962 ई०, पृ० स० 172

(16)

लीला क्रीड़ा है, खेल है। इस अर्थ में लीला के मनोविज्ञान से परिचित होना चाहिए। खेल में यथार्थ के स्थान पर कल्पना को अधिक स्थान दिया जाता है और कल्पना के कारण ही खेल से विनोद तथा रंजन होता है। इस सम्बन्ध में बर्ट्रेंड रसेल लिखते हैं—

> "सत्य महत्त्वपूर्ण है और कल्पना भी महत्त्वपूर्ण है, परन्तु कल्पना व्यक्ति के जीवन में पहले विकसित होती है, मानव जाति के इतिहास में भी यह पहले ही विकसित हुई है। जब तक बच्चे की शारीरिक आवश्यकताएँ पूरी होती रहती हैं, उसे यथार्थ की अपेक्षा खेल ज्यादा अच्छे लगते हैं। खेलों में वह बादशाह है, वास्तव में वह अपने क्षेत्र पर किसी भी असली शहंशाह की शक्ति से अधिक शक्ति-सम्पन्नता के साथ ही राज्य करता है। परन्तु यथार्थ में उसे किसी खास समय पर सोना होता है। और अनेक उकता देने वाले आदेशों का पालन करना होता है। जब कोई कल्पनाविहीन प्रौढ़ व्यक्ति बिना बिचारे उसकी कल्पना की दुनिया में हस्तक्षेप करता है तब बच्चा चिढ़ जाता है।"[1]

और भी—

> "सत्य को वास्तविक तथ्यों से मिला देना बड़ी भारी भूल है। हमारे जीवन का संचालन केवल तथ्यों के आधार पर नहीं होता, आशाओं से भी होता है। ऐसी सचाई, जो केवल वास्तविकता पर आधारित है, मानव आत्मा के लिए कारावास बन जाती है। स्वप्न यदि वास्तविकता को बदलने के प्रयत्नों की सामर्थ्य को रोकते हैं, और मनुष्य को निष्क्रिय बनाते हैं तो निन्दनीय हैं, किन्तु जब उनसे प्रेरणा मिलने लगती है तो मानव आदर्शों की स्थापना की दिशा में उनका महत्त्वपूर्ण स्थान हो जाता है। बचपन में ही कल्पना-शक्ति को नष्ट कर देने का अर्थ है बालक को विद्यमान वस्तुओं का दास बना देना। इस प्रकार उसकी स्थिति पृथ्वी के खूँटे से बँधे हुए जीव के समान होती है जो स्वर्ग का निर्माण कर ही नहीं सकता।"[2]

मुझे कहना यह है कि लीला में बाल-मनोविज्ञान की प्रवृत्ति जीवित रहती है। इस प्रवृत्ति के कारण ही सहजवृत्तियों का विकास संभव है। लीलाओं में मानव जीवन की संभावित परिकल्पनाएँ विद्यमान रहती हैं। यथार्थ को कल्पना विलसित

---

1. शिक्षा की रूपरेखा, बर्ट्रेण्ड रसेल, अनु० : राजेन्द्र कुशवाहा, राजकमल प्रकाशन, नई दिल्ली, प्र० सं० 1963 ई०, पृ० 100 तथा 101
2. वही, पृ० 101 तथा 102

करती है और कलाओं के माध्यम से उसे ऐसा रूप प्रदान करती है जिससे हम यथार्थ को भूलकर कल्पना लोक में विचरने लगते हैं। लीलाओं का सौन्दर्य वास्तविकता को खेल में या क्रीड़ा में बदलने के कारणों में निहित है। खेल में अनुकरण होता है और इस अनुकरण को जब तक खेल चलता रहता है, तब तक तो (खेल के नियम से उसे उसके अपने क्षेत्र में) सत्य माना ही जाता है। खेल के दौरान यदि वास्तविकता का बोध कराएँ तो खेल की रोचकता ही समाप्त हो जाएगी। खेल से मानवीय वृत्तियों का परिष्कार होता है। लीला व्यक्त रूप में क्रीडा है। सामान्य रूप में क्रीड़ा या खेल से लीला इस रूप में भिन्न है कि यह क्रीड़ा ईश की है, यह खेल खेलने वाला सामान्य जन नहीं है। हम खेलें तो वह खेल है और वहीं ईश्वर खेले तो लीला है। राम स्वयं तो परब्रह्म हैं किन्तु उन्होंने नर तन धारण कर इस जगत् में जो कुछ किया...वह सब राम की लीला है। यों लीला का अर्थ खेल के रूप में इतना व्यापक हो गया है कि प्रयोजनयुक्त व्यावहारिक आचरण (जिसमें अवधारणाएँ निश्चित हैं—क्या होगा—सब ज्ञात हैं।) को हम लीला कहने लगते हैं। किसी कर्म या आचरण को लीला मानने का तात्पर्य उक्त कर्म या आचरण के वास्तविक स्वरूप से अर्थात् प्रयोजन से परिचित हो जाना है। राम की लीला को राम तक सीमित मानें और सारे जगत् को ही सियाराममय मानें—इसमें बोध का भेद है। प्रयोजन को समझने का भेद है। खेल खेल होते हुए भी सामान्य से असामान्य हो जाता है, तब तो यह लीलारूप में परिणत है, ऐसा मानना चाहिए। हमारी इस प्रकार की समझ में, बोध में, जानने में लीला का सौन्दर्य है।

(17)

राम तथा कृष्ण के जीवन के प्रसंग लीला रूप में खेले जाते हैं। प्रसंगों के अनुसार लीलाएँ होती हैं। तरह-तरह की झाँकियाँ मन्दिरों में देखने को मिलती हैं। प्रभु की दिनचर्या बनी हुई है। तद्नुसार चर्चा होती है और भक्तगण सेवा में तत्पर रहते हैं। इस सारे विधान में कलाओं का प्रदर्शन होता है। जो कुछ सर्वोत्तम उपलब्ध है, उसे कलात्मक रूप में लीलाओं में अभिव्यक्ति प्रदान की जाती है। यों लीलाओं में कलाएँ उजागर होती रहती हैं। कलाओं का आस्वादन करना, कलाओं के मर्म से परिचित होना और कला के माध्यम से उसे पहचानना कला के सौन्दर्य से भिज्ञ होना है।

(18)

लीला में चमत्कार है, अजनबीयत है और इस नाते लीला में शक्ति का पुंज

है। इस भाव को अद्भुत कहा गया है। इसमें आश्चर्य का अनुभव होता है। कार्य तो सम्मुख है, प्रत्यक्ष रूप में हम देख रहे हैं और अनुभव भी करते हैं किन्तु कारण ज्ञात नहीं है। ऐसी स्थिति में उससे प्रभावित होकर (बुद्धि काम न कर पाने के कारण) अचरज करने लगते हैं। उसे शक्ति स्वरूप मानकर शक्ति के प्रति नमन करते हैं। शक्ति की लीला अपरम्पार है। उसका कहना क्या? अद्भुत-अद्भुत कहते ही बनता है। परम सत्ता की लीलाओं को देखकर हम सब उसी की शरण में जाने में अपना कल्याण मानते हैं। हमारा यह भाव लीला के सौन्दर्य से युक्त है।

(19)

शील और शक्ति दोनों ही लीलाओं में एक साथ उजागर होते हैं। और दोनों जहाँ हैं, वही सौन्दर्य है। शील और शक्ति दोनों ही लीला के सौन्दर्य को उदात्त रूप प्रदान करते हैं। सौन्दर्य का परम मूल्य उदात्त होना ही है। उदात्त की स्थिति तक पहुँचने के सभी सोपान सौन्दर्य-बोध को विकसित करते हैं। उदात्त में हम अधम स्थिति से उत्तम स्थिति की ओर गतिमान रहते हैं। गतिमान रहने का अर्थ स्थिति परिवर्तन है। स्पिनोजा ने सुख तथा दुःख की परिभाषाएँ स्थिति परिवर्तन के आधार पर की हैं। उसके अनुसार "सुख मनुष्य का वह स्थिति परिवर्तन है जिसमें वह पूर्णता की अधम स्थिति से उत्तम स्थिति को जाता है। और ठीक इसके विपरीत दुःख की परिभाषा है। तद्नुसार 'दुख मनुष्य का वह स्थिति परिवर्तन है जिसमें वह पूर्णता की उत्तम स्थिति से अधम स्थिति को जाता है।"[1] इस सम्बन्ध में स्पिनोजा ने स्पष्टीकरण दिया है। वह लिखता है—

> "मैं स्थिति परिवर्तन कहता हूँ, क्योंकि सुख स्वयं पूर्णता नहीं, क्योंकि यदि वह पूर्णता जिसे मनुष्य प्राप्त करता है, जन्मजात होती, तो उसकी प्रकृति में सुख का उद्वेग न होता, और यह बात अपने विपरीत से और भी स्पष्ट हो जाती है। क्योंकि कोई मनुष्य इससे इन्कार नहीं कर सकता कि दुख किसी बड़ी पूर्णता से छोटी पूर्णता को जाना है, स्वयं छोटी पूर्णता नहीं, क्योंकि जिस अंश में मनुष्य किसी पूर्णता में साक्षी है, वह उससे इतना दुःखी नहीं हो सकता, न ही हम यह कह सकते हैं कि दुःख अधिक पूर्णता का लुप्त होना है, क्योंकि लोप कोई वस्तु नहीं।"[2]

स्थिति परिवर्तनों में उद्वेगों के विभिन्न रूप गोचर होते हैं। ये उद्वेग मनुष्य

1. स्पिनोजा : नीति, डॉ० दीवानचन्द, हिन्दी समिति, सूचना विभाग, लखनऊ, प्र० सं० 1962 ई०, पृ० सं० 155
2. वही, पृ० सं० 155, 156

की क्रियाशक्ति को प्रभावित करते हैं। उद्वेगों से मनुष्य की क्रियाशक्ति या तो बढ़ती है या घटती है, सहायता पाती है या रुकती है। मुझे कहना यह है कि सौंदर्य बोध एक ओर गतिमान या गतिशील बने रहने में है, वहाँ दूसरी ओर गतिहीन और स्थिर बने रहने में भी है। गतिहीन और स्थिर बने रहने में हमारी जो मनोदशा है, उसे आश्चर्य कहा गया है। इसीलिए स्पिनोजा आश्चर्य को उद्वेगों में सम्मिलित नहीं करता। इस सबको यों रेखांकित किया जा सकता है—

पूर्णता	पूर्णता	पूर्णता
अ		उ
ध	(सुख की ओर)	त्त
म	स्थिति	म
स्थि	परिवर्तन	स्थि
ति	(दुख की ओर)	ति
पूर्णता	पूर्णता	पूर्णता

प्रश्न यह है कि हम सौन्दर्य गतिमान बने रहने में मानें या गतिहीन तथा स्थिर बने रहने में? उत्तर दोनों स्थितियों में दिया जा सकता है। गतिमान बने रहने में सुख-दुःख से सम्बन्धित उद्वेग हैं और गतिहीन तथा स्थिर बने रहने में आश्चर्य है। हमारा अपना तादात्म्य सुख-दुःख से अधिक होता है। इस नाते सौन्दर्य बोध को गतिमान बने रहने में अर्थात् स्थिति परिवर्तन में मानना अधिक संगत है। हम उक्त बोध को ग्रहण कर सकते हैं और उसके प्रति आकृष्ट बने रह सकते हैं। गतिमान सौन्दर्य को बिहारी ने ठीक-ठीक व्यक्त किया है। क्षण-क्षण में बदलती सौन्दर्य की आभा को देखकर चतुर चितेरे की बुद्धि क्रूर हो गई। वह सौन्दर्य को ग्रहण कर जब तक आँकता है, तब तक छवि कुछ और रूप ग्रहण कर लेती है।[1]

(20)

लीला देखकर सौन्दर्य का अनुभव करने में हम सब द्रष्टा हैं, देखने वाले हैं, सौन्दर्य का अनुभव करने वाले हैं। लीला हमारे लिए आलम्बन है। लीला में

1. बिहारी का उक्त दोहा इस प्रकार है--

लिखन बड़ी जाकी सबी गहि गहि गरब गरूर।
भए न केते जगत के चतुर चितेरे कूर॥ (बिहारी रत्नाकर 347)

हम लीला से युक्त पात्रों के शील से साक्षात्कार करते हैं और अपने शील का परिमार्जन या संस्कार करते हैं। शील के साक्षात्कार में ही लीला का सौन्दर्य बोध है। भक्तगण इस भाव में डूबे रहते हैं।

(21)

अन्ततः हम इस निष्कर्ष पर पहुँचते हैं कि लीला का सौन्दर्य बोध भक्ति के आस्वादन या भावन में है। भक्ति भक्त के हृदय में आवास करती है। ज्ञान और वैराग्य तो वृद्ध हो जाते हैं किन्तु भक्ति नित्य तरुण है। स्वयं भक्ति को इस बात का आश्चर्य हुआ कि उसके दोनों पुत्र ज्ञान और वैराग्य तो वृद्ध हो गए और वृन्दावन में पहुँचते ही यह सुरूपिणी कैसे हो गई ? भक्ति ने नारद से प्रश्न पूछा था कि इसका समाधान दें। नारद ने तब भक्ति का महत्त्व बतलाया और जिज्ञासा का उचित समाधान दिया। भक्ति ने कहा था—

वृन्दावनं पुनः प्राप्य नवीनैव सुरूपिणी।
जातोहं युवती सम्यक्श्रेष्ठरूपा तु साम्प्रतम्॥
—श्रीमद्भागवतमाहात्म्य, अध्याय 1/50

नारद ने कहा—

वृदावनस्य संयोगात्पुनस्त्वं तरुणीनवा।
धन्यं वृंदावनं तेन भक्तिनृत्यति यत्र च॥
—श्रीमद्भागवतमाहात्म्य, अध्याय 1/63

कलियुग में भक्ति को एकमात्र उपाय बतलाया गया है। उसी का महत्त्व नारद ने विस्तार से व्यक्त कर वह स्वयं धन्य हो गया। उसका कहना था कि भक्ति भगवान को सबसे अधिक प्रिय है। कलियुग में भक्ति ही ब्रह्म के सन्निध्य का अनुभव करवाने में सहायक हो सकती है। कहा—तस्मिंस्त्वां स्थापयिष्यामि गेहे-गेहे जनैः-जनैः॥ (श्रीमद्भागवतमाहात्म्य, अध्याय 2/13)

(22)

रामचरितमानस की तरह श्रीमद्भागवत भी भक्ति का अमर ग्रंथ है। रामलीला के लिए मानस का जितना महत्त्व है, ठीक उसी तरह कृष्ण की लालाओं के लिए भागवत का महत्त्व है। भागवत की सरल अभिव्यक्ति सूर के पदों में है। कृष्ण की बाललीला से लेकर रासलीला तक सब प्रकार की लीलाओं का गान सूर के पदों में है। जीवन के मधुर पक्ष का गान सूर में अधिक है। यहाँ पर इस सबके विस्तार में नहीं जाऊँगा। मुझे तो समाहार करना है। रामलीला हो या कृष्णलीला हो—

दोनों ही नरलीला है। नरलीला के माध्यम से यदि प्रकृति की लीला समझ में आने लगे तो लीला के व्यापक सौन्दर्य का अनुभव होगा। प्रकृति के कण-कण में और नित्य परिवर्तित रूपों में ईश के वरदानस्वरूप सौन्दर्य झलकता रहता है। यह शिवलीला है। ज्ञान और वैराग्य सब इस लीला से परास्त है। गतिमान सौन्दर्य को स्थिर रूप में बाँधने का प्रयत्न मनुष्य करता है। चकित रहता है, जिज्ञासु बना रहता है, रहस्य को जानना चाहता है और उसके प्रति गद्गद रहता है। सौन्दर्य के सच्चे पारसी प्राकृतिक लीलाओं को देखकर मुग्ध होते हैं।

भक्ति : धर्म निरपेक्षता के संदर्भ में

भक्ति आन्दोलन ने भारतीय संस्कृति को धर्म निरपेक्षता का रूप दिया है। भक्ति आन्दोलन ने अनेक धर्मों को अपने में आत्मसात् किया है। इस तथ्य को कई बार उजागर किया गया है और उसके इस स्वरूप को धर्म निरपेक्षता के अर्थ में भी समझाया जा सकता है। धर्म निरपेक्षता का अर्थ धर्मरहित होना न लिया जाए। धर्म निरपेक्षता का अर्थ स्वधर्म में आस्था रखते हुए दूसरे धर्मों के प्रति सहिष्णु रहना और उनका सम्मान करना लिया जाए। अलग-अलग धर्मों में आस्था रखते हुए यदि हम एक-दूसरे का सम्मान करते हैं तो इससे धर्म निरपेक्षता का स्वरूप उजागर होता है। धर्म निरपेक्षता का अर्थ धर्म का त्याग नहीं है। और भक्ति तो धर्म की रसात्मक अनुभूति है। भक्ति में धर्म की मानवीय चेतना उजागर होती है और उसका स्वरूप अपने-आप में समाज का कल्याण करना है। भक्ति मंगलमय है।

(2)

भक्ति का सामाजिक स्वरूप तुलसीदास के रामचरितमानस में इस तरह मुखरित हुआ है कि तुलसीदास का मानस स्वयं 'धर्मग्रंथ' बन गया। इसी तरह गुरु नानक की बानी ने भी सन्तसाधना को उजागर कर 'धर्मग्रंथ' का रूप ले लिया है। उदाहरण और भी मिलेंगे। भक्ति सगुण ब्रह्म से जैसे सम्न्ध रखती है, वैसे निर्गुण ब्रह्म से भी उसका सम्बन्ध है। भक्ति में सारे पंथ और सम्प्रदाय एक हो गए हैं। रामभक्त हों, कृष्णभक्त हों, शिव की आराधना करने वाले हों या निर्गुणी से नाता जोड़ने वाले हों। हिन्दू हों, मुसलमान हों या सिक्ख हों या और किसी धर्म के मानने वाले हों, भक्ति ने इन सबको एक करने को प्रयत्न किया है। इस रूप में भक्ति के धर्म निरपेक्ष स्वरूप को स्पष्ट करने का प्रयत्न कर रहा हूँ।

(3)

क्या भक्ति साहित्य धर्म निरपेक्ष है? इसका उत्तर विजयदेव नारायण साही

ने देने का प्रयत्न किया है। उनका कहना है कि भाषा सबकी होकर धर्म निरपेक्ष हो जाती है। वे लिखते हैं—

> "बोलचाल की भाषा धर्म निरपेक्ष इसी अर्थ में होती है कि धर्मों के अन्तर के बावजूद सभी लोग उसे बोलें। भाषा सबकी होकर धर्म निरपेक्ष हो जाती है। जैसा हम जायसी में देखते हैं। समन्वय के पक्ष में दबाव पैदा होता है। इन धार्मिक तत्त्ववादी कवियों ने अपने-अपने ढंग से भाषा की चूलें ढीली कीं और सब धर्मों के लिए समान उपयोगी कविता भंगिमा, समान छंद-लय और समान प्रतीक योजना बनाई। एक ही अवधी से जायसी और तुलसीदास दोनों का काम चलता है। कविरूप में दोनों एक ही मनोभूमि के अंग हैं। अगर जायसी अपनी बात फारसी में कहते और तुलसीदास संस्कृत में, तो प्रेम रसायन और भक्ति रसायन में समानता के बावजूद दोनों के दायरे अलग रहते। शेख़ सादी और जायसी की दुनियाएँ अलग हैं। दरवेश दोनों हैं। वहाँ संस्कृत और फारसी हिन्दू और मुसलमान के साथ क्रमशः नत्थी हो गई थीं। लोकभाषा हिन्दी दीवारें तोड़ती हैं और समन्वय का आह्वान करती हैं।"[1]

भक्ति ने भेदभाव की दीवारों को तोड़ा है और समन्वय का आह्वान किया है।

(4)

विजयदेव नारायण साही ने आचार्य शुक्ल के कार्य को आगे बढ़ाया है। शुक्ल जी ने भक्तिकाल के प्रधान कवियों में मलिक मोहम्मद जायसी को स्थान दिया और सबसे अधिक समय (अध्ययन में कहना चाहिए) जायसी को दिया है। उनके परम प्रिय शिष्य चन्द्रबली पाण्डे ने सूफी कवियों पर काम किया है। अपने शिष्य को वे प्रेम से 'शाह साहब' कहते थे। और साही जी ने तो जायसी के माध्यम से धर्मनिरपेक्षता की खोज की है। इसी विषय पर उन्होंने दो विस्तृत निबन्ध लिखे हैं। 'हिन्दी साहित्य का इतिहास' के आधार पर उन्होंने धर्म निरपेक्षता का स्वरूप स्पष्ट किया है।

(5)

'ग्यारहवीं कक्षा' का पाठ्यक्रम तैयार हो रहा था। बोर्ड के सदस्यों ने

---

1. साहित्य क्यों? विजयदेव नारायण साही, प्रदीपन एकांश, 65 टैगोर टाउन, इलाहाबाद, 14, बैंक रोड, इलाहाबाद, प्रणम संस्करण 1988 ई०, पृ० 88

निर्णय दिया कि तुलसीदास कवि की कुछ कविता पाठ्यक्रम में रखी जाए। निर्णय के अनुसार सम्पादक-मण्डल बैठा। 'विनयपत्रिका' से पदों का चयन करना था। एक सम्पादक धर्म निरपेक्षता का बाना लिए बैठे थे। कहने लगे, ऐसे पदों का चयन करें जिसमें राम का नाम न हो। मैंने साफ कह दिया कि तुलसीदास के साथ रामनाम रहेगा। तुलसी रामनाम के बल से ही तुलसीदास हुए हैं। रामनाम के लिए ही हम तुलसीदास पढ़ते हैं और उससे रहित आप तुलसीदास चाहसे हैं, यह कैसे संभव है? पद है—'जाऊँ कहाँ तजि चरन तुम्हारे। काको नाम पतितपावन जग, केहि अति दीन पियारे'॥ 9॥ (विनयपत्रिका, पद संख्या 101) इस पूरे पद में 'राम' शब्द नहीं है। किन्तु उसका अर्थ करते जाएँ तो राम तो हर पंक्ति में (शब्द में भी कहना चाहिए) विराजमान हैं। धर्म निरपेक्ष सम्पादक को तुष्ट करने के लिए रामनामरहित पंक्तियों का चयन किया गया। किन्तु सच्चाई यह है कि राम वहाँ बैठे हुए हैं। ऐसी धर्म निरपेक्षता किस काम की? धर्म निरपेक्ष व्यक्ति तो 'भक्ति' को देखेगा। तुलसी राम के भक्त थे—'तुलसीदास सदा हरि चेरा'—राम को उन्होंने अनेक नामों से सम्बोधित किया है। और विनयपत्रिका तो राम के लिए लिखी गई है। रामरहित विनयपत्रिका कैसे हो सकती है?

(6)

भक्ति में प्रेम, दृढ़ता, सामाजिक सद्भावना, अटूट आस्था, आलम्बन का नैतिक प्रतिमान, शील, श्रद्धा—सब कुछ है। भक्त राम का हो, कृष्ण का हो, शिव का हो या निर्गुण ब्रह्म का हो—किसी का हो, भक्त की भक्ति को स्वीकार करना चाहिए। धर्म निरपेक्ष होकर ही औरों की भक्ति को (आलम्बन कोई भी हो) स्वीकार किया जा सकता है।

(7)

भारतीय भक्ति साहित्य भारत की प्रायः सभी भाषाओं में मिलता है। भक्ति साहित्य ने भारतवर्ष की आधुनिक भाषाओं को अनुप्राणित किया है। भक्ति साहित्य लोकभाषाओं में लिखा गया है। वह जन-मन को आन्दोलित करने वाला है। इसीलिए भारतीय इतिहास में भक्ति को आन्दोलन के रूप में स्वीकार किया गया है। इस आन्दोलन को सांस्कृतिक आन्दोलन भी कह सकते हैं। इसी आन्दोलन ने भारत को पूरी तरह से इस्लाम में परिणत होंने से बचाया है। ईरान की तरह भारत पूरी तरह से इस्लाम में परिणत नहीं हुआ।

(8)

भक्ति के सामाजिक संदर्भों की व्याख्या की जाए तो उससे भक्ति के गुणा-

त्मक रूपों का परिचय मिलेगा। भगवद्गीता की भक्ति और भागवत की भक्ति में गुणात्मक अन्तर है। भक्ति से सम्बन्धित जो काव्य भारत की आधुनिक भाषाओं (हिन्दी, मराठी, बँगला, तेलगू, तमिल आदि) में लिखे गये हैं, क्या उन काव्यों ने आन्दोलन का रूप (सांस्कृतिक क्रान्ति) लिया ? या हम भक्ति काव्य केवल काव्य की प्रवृत्ति के रूप में ग्रहण करें ? इन सब प्रश्नों का उत्तर सामाजिक संदर्भों को स्पष्ट करने पर ही दिया जा सकता है।

(9)

भाषा जैसे धर्म निरपेक्ष होती है, ठीक उसी तरह भक्ति भी धर्म निरपेक्ष होती है। यहाँ पर निरपेक्ष का अर्थ—सबकी होना है। मुख्य बात भौगोलिक स्वरूप को समझने की है। भाषा सदैव भौगोलिक होती है। एक ही क्षेत्र में रहने वाले उस क्षेत्र-विशेष की भाषा बोलते हैं। एक ही भाषा बोलने वालों के धर्म अलग-अलग होते हैं किन्तु उनकी भाषा एक होती है। भाषा के कारण अलग-अलग धर्मों को मानते हुए भी आपस में व्यवहार करते हैं, मिलते हैं और एक-दूसरे से सामाजिक रूप में तथा राजनीतिक रूप में जुड़ते भी हैं। और फिर भारत तो बहुभाषी देश है। और भाषाओं को जोड़ने का कार्य धर्म और भक्ति ने किया है।

(10)

भाषाएं अपने साहित्यिक विकास में धर्म निरपेक्ष होती गई हैं। मध्यकालीन साहित्य की तुलना में आधुनिक साहित्य अधिक धर्म निरपेक्ष हैं। भाषाओं का इतिहास (उनके साहित्य का इतिहास कहिए) पढ़ने पर मालूम होता है कि आरम्भ में वे धर्म सापेक्ष रही हैं किन्तु बाद में अपने विकास काल में वे धर्म निरपेक्ष होती गई हैं। इसका कारण क्या है ? ई० एच० कार ने 'इतिहास क्या है ?' पुस्तक में लिखा है—

> "मध्यकालीन इतिहास पर किसी आधुनिक पुस्तक में हम पढ़ते हैं कि मध्ययुग के लोग धर्म से गहरे जुड़े हुए थे तो मैं सोचता हूँ कि हमें इस तथ्य का कैसे पता चला या कि क्या यह सच हैं। मध्यकालीन इतिहास के तथ्य के रूप में हमें जो कुछ मिलता है उसका चुनाव ऐसे इतिहासकारों की ऐसी पीढ़ियों द्वारा किया गया था जिनके लिए धर्म का सिद्धान्त और व्यवहार एक पेशा था। इसीलिए उन्होंने इसे अत्यन्त महत्त्वपूर्ण माना और इससे सम्बन्धित हर चीज़ लिख गए। इसके अतिरिक्त जो दूसरी चीज़ें थीं उन्हें

बहुत कम छुआ।"[1]

(11)

भक्तिकाव्य प्रधान रूप से मध्यकालीन है इसलिए आधुनिक दृष्टिकोण से वह धर्म सापेक्ष प्रतीत होगा। आज हम उक्त साहित्य का अध्ययन क्या उसी रूप में—धर्म सापेक्ष रूप में—करते हैं क्या ? निश्चित ही साहित्य के अध्ययन की आधुनिक दृष्टि मध्यकाल की तुलना में अधिक धर्म निरपेक्ष है। धर्म सापेक्ष रचनाओं का अध्ययन हम आज धर्म निरपेक्ष रूप में करते हैं। अर्थात् किसी मध्यकालीन काव्य को (चाहे वह किसी भी धर्म से सम्बन्धित हो) पढ़कर हम उस धर्म के स्वरूप को समझते-समझाते हैं; उस धर्म से युक्त नहीं हो जाते। अलग-अलग धार्मिक काव्यों का अध्ययन करने से दृष्टिकोण में धर्म निरपेक्षता आती है। अपने धर्म को मानते हुए भी औरों के धर्मों को समझते जाएँ तो धर्मान्ध होने से हम बच जाते हैं।

(12)

तुलसीदास का रामचरितमानस धर्मग्रन्थ है और काव्य भी है। धर्मग्रन्थ के रूप में अध्ययन करने वालों की संख्या अधिक है किन्तु काव्य के रूप में भी उसका पठन होता है। मानस के काव्यगुणों को धर्म निरपेक्ष होकर पढ़ा जा सकता है। शुक्ल जी ने मानस की साहित्यिक पहचान बढ़ाई और उसके काव्यगुणों की विशद विवेचना की। यही नहीं, मानस के आधार पर साहित्यिक प्रतिमान भी उन्होंने स्थिर किए और उनका उपयोग अन्य काव्यों को परखने के लिए किया। ऐसा करते समय शुक्ल जी स्वयं भक्ति को और तुलसी के काव्य को धर्म निरपेक्ष रूप में प्रस्तुत करते हैं। यदि वे तुलसी से बँध जाते तो जायसी को स्पष्ट करने के लिए साहित्यिक दृष्टि कहाँ से प्राप्त करते ? जायसी का अध्ययन धर्म निरपेक्ष रूप में ही किया गया है। शुक्ल जी तुलसी के धर्म को (रामभक्ति को) जैसे समझते हैं, वैसे ही जायसी के धर्म को (प्रेम की पीर को) भी समझते हैं। तुलसी का रामचरितमानस जैसे भक्तिकाव्य है, ठीक उसी तरह जायसी के पद्मावत को भी भक्तिकाव्य कहा गया है। भक्त कवियों में कबीर धर्म निरपेक्ष कवि हुए हैं। 'ना हिन्दू ना मुसलमान'—ऐसी उनकी स्थिति थी। हिन्दू तथा मुसलमान दोनों के मेल को कबीर के माध्यम से आचार्य हजारी प्रसाद द्विवेदी ने खूब समझा है और समझाया है। यही नहीं, उन्होंने कबीर की (सन्तों की) परम्परा को स्पष्ट करने के लिए नाथ सम्प्रदाय को भी उजागर किया। यह सारा अध्ययन भक्ति के

1. इतिहास क्या है ? ई० एच० कार, अनुवादक : अशोक चक्रधर, प्रथम हिन्दी संस्करण 1976 ई०, मैकमिलन, नई दिल्ली, पृ० 90

धर्म निरपेक्ष स्यरूप का उजागर करने वाला है।

(13)

आचार्य हजारी प्रसाद द्विवेदी मध्यकालीन साहित्य के मर्मज्ञ विद्वान् हैं। भक्ति साहित्य के विविध रूपों को वे खूब पहचानते हैं। भक्ति साहित्य के धर्म निरपेक्ष स्वरूप को उन्होंने कई जगह स्पष्ट किया है। कुछ उद्धरण नीचे दे रहा हूँ—

"हमारे देश का सांस्कृतिक इतिहास इस मज़बूती के साथ अदृश्य काल-विधाता के हाथों सी दिया गया है कि उसे प्रान्तीय सीमाओं में बाँध-कर सोचा ही नहीं जा सकता। उसका एक टाँका काशी में मिल गया, तो दूसरा बंगाल में, तीसरा उड़ीसा में और चौथा महाराष्ट्र में मिलेगा और पाँचवाँ मलाबार या सीलोन में मिल जाए तो आश्चर्य करने की कोई बात नहीं है।"[1]

और भी—

"श्री क्षिति मोहन सेन ने गोरखनाथ और माया के संवाद-रूप में प्रचलित एक पद पूर्वी बंगाल में सुना था, उससे मिलता-जुलता पद राज-स्थान में दादू के नाम से प्रचलित देखकर उन्हें आश्चर्य हुआ पर वह पद गोरखबानी में गोरखनाथ के नाम पर प्राप्त है और बिहार में जोगीड़ा के रूप में गाया जाता है।"[2]

और भी—

"यदि देशी भाषाओं के साहित्य का अध्ययन उपेक्षित रहेगा, तो यह संभव नहीं हे कि इस महान् धार्मिक उथल-पुथल का सामान्य आभास भी अन्य किसी साधन से प्राप्त हो सके। इस धार्मिक आन्दोलन ने समूचे उत्तर भारत के लोकचित्त को शताब्दियों तक प्रभावित किया है और आज भी बहुत दूर तक कर रहा है।"[3]

और भी—

"हमारी देसी भाषाओं का आदिकाल का साहित्य एक-दूसरे से बुरी तरह उलझा हुआ है और एक-दूसरे का पूरक है। समय आ गया है कि

---

1. विचार प्रवाह, हजारी प्रसाद द्विवेदी, राजकमल संस्करण 1984, पृ० 83-84।
2. वही, पृ० 84-85
3. वही, पृ० 90

सम्पूर्ण रूप को स्पष्ट किया जाये···इस देश की जनता को, उसके विश्वासों को, धर्म परिवर्तन के कारणों को समझने की सामग्री, इस काल के साहित्य में प्रचुर मात्रा में उपलब्ध होगी। इसे समझे बिना हम भारतवर्ष को ही ठीक-ठीक नहीं समझ सकेंगे।"[1]

ये सारे उद्धरण भारतीय संस्कृति संसद, कलकत्ता के 1956 ई० के भाषण से उद्धृत हैं। उक्त भाषण का मुख्य विषय है 'मध्यकालीन साहित्य की परस्पर सापेक्षता'। मध्यकालीन साहित्य धर्म सापेक्ष होते हुए भी उसमें भक्ति के विविध रूप हैं। भारतीय धर्म साधना से भक्ति जुड़ी हुई है। उसमें उलझने और उसका सम्यक् अध्ययन करने से ही हमारे आधुनिक युग के भारत की पहचान बढ़ेगी। द्विवेदी जी ने भक्ति आन्दोलन के कारणों की मीमांसा बहुत विस्तार से की है। वे आधुनिक युग की पहचान मध्यकालीन साहित्य के आधार पर करते हैं और आज के भारत में उन्हें जो विविध दृश्य देखने को मिले उनके कारण को पहचानने का आधार वे मध्यकालीन साहित्य में खोजते हैं। द्विवेदी जी इस पूरी पहचान में धर्म निरपेक्ष दुष्टिकोण अपनाए हुए हैं। भारतीय संस्कृति धर्म निरपेक्ष बाने में विकसित होती रही है और उसमें निरन्तरता विद्यमान है। उसके मूल आधारों को पहचानें तो उसके बने रहने के कारण बतलाए जा सकेंगे। जैसे ग्रियर्सन ने भारत की भाषाओं का सर्वेक्षण किया है, ठीक उसी तरह आधुनिक भारत की धर्मसाधनओं का सर्वेक्षण कर उनका परस्पर सम्बन्ध बतलाने की आवश्यकता है। ऐसा करने पर ही भक्ति के धर्म निरपेक्ष स्वरूप की पहचान बढ़ेगी।

---

1. विचार प्रवाह, हजारी प्रसाद द्विवेदी, राजकमल संस्करण 1984, पृ० 91

परिशिष्ट

सूरदास

(अ) मानवीय संवेदना

भक्त सूरदास का काव्य मानवीय संवेदना का काव्य है, इस नाते यह कभी पुराना नहीं हो सकता। हम जब भी सूरदास का काव्य पढ़ते हैं, हममें यह संवेदना जागती है। हमारे भाव मानवीय हो जाते हैं। सूरदास के काव्य में कथानक महत्त्वपूर्ण नहीं है। कथानक तो सबको ज्ञात है। कथा कहने के लिए सूर ने काव्य लिखा भी नहीं। सूर ने तो ज्ञात कथानक को भाव-गरिमा प्रदान की है। हम तो यह कहेंगे कि संवेदना इतनी प्रबल है कि इसके कारण कथानक के नये आयाम सूर काव्य में उद्‌घाटित हुए हैं। हमें वस्तु के आधार पर भाव को परखने के बजाय, भाव के आधार पर वस्तु को परखना चाहिए। सूर के काव्य में अभिव्यक्त मानवीय संवेदना को स्पष्ट करने का प्रयास यहाँ किया जा रहा है।

(2)

सूरदास ने हमें यह अनुभव करवाया कि कृष्ण हम सबके बीच हैं और वह जन-जन के हैं। वह हमारे समान हैं, हम जैसे हैं और हमारे सुख-दुख के साथी हैं। सूर के कृष्ण में समाज से अलगाव का भाव नहीं हैं। समाज से कृष्ण जुड़ते हैं, और हर स्तर पर जुड़ते हैं, यह उनके कृष्ण की सबसे बड़ी विशेषता है। आधुनिक संदर्भ में जहाँ व्यक्ति समाज से कुछ कट रहा है या अलगाव की स्थितियों से जूझ रहा है, वहाँ सूर का काव्य इस तरह की समस्याओं से जूझने वालों को एक आशा की किरण दे सकता है। सूरदास कृष्णभक्त कवि हैं और इस रूप में उनकी ख्याति है। सूर के कृष्ण को हम व्यक्ति मानें और कृष्ण को छोड़कर और जो वर्ग या समूह सूरकाव्य में हैं, उसे समाज मानें—इस तरह से व्यक्ति और समाज के आपसी सम्बन्धों पर विचार करें। अर्थात् कृष्ण व्यक्ति रूप में समाज से किस तरह से जुड़ते हैं, इस बात को हम परखें। सूर की खूबी यह है कि सूरदास व्यक्ति के रूप में कृष्ण को अलग से जानते हैं और उनके समाज में जुड़ने वाले रूप से भी वे परिचित हैं। यद्यपि सूरदास उस कृष्ण का वर्णन अधिक करते हैं, जो समाज से अधिक जुड़ता है, तथापि सूरदास व्यक्ति कृष्ण को भूलते नहीं हैं। व्यक्ति कृष्ण की महिमा का

बखान करते हुए, उस कृष्ण को जनमानस में बसाने का कार्य सूर ने अपने काव्य में किया है। सूर का काव्य इसीलिए मानवीय संवेदना का काव्य है।

(3)

सूर के पदों में 'जन' शब्द का प्रयोग मिलता है। कृष्ण ने जनता के हित के लिए क्या नहीं किया? उसके समान ठाकुर और कौन है? उसके समान मित्र कौन है? उसके समान सखा कौन है? अगर जनता से या उसके अपने आदमियों से कुछ भूल हो भी जाती है तो करुणामय प्रभु सब ठीक कर लेते हैं। कुछ पंक्तियाँ—

'काऊ न कियौ जन-हित जदुराई?' (सूरसागर, प्रथम खण्ड, पद सं० 6)
'हरि सौं ठाकुर और न जन कौं।' (वही, पद संख्या 8)
'हरि सौं मीत न देख्यौ कोई।' (वही, पद संख्या 10)
'जन की और कौन पति राखै?' (वही, पद संख्या 15)
'नाथ अनाथन ही के संगी।' (वही, पद संख्या 21)
'जे जन सरन भजे बनवारी।
ते ते राखि लिए जग-जीवन, जहँ जहँ बिपति परी तहँ भारी॥'
(वही, पद संख्या 22)

'माधौ जू, जौ जन तैं बिगरै,
तउ कृपाल, करुनामय केसव, प्रभु नहिं जीय धरै।'
(वही, पद संख्या 117)

यहाँ पदों की प्रथम पंक्तियाँ ही दी गई हैं। इन पंक्तियों में ही सम्बन्ध भावना व्यक्त हो जाती है। इस सम्बन्ध भावना में भक्तिभाव है। इस भक्तिभाव को मंगलमय भाव मानना चाहिए। ऐसे सम्बन्ध भाव जिसमें कल्याण कामना व्यक्त होती है, उसे मंगलमय मानना चाहिए। ऊपर दिए गए पदों की प्रथम पंक्तियों में जनकल्याण की भावना है। कृष्ण का जनता से (व्यक्ति रूप में समाज से) जो सम्बन्ध दिखलाया गया है, उस सम्बन्ध में विशेष अवलोकनीय तथ्य यह है कि समाज ने (भक्तों ने) कृष्ण को (व्यक्ति को) जिस रूप में अनुभव किया, उस रूप को सूर ने अपने पदों में विस्तार से व्यक्त किया है। कृष्ण की पहुँच जनसमुदाय में जितने व्यापक स्तर पर हो गई है और इसे जनमानस जिस-जिस रूप में स्वीकार करता आया है, इसे सूरदास ने स्पष्ट किया है। यों कहना चाहिए कि मानवीय स्तर पर प्रभु कृष्ण घर-घर में पहुँच कर उनके अपने कृष्ण कैसे हो गए हैं, इस

बात का अनुभव सूरदास ने हमें करवाया है।

(4)

राम की तुलना में कृष्ण की पहुंच मानवीय वृत्तियों के परिप्रेक्ष्य में जन-समुदाय में अधिक है। कृष्ण हमें अपने निकट लगते हैं। उनसे हमें भय का अनुभव नहीं होता और वे सहज ही में अपने हो सकते हैं, इस बात का अनुभव होता है। रामचरित और कृष्णचरित की तुलना करते हुए श्री सरस्वती प्रसाद चतुर्वेदी ने लिखा है—

"रामचरित की तुलना में, कृष्ण का चरित यह विशेषता रखता है। वह लोकाग्रही और सहज धर्म का प्रतिष्ठाता है, संयम और नियम का विधाता नहीं। इसलिए उसको लोक में अद्‌भुत प्रतिष्ठा मिली और आनन्द बरसाने वाले कृष्ण के चरित ने लोक की कल्पनाओं में उत्तरोत्तर विस्तार प्राप्त किया। उनके चरित के सम्बन्ध में लोकवाणी में जो भी उदात्त कल्पनायें होती रहीं, उनका संकलन पीछे आकर पुराणों में हो गया। वाल्मीकि रामायण के समान कृष्णचरित पर कोई सम्यक् इतिहास हमें प्राप्त नहीं है। महाभारत में भी पीछे अध्याय के अध्याय उनकी भक्ति में प्रक्षिप्त किए गए। लेख-कथाओं में संवलित होने के कारण ही कृष्णचरित ने पुराण नहीं, पुराणों का रूप लिया। रामचरित ने अपने को पुराण नहीं बनाया।"[1]

कहना यह है कि कृष्णचरित को लोककल्पनाओं का आधार अधिक मिला है। यह अपने-आप में इस बात का प्रमाण है कि कृष्ण की पहुँच लोक में व्यापक रूप में है। कृष्णचरित को इस तरह से व्यापक बनाने में (लोककल्पना को आधार देने में) भक्त सूरदास का मौलिक योगदान है। इस मौलिक योगदान की ओर हमारा ध्यान सहज में नहीं जाता। डॉ० ब्रजेश्वर वर्मा ने इस बात की पुष्टि करते हुए लिखा है—

"सूरदास ने नये-नये प्रसंगों की उद्‌भावना करके अपनी कल्पना शक्ति का जो परिचय दिया है, उसे देखकर आश्चर्य होता है। वास्तव में हम सूरदास की मौलिकता को इस कारण प्रायः भूल जाते हैं कि उनके द्वारा वर्णित कृष्ण की कथा ही जनसमाज में प्रचलित है और वह अत्यन्त सु-परिचित हो गई है। उसी कथा को लेकर परवर्ती कवियों ने कृष्णभक्ति काव्य

---

1. भारतीय भाषाओं में कृष्णकाव्य, प्रथम खण्ड, सम्पादक : डॉ० भगीरथ मिश्र, पृ० 14

अथवा कृष्ण विषयक ऐहिकतामूलक काव्य की रचना की है। सूरदास के द्वारा चित्रित कृष्ण, राधा, गोपी, उद्धव आदि सभी चरित्र परवर्ती कवियों के उपजीव्य रहे हैं। सूरदास ने कृष्णकथा के इस पक्ष को इतना अधिक सर्व-सामान्य बना दिया है कि हम प्रायः भूल जाते हैं कि इसका श्रेय एकमात्र सूरदास को है।"[1]

इस बात की खोज की जानी चाहिए कि सूरदास के काव्य में कृष्ण के कथानक-सम्बन्धी उद्‌भावनायें कौन-कौन-सी हैं। प्रस्तुत निबंध में इन उद्‌भावनाओं के मूल कारणों की ओर संकेत करना प्रयोजन है। इस प्रयोजन का उत्तर खोजते समय हम इस बात का अनुभव करते हैं कि सूरकाव्य की उद्‌भावनाएँ मानवीय संवेदना पर आधारित हैं।

(5)

सूरदास का एक पद इस प्रकार है—

जेंवत कान्ह नंद इकठौरे।
कछुक खात लपटात दोउ कर, बालकेलि अति भौरे॥
बरा कौर मेलत मुख भीतर, मिरिच दसन टकटौरे।
तीछन लगी नैन भरि आए, रोवत बाहर दौरे॥
फूँकति बदन रोहिनी ठाड़ी, लिए लगाई अँकौरे।
सूरस्याम को मधुर कौर दे कीन्हे तात निहौरे॥

सूरसागर, प्रथम खण्ड, पद संख्या (224/842)

पद में भाव है और कथानक भी है। दोनों में भाव प्रधान है और भाव की अभिव्यक्ति में कथानक अपने-आप बन गया है। कथानक क्या—एक प्रसंग है। यह प्रसंग, नंद के साथ बैठकर कृष्ण के भोजन करने का है। क्या यह वर्णन (वर्णन की दृष्टि से या कथानक की दृष्टि से) बहुत आवश्यक है? ऐसी बात नहीं है। हम पद को पढ़ने के बाद भी पद के कथानक की ओर ध्यान नहीं देते। हम तो इस सारे प्रसंग में कृष्ण के प्रति जो भाव व्यक्त किया गया है, उसे देखते हैं। फिर यह पद ऐसा है, जिसमें तथ्य अधिक हैं, अलंकार कम हैं। ये तथ्य चित्र रूप में प्रसंग का बोध करवा देते हैं। सब कुछ अभिधात्मक है। कान्ह (कृष्ण) और नंद साथ-साथ बैठकर भोजन कर रहे हैं। कान्ह कुछ खाते हैं, कुछ अपने दोनों हाथ से लपटा लेते हैं। यह बालकेलि है। बालविनोद कहिए। बड़ा कौर मुख में लेते

1. भारतीय भाषाओं में कृष्णकाव्य, सम्पादक : डॉ० भगीरथ मिश्र, पृ० सं० 332

समय दाँतों तले मिरच आ जाती है। उसी क्षण उसकी आँखों में आँसू आ जाते हैं। रोते हुए बाहर की ओर दौड़ते हैं। माता रोहिणी बदन फूंकने लगती हैं और छाती से लगा लेती हैं। बाद में मधुर कौर देकर कृष्ण को शान्त किया जाता है।

यह सारा प्रसंग सूरदास ने जिस रूप में प्रस्तुत किया है, वह भाव को व्यक्त करने के लिए है। इसमें कथानक का उद्भव हुआ है। कृष्थ का नाम और इसी तरह नंद तथा रोहिणी का नाम इसमें न रहे और यही वर्णन किया जाए, तो सम्भवतः हमारे मन में वह भाव न जागे, जो इस पद को पढ़ने से जाग जाते हैं। प्रसंग में आए हुए पात्र विशेष हैं और उनके प्रति विशेष संस्कारमयी भावना हमारे मन में पहले से ही है। इन संस्कारों के कारण ही हम यह कहते हैं कि सूर ने ज्ञात कथानक को अपने काव्य का आधार बनाया।

भाव अमूर्त होता है और मानवीय व्यवहारों में व्यक्त होता है। इन व्यवहारों का वर्णन किए बिना भाव को कैसे स्पष्ट किया जा सकता है? सूरदास के काव्य में कथानक का भाग मानवीय व्यवहारों के रूप में है, घटनाओं के रूप में नहीं। ये व्यवहार ऐसे हैं, जो जनसाधारण के दैनिक जीवन में देखे जा सकते हैं। इन व्यवहारों के साथ कृष्ण को जोड़कर सूरदास ने कृष्ण को घर-घर में पहुँचा दिया है।

कृष्ण के लालन-पालन में माता जसोदा और पिता नंद का जो व्यवहार कृष्ण के साथ दिखलाया गया है, उसमें मातृ-सुख तथा पितृ-सुख की भावना है। यह मातृ-सुख या पितृ-सुख की भावना सार्वभौमिक है। हर माता के मन में और हर पिता के मन में यह भावना अपने पुत्र के प्रति देखी जा सकती है। भोजन करना दैनिक दिनचर्या का भाग है और जिसके बिना लालन-पालन पूरा कैसे हो? ऊपर जो पद दिया गया है, उसमें नंद अपने पुत्र के साथ बैठकर भोजन कर रहे हैं। साथ बैठकर भोजन करने में ही सुख है। 'जेंवत कान्ह नंद इकठौरे'—पंक्ति में पितृ-सुख का भाव है। इस पंक्ति में काव्यमय संवेदना यह है कि पिता और पुत्र एक साथ भोजन कर रहे हैं। इस बात का हमें बोध ही नहीं होता अपितु हम यह भी अनुभव कर लेते हैं कि इसमें इस व्यवहार से पिता-पुत्र के सम्बन्ध-भाव का सुख भी व्यक्त है। पूरे पद में कृष्ण का व्यवहार जिस तरह से प्रस्तुत है, वह बाल-सुलभ व्यवहार है और उसको प्रसन्न करने का भाव मातृ-सुख और पितृ-सुख से सम्बन्धित है। कहते हैं, भगवान् बालकों में बसते हैं—वे अबोध होते हैं और उनका व्यवहार कौतुकास्पद होता है। बाल-लीलाओं से सबका मन प्रसन्न होता है और सबको इससे सुख मिलता है। सूर के कृष्ण आनन्द बरसाने वाले हैं। यह आनन्द सूर के कारण सबको सुलभ हुआ है।

(6)

मानवीय संवेदना का अनुभव मानवीय व्यवहारों के आधार पर हो सकता है। दैनिक जीवन का साधारण से साधारण कर्म भी हमारी संवेदना का भाग हो सकता है। जिन कर्मों को सामान्य रूप में कथा कहते समय हम कहना नहीं चाहेंगे, वे कर्म भी व्यवहार में हमें नित्य कर्म के रूप में करना ही पड़ता है। इन कर्मों को आचरण कहें या लीला कहें, यह विचार करने की बात है। नहाना हो या सोना हो या भोजन करना हो, कोई कर्म हो, इनको धार्मिक विधि-विधान से किया जायेगा, तो यह आचरण हो जायेगा और सहज रूप में किया जायेगा तो लीला कहना चाहिए। कर्म वही है किन्तु हमारी भावनाओं के आधार पर हम उसे आचरण के अन्तर्गत लेते हैं और उसी को लीला भी कहते हैं। आचरण में नैतिक संस्कार तथा विधि-विधान है, जबकि लीला में यह सब नहीं है। लीला में जीवन की सहज वृत्ति प्रधान है। यहाँ, यह भी स्पष्ट कर दें कि सूरदास ने कृष्ण के जिन कर्मों का (चाहे वह कोई कर्म हो) वर्णन किया है, उन सबको लीलायें कहा जा सकता है। सब कुछ कृष्णलीला ही तो है। किन्तु वे ही सब कर्म कृष्ण न करें, हम सब करें, तो क्या उनको लीला कहा जायेगा ? निश्चित ही हमारा संस्कारी मन हमारे अपने कर्मों को लीला कहना स्वीकार न करे। भगवान् सोते भी हैं, तो लीला है और नहाते भी हैं, तो लीला है और खाते भी हैं, तो लीला है। हमें इस बात का संदेह हो सकता है कि ऐसा क्यों ? सूर ने जिन मानवीय व्यवहारों का वर्णन किया है, वे सभी व्यवहार ऐसे हैं, जो हर घर में दैनिक जीवन में देखे जा सकते हैं। हम इस बात की कल्पना कैसे करें कि स्वयं भगवान कृष्ण भी हम जैसे व्यवहार करते हों। यदि वे ऐसा करते हैं, तो उनकी शक्ति और महिमा पर हमारा विश्वास होने के नाते उनके सहज कर्म को (जो हम जैसा है और हम सब को जिससे सुख मिलता है) हम लीला (जीवन को सहज खेल मानने के कारण) कहेंगे। सूर ने सहज वर्णन करते-करते बहुत-से स्थानों पर हमें इस बात का परिचय देने का प्रयत्न किया है कि भगवान ने यह सब व्यवहार हम सबको सुख देने के लिए किया है। कुछ पंक्तियाँ प्रमाण में दी जा रही हैं—

सोवत नींद आइ गइ स्यामहिं।
महरी उठि पौढ़ाइ दुहुँनि कौं आपु लगी गृह कामहिं॥
बरजति है घर के लोगनि कौं, हरुऐं लै-लै नामहिं।
गाढ़ें बोलि न पावत कोउ, डर मोहन बलरामहिं॥
सिवसनकादि अंत नहिं पावत, ध्यावत अह-निस-जामहिं॥
सूरदास प्रभु ब्रह्म सनातन, सो सोवत नंद-धामहिं॥

515/1133, सूरसागर

इन पंक्तियों से स्पष्ट है कि नंद के धाम में सोने वाले श्रीकृष्ण, नंद तथा जसोदा दोनों को सुख दे रहे। शिव तथा सनकादिकों को जिनकी थाह नहीं मिल पाती, वे प्रभु नंद तथा जसोदा को सुलभ हो गए हैं। व्यक्ति रूप में श्रीकृष्ण जितने महान हैं उसकी थाह पाना परम ज्ञानियों के लिए भी कठिन है किन्तु सूर ने ऐसे पुरुषोत्तम को सभी प्रकार के मानवीय व्यवहार करते दिखलाए हैं। वे शिशु रूप, बालरूप, किशोर रूप में हम सबका रंजन करते हैं और उनके साहचर्य के कारण सबको सुख प्राप्त होता है। श्रीकृष्ण को ब्रह्म सनातन मानें (माना गया है) तो वे ब्रह्म सनातन व्यक्ति रूप में इतने ऊँचे हैं कि उनकी अनुभूति के लिए (रहस्यात्मक अनुभूति के लिए) उनके सदृश होना पड़ेगा। ऐसा समाज में सब व्यक्तियों के लिए कठिन है। अत: प्रभु स्वयं समाज से जुड़ने के लिए समाज के सामान्य स्तर तक उतर आए हैं। व्यक्ति का इस स्तर से समाज से जुड़ना समाज के कल्याण के लिए है। इस जुड़ने में उनके मानवीय व्यवहारों को लीला कहा गया है। प्रभु हम सबकी तरह व्यवहार करें, तो वह सब लीला है।

(7)

सूर के कृष्ण और सब कुछ होते हुए भी जननायक हैं। वे जनता के बीच में हैं। सबसे जुड़ते हैं और सबके साथ मानवीय व्यवहार करते हैं और उनका यह व्यवहार ऐसा है कि उनके साथ जो जुड़ा है, उसे परम सुख सहज में उपलब्ध हुआ है। हम जब सूरसागर पढ़ने लगते हैं, तो हमारा ध्यान पदों के कथानक की ओर नहीं जाता। हम तो सीधे कृष्ण को समाज के बीच उपस्थित अनुभव करते हैं और उस अनुभव में उनके हर प्रकार के व्यवहार को मानवीय संवेदनाओं से युक्त देखने लगते हैं। इस संवेदना को वाणी प्रदान कर सूर ने जो कार्य किया है, उसे क्या कहें? हम तो इतना ही कह सकते हैं कि सूर काव्य के पठन-पाठन से हम सबको मानवीय संवेदना प्राप्त होती है। हमें मनोबल मिलता है तथा जीवन सुख-मय प्रतीत होता है। सूर ने कहा भी है—

> सूरदास समुझे की यह गति, मनहीं मन मुसुकायौ।
> कहि न जाइ या सुख की महिमा, ज्यौं गूंगैं गुर खायौ॥
>
> सूरसागर, 13/407

(आ) आधुनिक परिप्रेक्ष्य

सूर साहित्य के मूल में भक्ति भावना है। अतः सूर साहित्य के आधुनिक परिप्रेक्ष्य पर विचार करते समय हमारा ध्यान 'भक्ति' पर प्रथमतः जाता है। प्रश्न यह है कि हम 'भक्ति' का विश्लेषण आधुनिक सन्दर्भ में, आज की आवश्यकताओं को ध्यान में रखते हुए किस प्रकार करते हैं। इसी तरह यह भी प्रश्न है कि 'भक्ति' को हम व्यक्तिमूल्य मानते हैं या सामाजिक मूल्य? सूरदास की भक्ति में व्यक्ति प्रधान है या समाज इस पर विचार होना चाहिए। सूरदास ने भक्त और भगवान् का सम्बन्ध बतलाते हुए मानवीय संवेदनाओं को किस प्रकार अभिव्यक्त किया, इस बात की चर्चा भी उसी तरह आवश्यक है। ठीक ऐसे ही सूर साहित्य हमें धर्म से प्रभावित साहित्य लगता है या नहीं, इस बात पर बहस करना जरूरी है। इन्हीं सब प्रश्नों को ध्यान में रखते हुए सूर साहित्य के आधुनिक परिप्रेक्ष्य पर विचार किया जा रहा है।

भक्ति : आधुनिक सन्दर्भ में

भक्ति भावना सम्बन्ध भावना है। यह सम्बन्ध भक्त और भगवान् दोनों के बीच है। सूरदास ने इस भक्ति भावना को जिस रूप में अभिव्यक्त किया है, उसे हमें समझाने के लिए सम्बन्ध भावना के विभिन्न स्तरों का विश्लेषण करना होगा। स्थूल रूप में हम यह विश्लेषण दो-तीन स्तरों पर कर सकते हैं—

(1) विनय
(2) वात्सल्य और
(3) श्रृंगार

विनय : विनय के पदों में सूर का भक्तिभाव प्रत्यक्ष व्यक्त होता है। इन पदों में कृष्ण के प्रति सूर का सीधा आत्मनिवेदन है। प्रधान रूप से कृष्ण के लिए संबोधन रूप में जो नाम अधिक व्यवहार में आए हैं, उनमें 'हरि', 'गोविंद' के साथ-साथ 'प्रभु' और 'ठाकुर' भी हैं। वैसे गोपाल, माधोजू, गिरिध

श्याम, घनस्याम आदि नाम भी हैं। कृष्ण को अनेक नामों से संबोधित करने में हम कृष्ण को किस रूप में आँकते, समझते अनुभव करते तथा मानते हैं, इस बात की अभिव्यक्ति हो जाती है। सूरदास ने व्यक्तिरूप में आत्म-निवेदन जहाँ-जहाँ किया है, वहाँ 'प्रभु' और 'ठाकुर' नाम प्रधान रूप से आए हैं। हरि, गोविन्द, घनस्याम, श्याम, गोपाल, मुरारी आदि नामों के संबोधन में कृष्ण के अलग-अलग सन्दर्भ हैं और इन सन्दर्भों की खोज होनी चाहिए। प्रस्तुत निबन्ध में 'विनय' पर हम विचार कर रहे हैं। अत: कृष्ण के पर्यायी नामों को छोड़कर केवल सम्बन्ध भाव व्यक्त करने वाले नामों पर विचार करना चाहिए। 'हरि' नाम की प्रधानता का कारण यह हो सकता है कि 'हरि, हर, ब्रह्मा' में 'हरि' नाम अवतारों की दृष्टि से प्रधान है। दशावतार लेने वालों में 'हरि' का नाम ही प्रधान है। कृष्ण हरि के अवतार ही हैं अत: विनय के पदों में मूल नाम का प्रयोग संबोधन में अधिक हुआ है। अलग-अलग अवतारों में अलग-अलग नाम हैं किन्तु मूल रूप में वे हरि ही हैं। अवतारी नामों से हटकर जब सम्बोधन सामाजिक सम्बन्ध भावों में व्यक्त हो तो उसी के आधार पर हमें भक्तिभाव का विश्लेषण करना चाहिए। इस दृष्टि से 'प्रभु' और 'ठाकुर' ये दोनों ही सम्बोधन विचारणीय प्रतीत होते हैं—दोनों से सम्बन्धित एक-एक पद नीचे प्रस्तुत हैं—

1. प्रभु कौ देखौ एक सुभाइ।
   अति गंभीर-उदार-उदधि हरि, जान-सिरोमनि राइ।
   तिनका सौं अपने जनकौ गुन मानस मेरु-समान।
   सकुचि गनत अपराध-समुद्रहि बूँद-तुल्य भगवान।
   बदन-प्रसन्न-कमल सन्मुख ह्वै देखत हौं हरि जैसैं।
   बिमुख भजे अकृपा न निमिषहुँ, गिरि चितयौं तौं तैसैं।
   भक्त-बिरह-कातर करुनामय, डोलत पाछै लागै।
   सूरदास ऐसे स्वामी कौं देहि पीठि सो अभागे।[1]

2. हरि सौं ठाकुर और न जन कौं।
   जिहिं जिहिं बिधि सेवक सुख पावै, तिहिं बिधि राखत मन कौं।
   भूख भए भोजन जु उदर कौं, तृषा सोय, पट तन कौं।

1. सूरसागर, पहला खण्ड, संपादक : श्री नन्ददुलारे वाजपेयी, पृ० 3, पद सं० 8

लग्यौ फिरत सुरभि ज्यौ सुत-संग, औचट गुनिगृह बन कौं।
परम उदार, चतुर चिंतामनि, कोटि कुबेर निधन कौं।
संकट परैं तुरत उठि धावत, परम सुभट निज पन कौं।
कोटिक करैं एक नहिं मानै सूर महा कृतघन कौं।[1]

प्रभु और ठाकुर दोनों में 'प्रभु' का रूप ही प्रधान है—

यहै सुभाव, सूर के प्रभु कौं[2]
महामोह मैं पर्‌यौ सूर प्रभु[3]
सूरदास प्रभु सब सुखसागर[4]
सूरदास ऐसे प्रभु तजिकै[5]
प्रभु तेरौ बचन भरोसौ सांचो।[6]
सूरदास प्रभु भक्तबछल हैं।[7]......आदि-आदि।

कहना यह है कि सूरदास कृष्ण को अपना प्रभु और ठाकुर मानते हैं। दीन-दयाल, पतितपावन, भक्तवत्सल, करुनामय, करुनानिधान आदि नामों से कृष्ण को संबोधित करने पर भी ये नाम प्रभु तथा ठाकुर के लिए प्रयुक्त ऐसे विशेषण हैं, जो विशेष्य हो गए हैं।

विनय के पदों में 'सूरदास' स्वयं को जन-प्रतिनिधि के रूप में प्रस्तुत करते हैं—

हरि सौं ठाकुर और न जन कौं[8]
का न कियौ जन-हित जदुराई।[9]
जन की और कौन पति राखै?[10]

1. सूरसागर, पहला खण्ड, सम्पादक : श्री नंददुलारे वाजपेयी, पद सं० 9
2. वही, पद सं० 12
3. वही, पद सं० 16
4. वही, पद सं० 22
5. वही, पद सं० 31
6. वही, पद सं० 32
7. वही, पद सं० 38
8. वही, पद सं० 9

और न काहुँहि जन की पीर[1]
हरि के जन की अति ठकुराई[2]
जन के उपजत दुख किन काटत[3]
माधो जू जौ जन तैं बिगरे[4]......आदि-आदि।

सूरदास की भक्ति पर विचार करते समय हमें ठाकुर या प्रभु (प्रधान रूप से प्रभु ही) के साथ-साथ 'जन' शब्द के सम्बन्ध भाव पर विचार करना चाहिए।

वात्सल्य : सूर का वात्सल्य भाव प्रसिद्ध है। इस क्षेत्र में वे शिरोमणि माने गए हैं। हम भक्तिभाव की दृष्टि से वात्सल्य भव को परखें। इस रूप में देखने पर कृष्ण स्वयं दिव्य शिशु के रूप में हमारे सामने आते हैं और इस दिव्य शिशु के साथ के जो सम्बन्ध भाव व्यक्त हुए हैं, वे भाव देवकी-वसुदेव, नंद-जसोदा के ही नहीं उनके ब्याज से सभी गोकुल वासियों के तदनुसार ब्रजवासियों के और व्यापक रूप में हम सब के हो जाते हैं। कहा है—

बड़भागी वै सब ब्रजबासी। जिनकैं सँग खेलैं अबिनासी।
जा रस ब्रह्मादिक नहिं पावै। सो रस गोकुल-गलिनि बहावै।[5]

विनय के पदों से वात्सल्य के पद इस अर्थ में भिन्न हैं कि इन पदों में सम्बन्ध भाव प्रत्यक्ष व्यक्त न होकर 'शिशु' के साथ सम्बन्ध रखने वाले सभी पात्रों के माध्यम से व्यक्त होते हैं। इस भावाभिव्यक्ति में वसुदेव-देवकी, नंद-जसोदा तथा ब्रजवासियों के भाव हैं। कृष्ण सब को शिशुरूप में सुलभ हैं। इस रूप में भक्ति भावना में 'शिशुरूप' में दिव्य संभावनाएँ व्यक्त हुई हैं। भाव का आनन्द प्रधान है। वात्सल्य भाव के रूप में भक्ति अपने-आप में मंगल कामनाओं से युक्त रूप में तो व्यक्त हुई ही है, इसके साथ-साथ वह अपने-आप में एक बहुत बड़े सम्बल या आधार को हस्तामलक किए हुए है, जिसमें मानवीय सम्बन्धों का मधुर, शुभ तथा सहज

1. सूरसागर, पहला खण्ड, संपादक : श्री नंददुलारे वाजपेयी, पद सं० 17
2. वही, पद सं० 39
3. वही, पद सं० 107
4. वही, पद सं० 117
5. वही, पद सं० 621

रूप वर्तमान है। सूर के वात्सल्य पक्ष को भक्तिभाव के साथ जोड़ना इसलिए संगत है कि सूर के दिव्य शिशु स्वयं सूर के प्रभु और ठाकुर हैं।

शृंगार : 'शृंगार' शब्द शास्त्रीय है और रीतिकालीन है, ऐसा हम कह सकते हैं। इस शब्द में आधुनिकता का संस्पर्श न मिले तो 'प्रेम' शब्द का प्रयोग किया जा सकता है। शृंगार में जीवन का मधुर पक्ष है। शास्त्रीय दृष्टि से शृंगार को रसराज कहा गया है। शृंगार में नायक और नायिकाएँ दोनों पक्षों से सम्बन्ध भाव व्यक्त होता है। सूर के काव्य में गोपियों के भाव इसी प्रकार के हैं। गोपियों के साथ-साथ राधा का नाम विशेष रूप से आता है। गोपीभाव, राधाभाव का इस दृष्टि से अलग-अलग रूप में शास्त्रीय तथा दार्शनिक दृष्टियों से विचार किया जाता है। यहाँ इस विस्तार में न जाते हुए केवल इतना कहना है कि 'प्रेम' का यह वर्णन मानवीय सम्बन्धों को किन रूपों में अभिव्यक्त करता है और इसका भक्ति के साथ क्या सम्बन्ध है। सूर की भक्ति भावना में 'प्रेम' की प्रधानता है, इसे तो सभी स्वीकार करते हैं। यह प्रेम गोपियों में तथा ब्रजवासियों में इतना व्याप्त दिखलाया गया है कि इस अनुभव को तर्क तथा दर्शन के आधार पर दूर नहीं किया जा सकता। उद्धव का सारा प्रयत्न विफल हुआ है। उद्धव-गोपी संवाद इस दृष्टि से महत्त्वपूर्ण है। प्रेम की इस व्यंजना में सगुण पक्ष उभरा है और कृष्ण को इस नाते से देखा गया है। शृंगार के इस सम्बन्ध भाव को भी या सूर की प्रेम-व्यंजना को भी भक्ति का अंग ही मानते हैं।

सूर साहित्य में अभिव्यक्त भक्ति के इन प्रधान स्तरों को कहने के बाद अब हम आधुनिक सन्दर्भ में भक्ति का विश्लेषण करें। भक्ति में समर्पण का, अपने को देने का तथा उत्सर्ग करने का भाव होता है। भक्ति-भाव से आत्मा निर्मल होती है और जीवन को सम्बल प्राप्त होता है। भक्तिभाव में संजीवनी शक्ति पाई जाती है। जो भाव जीवन प्रदान करें, उसे संजीवनी न कहें, तो क्या कहें? आचार्य शुक्ल जब 'भक्ति' को धर्म की रसात्मक अनुभूति कहते हैं, तो वे 'भक्तिभाव' की महिमा ही बतलाते हैं। आधुनिक सन्दर्भ में भक्ति के लिए नया शब्द कहना चाहें, तो आस्था कह लीजिए। भक्ति में जीवन की आस्था है। भक्ति के साथ जीवन के वे मूल्य जुड़े हुए हैं, जो हमें वांछित हैं और जिन्हें हम साकार रूप में जीवन में देखना और अनुभव करना चाहते हैं। भक्ति में जीवन का शुभ और कल्याणकारी रूप है। इस भाव को जो पा लेता है या अनुभव कर लेता है, उसे अनास्था का संकट झेलना नहीं पड़ेगा। प्रश्न यह है कि सूर-साहित्य में अभिव्यक्त भक्ति-भावना को हम आधुनिक सन्दर्भ में जीवन

के मूल्य मान कर कैसे चलें ?

भक्ति : व्यक्तिमूल्य के रूप में

सूर साहित्य में अभिव्यक्त भक्ति भावना में 'प्रेम' की प्रधानता है। वात्सल्य और शृंगार में तो यह भाव प्रधान है ही, विनय के पदों में भी 'प्रेम' की वृत्ति प्रधान है। प्रेम में व्यक्ति प्रधान होता है। देवकी कृष्ण से प्रेम करती हैं, वसुदेव कृष्ण से प्रेम करते हैं और ठीक इसी तरह नंद, जसोदा और सब ब्रजवासी कृष्ण से प्रेम करते हैं। उनका यह प्रेम सूर साहित्य में व्यक्ति-स्तर पर है। प्रत्येक व्यक्ति अपने-आप में कृष्ण से प्रेम करते हुए कृष्ण से इस तरह जुड़ा हुआ है, जैसे कि वह उसकी अपनी भावना है और उस भावना से वह जीवन के मूल्य प्राप्त करता है। इस भावना का जो आनन्द है, उस आनन्द को सूर ने अपने साहित्य में ऐसे अभिव्यक्त किया है कि हम भी उस कृष्ण को व्यक्तिस्तर पर प्रेम करने लगते हैं। व्यक्तिस्तर पर व्यावहारिक रूप में प्रेम का जो विधान संभव है, उसकी सभी बारीकियाँ सूर साहित्य में उपलब्ध हो सकती हैं। सूर की इस प्रेमव्यंजना के व्यावहारिक पक्षों का उद्घाटन होना चाहिए। जब कोई किसी से प्रेम करने लगता है और प्रेम को जीवन मूल्य के रूप में स्वीकार कर लेता है, तो उस प्रेम की परीक्षा में अपने को परिपूर्ण रखने के प्रयत्न में वह सदा लगा रहता है। कृष्ण से प्रेम करने वाले सूर साहित्य के सभी पात्रों की यह स्थिति दिललाई गई है।

भक्ति : सामाजिक मूल्य के रूप में

भक्ति के सामाजिक मूल्य पर विचार करते समय हमारा ध्यान भक्त पर नहीं भगवान् पर जाएगा। सूर साहित्य में भक्ति का सामाजिक मूल्य कृष्ण के चरित्र के रूप में है। हम कृष्ण का चरित्र न कहकर कृष्ण का व्यक्तित्व कहें तो और अधिक उपयुक्त होगा। सूर के कृष्ण भक्तजनों के लिए लीला करते हैं। सूर का गायक मन उन लीलाओं को तन्मय होकर गाता है। इस सम्बन्ध में डॉ० सत्येन्द्र ने लिखा है—

> "सूर ने भागवत पढ़ी नहीं थी, सुनी थी। सूर को भागवत की कथा से, कृष्ण की कथा से कृष्ण की लीला के दर्शन मिले। तत्कालीन भक्तों की इसमें आस्था थी। सूर की कल्पना में भागवत कथा ने कृष्ण के जिस स्वरूप को उदय किया, उसी की लीलाएँ उन्होंने गाईं। सूर की कल्पना में कृष्ण सजीव हो उठे हैं—क्या ये कृष्ण उसी प्रकार उनकी कल्पना में आए हैं जिस प्रकार किसी उपन्यासकार की कल्पना में उसकी कहानी के पात्र अथवा किसी महाकाव्य के कवि की कल्पना में उसका नायक। दोनों की कल्पना के स्वरूप में संभवतः भेद नहीं किया जा सकेगा, पर उनके गुण और स्वभाव में

महदन्तर है ! सूर की कल्पना आस्था-विश्वास की जिस भूमि पर निर्मित हुई है, वह औपन्यासिक पात्र की कल्पना में कहाँ ? सूर के लिए जो कृष्ण हैं, वे उनकी सृष्टि नहीं, उनकी लीलाएँ हैं, जो वे भक्ति-निमित्त करते हैं। सूर उन लीलाओं को देखते हैं और गद्‌गद होकर उन्हें स्वयं ठाकुर जी को सुनाते हैं। सूर के लिए कृष्ण का अस्तित्व और उनकी लीलाएँ उनके निजी अस्तित्व से भी अधिक सत्य हैं। वे भूलकर भी उन्हें न मिथ्या मान सकते हैं, न कल्पना, तभी वे इतने तन्मय हो उठते हैं। तभी वे इतने गद्‌गद हो उठते हैं। तभी वे प्रत्येक लीला के पद पर पद गाते चले जाते हैं—थकते नहीं। प्रत्येक पद में उनकी प्रेषणीयता अधिकाधिक खिलती जाती है। पाठक से भी उनकी अनुभूति का तादात्म्य हो जाता है।"[1]

कृष्ण का यह रूप चरित्र गान के रूप में नहीं, अपितु अनुभूत ज्ञान के रूप में है। सूर ने कृष्ण की कथा वस्तुमूलक रूप में नहीं, भावमूलक रूप में लिखी है। और ये भाव सूर साहित्य में व्यक्त उन सब पात्रों के हैं, जो अपने को किसी-न-किसी रूप में कृष्ण से जोड़ते हैं। सूर ने अपने आराध्य कृष्ण को जन-मन में रमाया है। सामूहिक रूप में कृष्ण व्यक्तिमूल्यों का आधार लिए हुए हैं। सूर की भक्ति भावना में हम समाज की अपेक्षा व्यक्ति को ही प्रधान रूप से अनुभव करते हैं।

भक्ति अपने-आप में सामाजिक अनुभूति है। कारण यह है कि इस अनुभूति में साजाजिक बोध है। भक्त जब भगवान् को मानता है, तो उसकी यह मान्यता, उसकी अपनी होते हुए भी, यदि इस मान्यता में सामाजिक स्वीकृति न हो तो, इस मान्यता को हम भक्ति के रूप में स्वीकार न करेंगे। भक्ति में श्रद्धा का पक्ष सामाजिक होता है और प्रेम का पक्ष वैयक्तिक। यह ठीक है कि सूर की भक्ति में 'प्रेम' की प्रधानता है और इस नाते सूर की भक्ति में व्यक्तिमूल्य प्रधान हैं किन्तु सूर की भक्ति में श्रद्धापक्ष भी है। श्रद्धा का मेल हुए बिना प्रेम को भक्ति का रूप प्राप्त नहीं हो सकता। श्रद्धा सामाजिक अनुभूति है। इसमें दूसरे की महत्ता की स्वीकृति का भाव है और यह भाव समाज के मंगल का विधान करता है। सूर साहित्य में प्रेमपक्ष इतना उभरकर आया है कि भगवान् भक्तों को सुलभ हो गए हैं और उनका सम्पर्क जन-जन से दिखलाया गया है। भगवान् स्वयं प्रेम के पात्र हैं, पूजा की वस्तु नहीं। सूर की भक्ति में 'भय बिनु होइ न प्रीति' की बात नहीं है। सूर की भक्ति में 'प्रेम' ही जीवनमूल्य है।

---

1. भारतीय भाषाओं में कृष्णकाव्य, सम्पादक : डॉ० भगीरथ मिश्र। इन पंक्तियों के लेखक डॉ० सत्येन्द्र हैं, लेख का शीर्षक है—'ब्रजी और बुन्देली में कृष्ण-काव्य', पृ० 269

मानवीय संवेदना

भक्ति से हटकर हम प्रेम पर स्वतन्त्र रूप से विचार करें, तो मानवीय संवेदनाओं पर हमारी दृष्टि तुरत जाएगी। प्रेम मानवीय वृत्ति है। प्रेम मानवीय जीवन का सुख है। और सुख क्या है, इसका ठीक उत्तर स्पिनोजा ने दिया है। स्पिनोजा लिखता है—

"सुख मनुष्य का वह स्थिति परिवर्तन है जिसमें वह पूर्णता की अधम स्थिति से उत्तम स्थिति को जाता है।"[1]

सुख की परिभाषा लिखने के बाद स्पिनोजा ने इस परिभाषा की टीका लिखते हुए कहा है—

"मैं स्थिति परिवर्तन कहता हूँ, क्योंकि सुख स्वयं पूर्णता नहीं, क्योंकि यदि वह पूर्णता जिसे मनुष्य प्राप्त करता है, जन्मजात होती, तो उसकी प्रकृति में सुख का उद्वेग न होता, और यह बात अपने विपरीत से और भी स्पष्ट हो जाती है। क्योंकि कोई मनुष्य इससे इन्कार नहीं कर सकता कि दुख किसी बड़ी पूर्णता से छोटी पूर्णता को जाना है, स्वयं छोटी पूर्णता नहीं क्योंकि जिस अंश में मनुष्य किसी पूर्णता में साक्षी है, वह इतना दुखी नहीं हो सकता, न ही हम यह कह सकते हैं कि दुख अधिक पूर्णता का लुप्त होना है, क्योंकि लोप कोई वस्तु नहीं परन्तु शोकातुरता या दुःख एक क्रिया है जो पूर्णता की अधम स्थिति में जाने की क्रिया ही हो सकती है, अर्थात् ऐसी क्रिया जिससे मनुष्य की क्रियाशक्ति कम होती या रुकती है।"[2]

स्पिनोजा प्रेम को सुख मानता है। वह लिखता है—"प्रेम वह सुख है जिसके साथ बाहरी कारण का प्रत्यय मिला हो।"[3] स्पिनोजा के विचारों को इस तरह से उद्धृत करने का कारण यह है कि सूरदास ने अपने साहित्य में भक्त और भगवान् का सम्बन्ध बतलाते समय प्रेम की वृत्ति को प्रधानता दी हैं। यह प्रेम कृष्ण के साथ किया गया है। इस प्रेम में जो सुख है, उसके बाहरी कारण का प्रत्यय स्वयं कृष्ण हैं। प्रत्यय बिना प्रीति नहीं हो सकती। प्रेम का यह रूप सूरदास ने इतनी विविधता के साथ व्यक्त किया है कि चकित रह जाना पड़ता है। मानवीय जीवन में यह वृत्ति मानवीय संवेदना को जीवित, सजग तथा क्रियाशील रखती है। सूर ने प्रेम का वर्णन नहीं किया, उसने प्रेमी पात्रों में (कृष्ण से प्रेम करने वाले पात्रों में) प्रेम को मूर्त रूप प्रदान किया। प्रेम की अनेक छवियाँ सूर साहित्य में भरी पड़ी हैं। चित्रकार इन छवियों के चित्र बना सकता है। प्रेम की वृत्ति के कारण मानवीय

---

1. स्पिनोजा : नीति. अनवादक : डॉ० दीवानचन्द. पृ० 155

संवेदनाओं में निखार आता है। क्योंकि इसके आधार पर जीवन को गहराई से अनुभव किया जाता है। यह अनुभव पात्रों से परे होकर (पात्रों में रहते हुए भी) अन्य पाठकों या श्रोताओं में मानवीय संवेदनाओं को जीवित रखता है। प्रेम का यह मूल्य सार्वकालिक है। इस प्रेम को पाकर हम पूर्णता की अधम स्थिति से उत्तम स्थिति की ओर जाते हैं।

धर्म से प्रभावित साहित्य (?)

सूर साहित्य को धर्म से प्रभावित साहित्य मानना चाहिए या नहीं यह विवाद का विषय हो सकता है। सूर के कृष्ण भगवान् हैं और इस सम्बन्ध में जो दार्शनिक मान्यताएँ हैं, उनके अनुरूप विचार करते हुए यदि सूर साहित्य पर बहस करना चाहें तो हमारी दृष्टि में धर्म प्रधान हो जाएगा। धर्म में पूर्वाग्रह होगा और उसके कारण हमारी जीवन दृष्टि निश्चित विचारों का अनुसरण करने लगती है। तब हम सूर साहित्य को धार्मिक साहित्य कहना चाहेंगे। जो व्यक्ति धर्म से प्रभावित नहीं है, वह यदि सूर साहित्य को पढ़े तो उसे सूर साहित्य में क्या मिलेगा? सूर साहित्य को आधुनिक परिप्रेक्ष्य में देखते समय हमारा ध्यान धर्म पर नहीं जाता और न हम उन सिद्धान्तों के प्रति दृढ़ हो पाते हैं। रामचरितमानस या सूर साहित्य को धर्म साधना का साहित्य समझकर पढ़ना और बात है और साहित्य या काव्य समझकर पढ़ना और बात। मध्यकाल में जो साहित्य रचा गया, उसके रचने वाले धर्म से प्रभावित थे। साहित्यिक सृजन में भी वे धर्म को छोड़ नहीं सकते थे। सूरदास को हम धार्मिक दृष्टिकोण से महत्त्वपूर्ण नहीं मानते। यदि हमें धार्मिक दृष्टि-कोण से परिचित होना है, तो आचार्यों के ग्रन्थ हैं, उन्हें पढ़ना चाहिए। हम सूर-दास को साहित्य के कारण, काव्यमूल्यों के कारण महत्त्वपूर्ण मानते हैं। सूर साहित्य में अभिव्यक्त काव्यमूल्य आज भी ताजे हैं। वे पुराने हो ही नहीं सकते। इन काव्यमूल्यों के साथ मानवीय संवेदनाएँ जुड़ी हुई हैं। मानवीय वृत्तियों में सुख की संभावनाओं की खोज करनी हो तो उसे सूर साहित्य पढ़ना चाहिए। यह सुख धर्म से बढ़कर है। यह अपने-आप में सिद्धि और उपलब्धि है। समाज विज्ञान, बाल मनोविज्ञान आदि के विशेषज्ञ सैद्धान्तिक चर्चा कर सकते हैं किन्तु सूर ने तो उसे अनुभूत सत्य के रूप में चित्रित किया है। हमें सूर साहित्य को रुक-रुककर पढ़ना चाहिए और भावों की अतल गहराइयों में पहुँचना चाहिए। उस स्थिति में पहुँचने पर हम धर्म को सहज भाव में स्वीकार कर सकते हैं। जीवन के मूल्य भावनाओं में निहित रहते हैं और जो कवि भावधारा को जीवन में बहाए उसके लिए मध्यकालीन और आधुनिक कहना स्वयं उसके साथ काल को बाँधना है। वह तो सार्वकालिक है। जो भावधारा सूर साहित्य में बहती आई है, वह हमें आज भी अनुप्राणित करती है।

(इ) उद्धव

भक्त शिरोमणि सूरदास का भ्रमरगीत प्रसंग अभिव्यंजना कौशल तथा प्रेम-व्यंजना का ऐसा प्रसंग है, जिसके आधार पर भक्ति भावना के बल का ज्ञान होता है। यह भावना जनजीवन की शक्ति का स्रोत है और हमारे देश की संस्कृति का आधार भी है। इसी का विश्लेषण यहाँ किया जा रहा है।

भ्रमरगीत प्रसंग में संवाद है और यह संवाद दो पक्षों में है—एक पक्ष में श्रीकृष्ण हैं और दूसरे पक्ष में गोकुल का जन जीवन जिसमें प्रधान रूप से गोपियाँ हैं। इन दोनों पक्षों के संवाद में माध्यम उद्धव हैं। श्रीकृष्ण गोकुल की जनता को, गोपियों को, राधा को, नंद और यशोदा को, यही नहीं, ग्वाल-बालों को अच्छी तरह जानते हैं। श्रीकृष्ण गोकुल की जनभावना का पूरा ज्ञान रखते है। इसी तरह गोकुलवासी यह सारा वर्ग श्रीकृष्ण से श्रीकृष्ण की अनुपस्थिति में उसी तरह प्रेम करता है और अपना सम्बन्ध अपनी भावनाओं के अनुरूप बनाये हुए है। भ्रमरगीत का संवाद वास्तव में इन दो पक्षों में होते हुए भी ये दोनों पक्ष सीधे आमने-सामने नहीं हैं। सीधे आमने-सामने होते तो यह संवाद ही क्यों होता? श्रीकृष्ण का संवाद (संदेश कह लीजिए) गोकुल पहुँचाने और गोकुल का संवाद (संदेश) श्रीकृष्ण तक पहुँचाने का कार्य उद्धव करते हैं। उद्धव ही एकमात्र ऐसे पात्र हैं, जो दोनों के संवादों में आमने-मामने उपस्थित हैं। उद्धव के माध्यम से भगवान् और भक्त दोनों का आपस में पाया जाने वाला सम्बन्ध व्यक्त होता है। उद्धव का साक्षात्कार दोनों पक्षों से होता है और वे दोनों पक्षों की भावनाओं का मूल्यांकन करने में समर्थ हैं। उद्धव के माध्यम से भक्तशिरोमणि सूरदास भक्ति का प्रतिपादन करना चाहते हैं। उद्धव को मनवाया गया और वे अन्ततः मान गये, इसी में भ्रमरगीत की व्यंजना सार्थक हुई है।

भ्रमरगीत प्रसंग में आदि से अन्त तक उद्धव विराजमान हैं। वे सन्देशवाहक हैं। संदेशवाहक होते हुए भी वे वक्ता कम और श्रोता अधिक हैं। उद्धव को अपनी ओर से कहने का अक्सर नहीं के बराबर मिला है। उनकी उपस्थितिमात्र से यह समझ लिया गया है कि उनका संदेश क्या है। प्रथमतः ब्रज की ओर जाते

समय श्रीकृष्ण ने उनको संदेश दिया और जब वे ब्रज पहुँच गये तो उनसे अनेक प्रकार के प्रश्न पूछे गए और लौटते समय संदेशा सुनाया गया। ब्रज की यात्रा को निकलने से पहले वे श्रीकृष्ण की बातें (संदेश के रूप में ही) सुनते हैं और ब्रज से लौटने से पूर्व उन्हें ब्रजवासियों की बातें सुननी पड़ती हैं। दोनों ही स्थितियों में वे श्रोता हैं। स्वतंत्र रूप से उद्धव को जानना तथा पहचानना कठिन-सा है। ऐसा इसलिए कहा जा रहा है कि उद्धव के सम्बन्ध में हम जो कुछ जानते हैं, वह श्रीकृष्ण तथा गोपियों के माध्यम से ही। प्रत्यक्ष उद्धव को जानना सूरदास के प्रयोजन से परिचित होना है। भ्रमरगीत की सारी अभिव्यंजना उद्धव के लिए है और उद्धव के माध्यम से हम सबके लिए भी है।

उद्धव के संबन्ध में एक पद है—

उद्धव मन अभिलाष बढ़ायो।
जदुपति जोग जानि जिय साँचो नयन अकास चढ़ायो॥
नारिन पै मोको पठवत हौ कहत सिखावन जोग।
मन ही मन अब करत प्रसंसा है मिथ्या सुख-भोग॥
आयसु मानि लियो सिर ऊपर प्रभु-आज्ञा परमान।
सूरदास प्रभु गोकुल पठवत मैं क्यों कहौं कि आन॥[1]

ब्रजगमन से पूर्व उद्धव की यह अभिलाषा है। योग में उनका पूर्ण विश्वास है और वे यह समझकर ही निकल रहे हैं कि मुझे यहाँ से जाकर नारियों को जोग सिखाना है। प्रभु की आज्ञा को मानकर अपने ज्ञान पर विश्वास रखकर वे निकलते हैं। प्रत्यक्ष रूप में इस पद में भी, सीधे उद्धव से सम्बन्धित होते हुए भी, क्या हम यह कह सकते हैं कि इसमें उद्धव का प्रत्यक्ष चित्र है और उसकी ठीक भावना है? ऐसा नहीं लगता। उद्धव का यह स्वतंत्र चित्र भी उद्धव पर श्रीकृष्ण के प्रभाव से युक्त है, प्रभुआज्ञा को मानकर ही वे जा रहे हैं। पद की प्रथम पंक्ति में ही अभिव्यंजना है। उद्धव ने मन में अभिलाषा बढ़ाई। अभिलाषा किस बात की? जदुपति से जोग करना (योगमार्ग से श्रीकृष्ण को पाना)। यह बात ठीक है और इसके ठीक होने में विश्वास करना ('जानि जिय साँचो') उद्धव की अभिलाषा बढ़ने का द्योतक है। उनकी आँखें इस समय आकाश की ओर चढ़ी हुई हैं, अर्थात् उन्हें अपने ज्ञान की पूर्ण प्रतीति है।···संक्षेप में यह समझा जाए कि पद का भावार्थ अभिधात्मक नहीं है। पद का भावार्थ अभिव्यंजनात्मक है। उद्धव का यह चित्र जिस रूप में प्रस्तुत है, उस रूप के प्रति हमारे सामने उद्धव का

1. भ्रमरगीतसार, सं० : आचार्य रामचन्द्र शुक्ल, 11

सहज-सीधा चित्र नहीं आता। पद का पाठक या श्रोता जान जाता है कि जिस योग को 'जानि जिय साँचो' उद्धव ने अपने नयन आकाश को चढ़ाए हैं, वह व्यर्थ है। वह उद्धव का भ्रम है। 'जानि जिय साँचो' में ही अभिव्यंजना है कि उद्धव का यह जानना भ्रम है और आँखें आकाश की ओर चढ़ाना तो और गलत है। कहना यह है कि उद्धव का यह सीधा चित्र भी उद्धव के प्रति सहानुभूति से युक्त नहीं है। उद्धव से सम्बन्धित सीधे पद वैसे ही बहुत कम हैं और जो हैं, उनमें उनका अभिधात्मक (सहज-सीधा भावात्मक) वर्णन नहीं है। चित्र उद्धव का है, व्यंजना गोपियों की (भक्तों की) है।

भ्रमरगीतसार के पदों में अधिक भाग गोपियों से सम्बन्धित है। गोपियों से सम्बन्धित होने के कारण इनमें भावना गोपियों की है। यह भावना उद्धव के सामने व्यक्त की गई है। उद्धव श्रोता रूप में सामने उपस्थित हैं। संवाद दोनों पक्षों में होता है और होना चाहिए। उद्धव भी कहें और गोपियाँ भी कहें, यदि ऐसा होता है तो दोनों पक्ष ठीक-ठीक सामने आते हैं, किन्तु सूरदास के भ्रमरगीत प्रसंग में ऐसा नहीं है। यहाँ संवाद में एक पक्ष ही मुखरित है और दूसरा पक्ष मौन धारण किये हुए है, वैसे उद्धव कहते हैं और उद्धव का यह कथित भाग हम उद्धव के मुख नहीं गोपियों के मुख से सुनते हैं। गोपियाँ स्वयं प्रश्न पूछती हैं और उद्धव की बातों का उत्तर भी देती हैं, गोपियों के उत्तर के आधार पर हमें इस बात की कल्पना करनी पड़ेगी कि उद्धव ने ऐसा कहा है, इसलिए गोपियाँ इस तरह से उत्तर दे रही हैं। ऐसी स्थिति में होता यह है कि उद्धव अपनी बात को जिस ढंग से गोपियों के सामने कह गये हैं, वह सामने नहीं आता। गोपियों ने उद्धव को जिस रूप में समझा हैं, वही भाग सामने आता है, वही पक्ष उभरता है अर्थात् उद्धव को हम गोपियों की आँखों से देखते हैं, गोपियों के कान से सुनते हैं, गोपियों की समझ से जानते हैं और गोपियों के हृदय से पहचानते हैं। हमारे सामने उद्धव का ऐसा रूप प्रस्तुत है, जिसे गोपियों ने जाना है। उदाहरण के लिए—

ऊधो ! होत कहा समुझाये ?
चित चुभि रही साँवरी मूरति, जोग कहा तुम लाये ?[1]

× ×

मधुकर, जानत है सब कोऊ।
जैसे तुम औ मीत तुम्हारे, गुननि निपुन हौ दोऊ[2]

उद्धव से कहा गया कि तुम्हारे समझाने से क्या होता है; अर्थात्, उद्धव ने

1. भ्रमरगीतसार 240
2. वही 245

गोपियों को बहुत समझाया है। यदि न समझाते तो इस प्रकार से प्रश्न क्यों पूछा जाता ? समझाने की व्यर्थता प्रमाणित है। दूसरे पद में कहा है कि 'हे मधुकर, तुम्हें सब जानते हैं। जैसे तुम हो और तुम्हारे मित्र हैं—तुम दोनों के गुणों की निपुणता से हम पूरी तरह परिचित हैं।' अब परिचय क्या है ? यह तो व्यंजना है। सीधी बात यह है कि उद्धव अपने को जैसे प्रस्तुत कर रहे हैं, उस पर उनका विश्वास नहीं है। उद्धव की अभिधात्मक बातों को (सीधे तर्कयुक्त वाक्यों और ज्ञान को) गोपियां सुनना ही कहाँ चाहती हैं ? सुनने से पहले ही कह देती हैं कि हम खूब जानती हैं। कहना यह है कि गोपियों के कथन के आधार पर ही हम उद्धव को जानते हैं।

भगवान् श्रीकृष्ण उद्धव को जानते हैं तथा ब्रजवासियों और गोपियों को भी जानते हैं। उद्धव के सामने ब्रज का प्रसंग छेड़ें, तो उद्धव को उस प्रेम की प्रतीति नहीं होती। अत: प्रेम की प्रतीति उद्धव को हो जाये, इस आशय से श्रीकृष्ण ने उन्हें ब्रज भेजा हैं। कहा—

ऐसे को वैसी बुधि होती ब्रज पठवैं तब आने ॥
या आगे रस-काव्य प्रकासे जोग बचन प्रगटावै।
सूर ज्ञान दृढ़ याके हिरदय जुवतिन जोग सिखावै ॥[1]

श्रीकृष्ण यह जानते थे कि उद्धव जब ब्रज से लौटकर आयेंगे, तो ब्रज के अनुसार कहने लगेंगे। वे बदल जायेंगे और अभी जिस बात की उन्हें प्रतीति नहीं है, उस पर उनकी प्रतीति हो जायेगी। और हम ठीक यही अनुभव करते हैं। सूरदास उन उद्धव के अनेक चित्र प्रस्तुत करते हैं जिनमें गोपियों के कारण प्रेम की प्रतीति हो गई है। श्रीकृष्ण से मिलने पर उद्धव ब्रज की कथा जिन मर्म-भरे शब्दों में सुनाते हैं, उनमें उनका ज्ञान बह गया है और प्रेम की विजय हुई है। गोपियों के हृदय की तो वह सम्पत्ति थी, किन्तु उद्धव जैसे ज्ञानी भी प्रेम में (गोपियों के साथ रहने के कारण) दीक्षित हो जाते हैं—

माधव जू, मैं अति सचु पायो।[2]
× × ×
अब अति पंगु भयो मन मेरो।
गयो यहाँ निर्गुन कहिबे को भयो सगुन को चेरो ॥[3]

---

1. भ्रमरगीतसार, 3
2. वही, 380
3. वही, 382

× × ×

उनमें पाँच दिवस जौ बसिये।
नाथ ! तिहारी सो जिय उमगत, फेरि अपनपो कस ये ?
वह लीला विनोद गोपिन के देखे ही बनि आवै।
मोको बहुरि कहाँ वैसो सुख, बड़भागी सो पावै।।
मनसि, बचन, कर्मना, कहत हौं नाहिन कछु अब राखो।
सूर काढ़ि डारयो हौं ब्रज तें दूध-माँझ की माखी ।।[1]

ये पद अपने-आप में स्पष्ट हैं – उद्धव गोपियों से परास्त हो गये और स्वयं गोपीमय होकर भगवान् कृष्ण से ब्रज लौटने के लिए कहने लगे। उद्धव का यह कहना सामान्य संदेश के रूप में कहना नहीं है, अपितु गोपीमय होकर कहना है। सूरदास ने उद्धव के उस रूप का चित्र अधिक नहीं चित्रित किया, जिस रूप में उद्धव अधिक ज्ञानी हैं या कहे गये हैं। उद्धव के उस रूप की उपेक्षा की गई है। किन्तु जब उद्धव गोपियों के वचन पूरी तरह सुन लेते हैं और उनकी वास्तविक दशा से परिचित हो जाते हैं, तो उन उद्धव के सीधे प्रत्यक्ष चित्र सूर ने खींचे हैं। इससे यह बात स्पष्ट रूप से ज्ञात होती है कि भ्रमरगीत प्रसंग उद्धव के हृदय परिवर्तन के लिए है। परिवर्तित उद्धव हमें प्रिय लगते हैं और हमारी सहानुभूति के पात्र बनते हैं। कृष्णप्रेम से रहित उद्धव जब कृष्णप्रेम से युक्त हो जाते हैं और कृष्ण से ब्रज लौटने के लिए कहने लगते हैं, तब उनका ज्ञानरूप में कृष्ण को जानना निरर्थक प्रमाणित हो जाता है। उद्धव के इस रूप को उजागर करने में भ्रमरगीत की सार्थकता है।

भ्रमरगीत-प्रसंग की सारी व्यंजना प्रेम व्यंजना है। इस प्रेम व्यंजना की प्रतीति उद्धव को कराई गई है। प्रेम का बखान उन्हीं के आगे किया गया है। भ्रमरगीत की खूबी यह है कि प्रेम की यह व्यंजना सीधी न होकर गूढ़ है और प्रत्यक्ष से बचकर अप्रत्यक्ष के माध्मम से व्यक्त है। कहा तो भ्रमर को जा रहा है, किन्तु भ्रमर के ब्याज से उद्धव को ही कहना है। इसी तरह उद्धव स्वयं माध्यम हैं, क्योंकि मूलतः गोपियाँ श्रीकृष्ण से ही कहना चाहती हैं। जिससे कहना चाहती हैं, वह तो उपस्थित नहीं है। अतः जो उपस्थित है, उसको कहना प्रत्यक्ष कथन नहीं हो सकता। इसलिए भ्रमरगीत प्रसंग ध्वनिकाव्य अधिक है।

सूरदास के उद्धव एक ऐसे पात्र हैं, जो भगवान् और भक्त दोनों के सम्बन्ध को लौकिक स्तर पर समझाने में सहायक हैं। उद्धव के आकाश पर चढ़े हुए नयन धरती की ओर उन्मुख हो जाते हैं। वे प्रेम का साक्षात्कार करते हैं और उनके माध्यम से हम सब भी प्रेम का साक्षात्कार करते हैं और कृष्ण की भक्ति का मर्म समझने लगते हैं।

---

1. भ्रमरगीतसार, 385

(ई) गोपियाँ

सूरदास की भक्ति का विवेचन करते समय सूरदास की गोपियाँ अपने भक्ति-भाव के कारण अनायास ही भक्तिभाव रखने वाले प्रमुख पात्रों के रूप में दिखलाई देने लगती हैं। सूर की भक्तिभावना में प्रेमतत्त्व है और इस प्रेमतत्त्व का प्रतिनिधित्व गोपियों ने ही किया है। इस गोपीभाव पर भक्तों की श्रद्धा है और इस सम्बन्ध में दार्शनिक मान्यताएँ प्रस्तुत की गई हैं। डॉ० चन्द्रभान रावत ने लिखा है—"दार्शनिक दृष्टि से गोपियाँ वास्तव में पुरुषोत्तम की शक्तियों का ही प्राकट्य हैं। उनकी श्रिया, पुष्टि, गिरा और कांत्या आदि द्वादश शक्तियाँ चंद्रावली, राधा आदि के रूप में अवतरित होती हैं। ये ही अवतरित होकर पुरुषोत्तम की लीला में स्थित होती हैं। इन शक्तियों में जो भाव प्रतिक्षण तरंगित होते रहते हैं, वे स्वयं अनेक सखी-सहचरी के रूप में प्रकट होते हैं। इस प्रकार मानसिक रूपों के अवतरण की ही भूमिका प्रस्तुत हो जाती हैं।"[1] इसी तरह डॉ० सत्येन्द्र ने भी लिखा है—"वल्लभ संप्रदाय में गोपीभाव को प्रधानता दी गई है, उनके प्रेम को श्रेष्ठ माना गया। उस प्रेम की चाह भी तीव्र रूप में इस सम्प्रदाय में उपस्थित है। परन्तु यह प्रेम भावुकतापूर्ण उतना नहीं जितना अन्तर्गत और निजी है। साथ ही इसका उद्‌भव भगवत्-अनुग्रह पर निर्भर करता है। वह अनुग्रह गुरु के द्वारा कृष्णार्पण होकर निरन्तर गोपीभाव से सेवा करने से ही मिले तो मिले। फलतः यह प्रेम भी प्रेमालक्षणा कोटि का होते हुए भी सांप्रदायिक प्रणाली पर निर्भर करता है।"[2] यही नहीं; इस गोपीभाब को भक्तों ने दार्शनिक दृष्टि से व्यापक महत्त्व देते हुए इस भाव को पुरुषों के लिए भी आदर्श माना है। पुरुषों को सखा रूप मानते हुए भी उनमें सखीरूप का आरोप हुआ है। इस विषय पर हरिराय जी ने प्रकाश डालते हुए लिखा है—"तहाँ कहत हैं जो श्री भागवत में कहे हैं जो···जब श्री ठाकुर जी आप बन में गोचारन लीला में सखान के संग पधारत हैं, सो सगरी गोपीजन लीला को अनुभव करत हैं। सो घर में सगरी बन की लीला गान करत

1. सूर साहित्य : नवमूल्यांकन, डॉ० चंद्रभान रावत, पृ० 206
2. सूर की झाँकी, डॉ० सत्येन्द्र, पृ० 65

हैं। ता पाछें जब श्री ठाकुरजी संध्या समय बनतें घरकूँ आवत हैं, सो तब पाछें रात्रि को गोपीजन सो निकुंज में लीला करत हैं। सो तब अंतरंगी सखान को विरह होत है, तब निकुंज लीला को गान करत हैं, अनुभव करत हैं। सो काहें तें ? कुंज में सखीजन हैं सो तिनके दोय स्वरूप हैं, सो कहत हैं—पुंभाव के सखा और स्त्रीभाव की सखि। सो दिन में सखा द्वारा अनुभव तथा रात्रि को सखि द्वारा अनुभव है।"[1] इस आधार पर डॉ० सत्येन्द्र ने लिखा है—"इसीलिए प्रत्येक भक्त के दो स्वरूप मिलते हैं, एक सखारूप, दूसरा सखीरूप; एक दिन का, एक रात्रि का।"[2] इस तरह हम देखते हैं कि गोपीभाव पर दार्शनिक मान्यताएँ प्रस्तुत की गई हैं और सांप्रदायिक विचारधारा के (वल्लभसंप्रदाय) अनुरूप इन मान्यताओं का विश्लेषण किया गया है। इन सबको स्वीकार करते हुए सूर की गोपियों पर विचार किया जा सकता है। यहाँ इन दार्शनिक प्रतिपत्तियों से हटकर सूरसाहित्य में—विशेष रूप से सूरसागर में—गोपियों का चरित्र जिस रूप में व्यक्त हुआ है, या गोपियों का व्यक्तित्व जिस रूप में उद्घाटित हुआ है, उसी का संक्षिप्त विश्लेषण नीचे प्रस्तुत किया जा रहा है।

सूर की भक्ति भावना में प्रेमतत्त्व है और इस प्रेमतत्त्व का प्रतिनिधित्व गोपियाँ करती हैं। गोपियों का जीवन प्रेममय है। इस प्रेम का अंतर्बाह्य स्वरूप गोपियों में परिलक्षित होता है। संयोग पक्ष एवं वियोग पक्ष दोनों ही स्थितियों में प्रेमाभिव्यंजना है। ध्यान देने योग्य बात यह है कि इस प्रेमाभिव्यंजना में मानवीय (सांप्रदायिक विचारधारा से युक्त मानने पर भी) पक्ष ही प्रबल दिखलाई देता है। सांप्रदायिक विचारधारा का बोध न होने पर भी यदि कोई सूर साहित्य पढ़ेगा, तो वह गोपियों के प्रेमपूर्ण व्यवहारों में, गोपियों के चरित्र में मानवीय संवेदना का अनुभव करेगा। विश्व साहित्य में प्रेमकथाएँ मिलती हैं। इन प्रेमकथाओं के पात्रों में अनेक प्रेमी युगल मिलेंगे। गोपियाँ और गोपियों के कृष्ण का प्रेम विश्व साहित्य की प्रेमकथा में अपना विशेष महत्त्व रखता है। गोपीकृष्ण और (गोपियों का प्रतिनिधित्व करने वाली—विशेष गोपी—राधा के कारण) राधाकृष्ण युगल प्रेमी के रूप में ख्यात हैं। इस प्रेमकथा (युगल प्रेमियों के वृत्त पर) को आधार मानकर संस्कृत, हिन्दी ही नहीं, भारत की अन्य अनेक भाषाओं में विपुल साहित्य लिखा गया है। इन सबमें सूरदास के साहित्य का विशिष्ट स्थान है। यों कहना चाहिए कि सूरदास प्रेमकथा के प्रसिद्ध गायक हुए हैं।

अब हम गोपी-कृष्ण की प्रेमकथा का विश्लेषण करें। यह विश्लेषण सूरसागर के आधार पर ही किया जा रहा है। सूरसागर के पद मुक्तक होने पर भी उन पदों

---

1. सूर की झाँकी, डॉ० सत्येन्द्र, पृ० 60
2. वही।

को जिस क्रम में रखा गया है, उस क्रम के आधार पर प्रबंधात्मक कथा का बोध होता है। गोपियों की प्रेमकथा प्रबंधात्मक क्रम में है। गोपियाँ ब्रजवासिनी हैं। कृष्ण ब्रज में बसते हैं और इनमें एक-दूसरे के प्रति आकर्षण जीवन के सहज प्रवाह में होता दिखलाया गया है। प्रेमी पात्रों को पता भी नहीं चलता और यह प्रेम (मर्यादाओं का उल्लंघन करते हुए) दैनिक व्यवहारों में (स्थानीय संस्कृति के अनुसार) पनपता जाता है। प्रेमियों के सहज प्रेमोद्भव और इस प्रेमोद्भव के उपरान्त उसका सहज विकास सूरदास ने दिखलाया है। कुछ उदाहरण नीचे दिए जा रहे हैं :

देखौ माई या बालक की बात।
बन-उपबन, सरिता-सर मोहे, देखत स्यामल गात।
मारग चलत अनीति करत है, हठ करि माखन खात।
पीतांबर वह सिर तैं ओढ़त, अंचल दै मुसुकात।
तेरी सौं कहा कहौं जसोदा, उरहन देति लजात।
जब हरि आबत तेरे आगें सकुचि तनक ह्वै जात।
कौन-कौन गुन कहौं स्याम के, नैंकु न काहुं डरात।
सूर स्याम मुख निरखि जसोदा, कहति कहा यह बात।[1]

सुनहु स्याम अब करहु चतुराई, क्यौं तुम बेनु बजाई बुलाई ?
बिधि-मरजाद, लोक की लज्जा, सबै त्यागि हम धाई आई।
अब तुमकौं ऐसी न बूझियै, आस निरास करौ जनि साँई।
सोइ कुलीन सोई बड़भागिनि, जो तुव सम्मुख रहे सरदाई।
ते धनि पुरुष, नारि धनि तेई, पंकज चरन रहे दृढ़ताई।
सूरदास कहि कहा बखानैं, यह निसि, यह अँग सुंदरताई।[2]

गोपिनि हेत माखन खात।
प्रेम कैं बस नंद-नंदन नैंकु नाहिँ अघात।
सबैं मटुकी भरीं बैसैंहि, प्रेम नाहिँ सिरात।
भाव हिरदय जानि मोहन, खात माखन जात।
इकनि कर दधि दूध लीन्हे इकनि करि दधिजात।
सूर प्रभु कौं निरखि गोपी, मनहिं-मनहिं सिहात।[3]

1. सूरसागर, 956
2. वही, 1643
3. वही, 2219

तीनों ही पदों में 'गोपीभाव' देखा जा सकता है। प्रथम पद में एक गोपी श्याम की शिकायत यशोदा के पास कर रही है। इस शिकायत में उसका—शिकायत करने वाली का—प्रेम झलकता है। वह अपने आकर्षण को छिपा नहीं सकती। कृष्ण के अनोखे व्यवहार उसे अच्छे लगते हैं। वह उलाहने देती जाती है और लजाती भी है। यशोदा भी क्या कहे? वह श्याम का मुख देखती है और कहती है, यह बात है। इस 'यह बात' में शिकायतों का समाधान निहित है। बातें तो कहने के लिए और मन के भाव को व्यक्त करने का आधार हैं। भाव वाणी के लिए व्याकुल हैं। दूसरे पद में गोपी स्वयं कृष्ण के सम्मुख उपस्थित है और अपने प्रेम को व्यंजित करते हुए कृष्ण से आशानुरूप प्रेम की याचना करती है। आकर्षण से खिंची-खिंची (मुरली के) चली आई है और अब जब बुला लिया तो और ढंग का व्यवहार नहीं होना चाहिए। कृष्ण के पास पहुँचने में वे अपने को धन्य मानती हैं और लोक की मर्यादाओं का उल्लंघन करती हैं। गोपी मानती है कि कृष्ण के पास बने रहने में कुलीनता है और उसी का बड़ा भाग है। तीसरे पद का प्रसंग कुछ और है। कृष्ण माखन खा रहे हैं और गोपियाँ माखन खिला रही हैं। खाने-खिलाने में खाने वाले और खिलाने वाले के बीच जो प्रेमपूर्ण व्यवहार है, वह व्यवहार ही पद का मुख्य भाव है। नंदनंदन माखन खाते हुए अघाते नहीं और गोपियाँ भी अपने-अपने पात्रों को—मटुकी को—लिए बैठी हैं। खाते हुए कृष्ण की छवि देख-कर गोपियाँ मन-ही-मन सिहाती हैं। ये सभी पद विरह के नहीं हैं। इन पदों में कृष्ण गोपियों के बीच विराजमान हैं। इस तरह के अनेक पद हैं। इन पदों में व्यावहारिक दृष्टि से जीवन के जिन व्यापारों का उल्लेख हुआ है, वे व्यापार और व्यवहार दैनिक दिनचर्या से सम्बन्ध रखने वाले हैं। यह दैनिक दिनचर्या गाँवों की है। गोपियाँ गाँव की रहने वाली हैं और अपनी दैनिक दिनचर्या में वे आनन्द मानती हैं। इस आनन्द को नंदनंदन ने बढ़ाया है। नंदनंदन की उपस्थिति में ये सभी चर्चाएँ विलक्षण आनन्द प्रदान करती प्रतीत होती हैं। गोपी को व्यक्तिवाचक संज्ञा के रूप में न लेकर जातिवाचक संज्ञा के रूप में लिया गया है। जातिवाचक भी न कहकर सर्वनाम के रूप में लिया गया है, ऐसा कहा जाए तो उचित होगा। यहाँ भी सर्वनाम का अर्थ व्याकरणिक रूप में नहीं लिया जाना चाहिए। सर्वनाम का अर्थ सबका नाम। गोकुल में (ब्रजभूमि में) बसने वाली सभी गोपियाँ हैं। गोपी नाम सबका प्रतिनिधित्व करने वाला है। वैसे तो दार्शनिक दृष्टि से पुरुषों का भी इसमें समावेश हो सकता है। यहाँ यह विवेचन दार्शनिक पक्ष को छोड़कर ही किया जा रहा है। गोपी को इस प्रकार व्यापक रूप देने से गोपी के चरित्र और व्यक्तित्व का जो बोध होता है, वह भावरूप को—गोपीभाव को—(अमूर्त भाव को) दर्शाने वाला है।

भावकथा में भाव के विकल्पों से सम्बन्ध रखने वाली स्थितियों को परखा जा

सकता है और इसी तरह भाव के विकास को देखा जा सकता है। इस सम्बन्ध में (भाव की वैकल्पिक स्थितियों के सम्बन्ध में) सूर के अद्वितीय गुण को सभी ने स्वीकार किया है। संयोग एवं वियोग की जितनी अंतर्दशाएँ संभव हो सकती हैं, वे सब सूर की गोपियों में दिखलाई गई हैं। वियोग की कुछ दशाओं के उदाहरण नीचे दिए जा रहे हैं :

ऊधौ बात कही नहिं जाइ।
मदन गुपाल लाल के बिछुरे, प्रान रहे मुरझाइ।
जब स्यंदन चढ़ि गवन कियौ हरि, फिरि चितए गोपाल।
तबहीं परम कृतज्ञ सबै उठि, संग लगीं ब्रजबाल।
अब यह औरै सृष्टि बिरह की, बक्त बाइ बौरानी।
तिनसौं कहा देत फिरि उत्तर, तुम हौ पूरन ज्ञानी।
अब सो साधन घट का कीजै, क्यौं उपजै परतीति।
सूरदास कछु बरनि न आवै, कठिन बिरह की रीति।[1]

हरि दरसन कौं तलफत नैंन।
अरु जो चाहत भुजा मिलन कौं, स्रवन सुनन कौं बैंन।
जिय तलफत है बन बिहरन कौं, तुम मिलि अरु सब सखियाँ।
कल न परत तुम बिनु हम इक-छिन, रोवतिं दिन अरु रतियाँ।
जब तैं तुम हरि बिछुरे हम तैं, निसि बासर नहिं चैन।
सूरदास प्रभु तुम्हरे दरस कौं, काग उड़ावतिं सैन।[2]

माधौ जू सुनौ ब्रज को प्रेम।
सोधि मैं षट मास देख्यौ, गोपकनि कौ नेम।
हृदय तैं नहिं टरत टारे, स्याम राम समेत।
आँसु-सलिल प्रवाह मानौ, अर्घ नैननि देत।
चँवर अंचल कुच कलस, वर पानि पद्म चढ़ाइ।
सुमिरि तुम्हरी प्रगट, लीला, कर्म उठतीं गाइ।
देह गेह सनेह अर्पन कमल लोचन ध्यान।
सूर उनकौ प्रेम देखैं, फीकौ लागत ज्ञान।[3]

इन पदों में गोपियों की प्रेमदशाओं का वर्णन है। प्रथम दो पदों में गोपियों

1. सूरसागर, 4359
2. वही, 4647
3. वही, 4762

की विरहावस्था, जो उद्धव के सम्मुख व्यक्त की गई हैं, का वर्णन है। प्रेम को—कृष्ण के प्रति अपने प्रेम को—गोपियाँ जिस रूप में उद्धव के सम्मुख निवेदित करती हैं, उसका उत्तर ज्ञानी उद्धव के पास नहीं है। वह सुन कर मौन रहने के सिवा कुछ नहीं कर सकता। तीसरे पद में उद्धव की आत्मस्वीकृति है, जो वह कृष्ण के सम्मुख निवेदित कर रहा है। एक प्रकार से उद्धव गोपियों के प्रेम को प्रमाणित कर देता है। और कृष्ण के सम्मुख अपनी हार को—गोपियों द्वारा पराजित स्थिति को—स्वीकार कर लेता है। उद्धव-गोपी संवाद भ्रमरगीत के रूप में प्रसिद्ध है। इस भ्रमर गीत में एक ओर सगुण-निर्गुण का विवाद है, तो दूसरी ओर भावना के धरातल पर भावना (प्रेम भावना—भक्ति रूप में) और ज्ञान का विवाद है। ज्ञान की हार हुई है और भावना की जीत हुई है, इसी तरह निर्गुण हारा है और सगुण जीत गया है। संवाद के रूप में दो पक्षों को रखना और एक की हार दिखलाना और दूसरे की जीत दिखलाना, एक दृष्टि से अपनी स्थापना को सुदृढ़ रूप में प्रस्तुत करना ही है। उद्धव की हार, गोपियों की जीत है। गोपियों की यह जीत, जिसकी प्रतीति उद्धव को ब्रज में कुछ दिन बसने के कारण हो गई, उनके प्रेम के कारण है।

गोपियों का प्रेम-नेम गोपीभाव है। भ्रमरगीत के पदों में इस भाव को तार्किक रूप प्रदान किया गया है। भ्रमरगीत के पदों में हम देखते हैं, गोपियाँ बहुत अधिक मुखरित हैं। उद्धव से अधिक वे बोलती हुई दिखलाई गई हैं। मन में किसी प्रकार का दुराव-छिपाव न रखते हुए खरी-खोटी सुनाने में वे चूकती नहीं हैं। एक बार जब वे उद्धव से परच जाती हैं, तो फिर अपने प्रिय के प्रति जो कुछ उनके हृदय में है, सब कहती जाती हैं। यह उन्मुक्त कथन गोपियों के चरित्र एवं व्यक्तित्व को समझने में अधिक सहायक है। संयोग अवस्था की बात और है, किन्तु वियोग में तड़पते हुए जीने में जब उन्हें व्यापक अविनाशी ब्रह्म की आराधना करने के लिए कहा जाता है, उस समय वे घबरा जाती हैं और सगुण के वियोग को निर्गुण के योग से अच्छा मानती हैं। उनकी आँखों ने कृष्ण के जिस रूप को निहारा है और कृष्ण के साहचर्य में उनका जो जीवन बीता है, उसकी सुखद स्मृतियाँ उनके हृदय में मौजूद हैं और अब यदि उनसे कोई वे स्मृतियाँ छीन लेना चाहे तो वे यह प्रस्ताव किसी भी स्थिति में स्वीकार नहीं कर सकतीं। हम देखते हैं कि उद्धव के तर्कों का उत्तर वे तर्क के साथ देने का प्रयत्न करती अवश्य हैं, किन्तु तर्क का उत्तर तर्क ही हो सकता है अतः कथनों के बीच-बीच—तार्किक कथनों के बीच-बीच—अपनी मनोदशा सहज रूप में व्यक्त करती जातीं हैं। और इन मनोदशाओं के कारण ही उद्धव एरास्त होता है, उद्धव तर्क से नहीं हारता, वह उनके प्रेम-नेम के कारण हारता है। इसी सम्बन्ध में एक बात ध्यान रखने योग्य यह है कि उद्धव-गोपी संवाद प्रश्नोत्तर के रूप में या पहले उद्धव कहें और उनका उत्तर गोपियाँ

दें या इसके विपरीत पहले गोपियाँ कहें और पश्चात् उद्धव कहें, इस रूप में नहीं चलता। जैसे कि पहले ही कहा गया है, भ्रमरगीत वाले पदों में गोपियाँ ही अधिक बोलती हैं। यों कहना चाहिए कि गोपियों के वचनों (कथनों) का विस्तार अधिक है। गोपियों के कथनों में उद्धव का विरोध है। इस विरोध को देखकर ही उद्धव के पक्ष को समझा जा सकता है। यों कहना चाहिए कि उत्तर को देखकर प्रश्न की कल्पना करनी चाहिए और यों भी कह सकते हैं कि उत्तर की शैली में (कहने के ढंग में) प्रश्न की (उद्धव द्वारा रखे गए समाधानों की) भूमिका निहित है। इस स्थिति में यह कहा जा सकता है कि गोपियों ने उद्धव के निर्गुण-सम्बन्धी उपदेशों को और ज्ञान को जिस रूप में समझा है, वही पक्ष प्रमुख रूप से, उद्धव के पक्ष से आया है। स्वतन्त्र रूप से उद्धव अपनी बात कहते हुए बहुत कम स्थलों पर दिखाई देते हैं, ऐसी स्थिति में गोपियों के तर्क, गोपियों द्वारा उद्धव के समझे हुए तर्कों का उत्तर हैं। उद्धव का ज्ञानमूलक विवेचन नहीं मिलता। यों कहना चाहिए कि गोपियों ने उद्धव के व्यक्तित्व को, विचारों को एवं तर्कों को जिस रूप में ग्रहण किया, वहीं उद्धव का रूप झलकता हुआ दिखलाया गया है। उद्धव के स्वतन्त्र व्यक्तित्व को—गोपियों से हटकर—भ्रमरगीत के पदों में, स्थान नहीं मिला है (प्रायः नहीं मिला है) और अन्त में हम देखते हैं कि उद्धव की स्थिति गोपीसदृश हो जाती है। गोपियाँ उद्धव से प्रभावित नहीं होतीं। उद्धव ही गोपियों से प्रभावित होता है।

और अन्ततः गोपियों एवं कृष्ण की प्रेमकथा के व्यापक प्रभाव को देखा जा सकता है, यह प्रेमकथा भारतीय संस्कृति के एक पहलू को व्यक्त करने वाली है। मर्यादाओं का उल्लंघन करते हुए, मानवीय स्वच्छंद वृत्तियों को प्रोत्साहन देने वाली, साथ ही प्रेम का सहज बोध कराने वाली (कारणरहित प्रेम का उद्भव और विकास तथा अंततः विरह में भी सतत जाग्रत रहने वाला प्रेम) यह प्रेमकथा है। सूरदास ने सारी कथा लौकिक रूप में ही लिखी है। अर्थ लगाने वाले इसे अलौकिक अर्थ देते हैं और दार्शनिक ढंग से भी इसका विवेचन करते हैं। इन अर्थों और मान्यताओं के कारण इस कथा को सांस्कृतिक महत्त्व प्राप्त हुआ है। किन्तु सहज मानवीय दृष्टि से भी यदि इस कथा पर विचार किया जाए तो इसका अपना स्वतन्त्र महत्त्व है। इस दृष्टि से यदि इस कथा पर विचार करें तो इस प्रेम में समता के भाव को (गोपी एवं कृष्ण दोनों) को उन्मुक्त अभिव्यक्ति मिली है। इस सम्बन्ध में डॉ० चन्द्रभान रावत ने ठीक लिखा है—"सख्यभाव के हिन्दी काव्य की सूर पूर्व स्थिति नहीं मिलती। वैसे सख्यभाव 'सखी' और 'सखा' दोनों के ही आश्रय से निष्पन्न और परिपक्व हो सकता है, पर 'सखी' के आश्रय से निष्पन्न सख्यभाव प्रायः सभी कवियों के काव्य में माधुर्य में संक्रमित हो गया है। केवल सूर ही 'सखी' के आश्रय से सख्य और माधुर्य का साथ-साथ परिपाक कर सके।

'सख्य' भाव का तात्पर्य है, भगवान् को शुद्ध मानवीय धरातल पर प्रस्तुत कर देना। सूर का प्रमुख वैशिष्ट्य यही है कि 'सख्य' भाव पर प्रथम और इतना उत्कृष्ट काव्य लिख सके। श्रीदामा आदि सखाओं के आश्रय से शुद्ध सख्य का परिपाक हुआ और गोपियों के आश्रय से सख्य स्वतंत्र भी परिपक्व होता रहा और माधुर्य को स्वाभाविकता प्रदान करता रहा।"[1] इस कथन से यह बात पुष्ट होती है कि प्रेम में समता को महत्त्व मिला है। भगवान् और मानव के बीच का अन्तर कम हुआ है। सामाजिक मूल्यों की दृष्टि से भी देखें तो सूरदास ने गोपी-कृष्ण की प्रेम-कथा में मानवीय सहज गुणों को सहज अधिकारों के आलोक में—(मानवीय अधिकारों के आलोक में) अभिव्यक्ति दी है। मानवीय संवेदना का स्वर सूर-साहित्य में अधिक सशक्त है इसीलिए साहित्यिक दृष्टि से सूरदास को अधिक ख्याति प्राप्त है। सूर की गोपियाँ मानवीय संवेदनाओं का वाहक बन गईं हैं, इसीलिए गोपियों के भाव अब केवल गोपियों के नहीं रह गए हैं, वे अब हम सब के हैं, जो हममें उसी प्रकार का मानवीय स्पंदन जगाते हैं।

1. सूर साहित्य : नवमूल्यांकन, डॉ० चन्द्रभान रावत, पृ० 494

2. एकनाथ का हिन्दी काव्य

एकनाथ महाराज का समय सोलहवीं शताब्दी है। ये गोस्वामी तुलसीदास तथा अकबर के समकालीन रहे हैं। विद्वानों ने इनका समय सन् 1533 से सन् 1599 के बीच माना है।[1] इनका जन्मस्थान पैठण (प्रतिष्ठान) है। इनके पिता का नाम सूर्यनारायण और माता का नाम रुक्मिणी था। बाल्यावस्था में ही ये माता-पिता के सुख से वंचित हो गए। इनका लालन-पालन इनके पितामह चक्रपाणि ने किया। भगवद्भक्ति की ओर इनका ध्यान बचपन से ही था। अपने पूर्वजों से उन्होंने भगवद्भक्ति के संस्कार प्राप्त किए। छठे वर्ष में उनका यज्ञोपवीत संस्कार हुआ और तदनन्तर विद्याध्ययन भी नियमित रूप से पितामह की देखरेख में होने लगा। बारह वर्ष की अवस्था में देवगढ़ के सन्त जनार्दन से इन्होंने दीक्षा ली। गुरु के निकट लगभग 6 वर्ष तक रहकर इन्होंने सन्त साहित्य का अध्ययन किया। बाद में वे तीर्थयात्रा के लिए चले गए। वाराणसी इसी सन्दर्भ में गए। वहाँ रहकर हिन्दी तथा फारसी भाषा सीख ली। तीर्थयात्रा से लौटने पर गुरु के आदेश से ये पैठण में बस गए। यहीं रहकर इन्होंने शेष जीवन भगवद्भक्ति में व्यतीत किया। प्रवृत्ति एवं निवृत्ति दोनों का मेल एकनाथ के जीवन में पाया जाता है। गृहस्थ रहकर भी उनकी साधना विरक्तों-सी थी। उनका लोकसम्पर्क बहुत व्यापक है। इनके वंशज अब भी पैठण में रहते हैं। उनका निवास-स्थान आज भी महाराष्ट्र के निवासियों के लिए तीर्थस्थान बना हुआ है। अब भी पैठण में भक्तों का मेला होता है। उनकी समाधि गोदावरी के तट पर बनी हुई है। अनेक श्रद्धालु अब भी पैठण जाते हैं और एकनाथ से प्रेरणा ग्रहण करते हैं। एकनाथ का छोटा नाम 'नाथ' हो गया है। एकनाथ-साहित्य को नाथ-साहित्य कहा जाता है। यहाँ नीचे एकनाथ ने हिन्दी में जो काव्य लिखा है, उसी का मूल्यांकन करने का प्रयास किया जा रहा है। उनका वास्तविक मूल्यांकन उनके मराठी साहित्य के आधार पर ही सम्भव है। आचार्य विनयमोहन शर्मा ने 'हिन्दी को मराठी सन्तों की देन'

1. हिन्दी को मराठी सन्तों की देन, आचार्य विनयमोहन शर्मा, पृ० 135

पुस्तक में एकनाथ के 39 पद दिए हैं। इन्हीं पदों के आधार पर एकनाथ के हिन्दी काव्य का मूल्यांकन यहाँ प्रस्तुत किया जा रहा है।

आचार्य रामचन्द्र शुक्ल ने भक्तिकालीन साहित्य की अलग-अलग शाखाएँ बतलाई हैं—निर्गुण धारा की दो शाखाएँ (1) ज्ञानमार्गी शाखा और (2) प्रेम-मार्गी शाखा। इसी तरह सगुण धारा की दो शाखाएँ (1) रामभक्ति शाखा और (2) कृष्णभक्ति शाखा। इस वर्गीकरण के आधार पर एकनाथ के काव्य का मूल्यांकन करना सम्भव नहीं है। एकनाथ ने भावार्थ रामायण (रामकाव्य) लिखी है। इसी तरह श्रीमद्भागवत के एकादश स्कंध पर उन्होंने टीका लिखी है। इसे एकनाथी भागवत कहा जाता है। एकनाथ की समस्त रचनाओं में भागवत को ही अधिक ख्याति प्राप्त है। (इस आधार पर कृष्णभक्ति शाखा में एकनाथ को रखना होगा)। रुक्मिणी-स्वयंवर उनका पौराणिक काव्य है। बाह्याचार का खण्डन कबीर के सदृश है। उनका आत्मज्ञान सन्तों के सदृश है। इस आधार पर उन्हें निर्गुणी मानना उचित आन पड़ता है। कहना यह है कि एकनाथ को भक्तिकालीन वर्गीकरण को किसी एक शाखा से सम्बद्ध करना कठिन है। हिन्दी में उनके पद स्फुट रूप में लिखे हुए हैं। इन स्फुट पदों को जिस क्रम से आचार्य विनयमोहन शर्मा ने रखा है, इस आधार पर विषय के अनुसार पदों का विश्लेषण तथा मूल्यांकन नीचे किया जा रहा है।

गौलण (1 से 11 तक के पद)

गौलण के सम्बन्ध में आचार्य विनयमोहन शर्मा ने लिखा है—"इसका अर्थ ग्वालिन होता है। महाराष्ट्र (के) सन्तों ने 'गौलण' शीर्षक के अन्तर्गत गोपियों के कृष्णप्रेम को अभिव्यंजित किया है। तुकाराम की रचनाओं में 'गौलण' का प्रवेश होता है। कई सन्तों ने मन की रागात्मक वृत्ति का नाम 'गौलण' रखा है, जो श्रीकृष्ण की बंशी की ध्वनि सुनकर उसी में तन्मय हो जाती है। यही उसका आध्यात्मीकरण है।"[1] गौलण एक प्रकार से काव्य के विषय के साथ-साथ काव्य-रूप भी हो गया है।

एकनाथ के गौलण पदों में गोपियों का कृष्णप्रेम अभिव्यंजित हुआ है। पदों के प्रसंग सगुण कृष्ण को लीलामय रूप में प्रस्तुत करते हैं। किन्तु इन पदों के अन्त में कथित प्रसंगों का अध्यातमीकरण किया गया है। सगुण प्रसंग निर्गुण ज्ञान में परिवर्तित दिखलाये गए हैं।

गौलण में विशेष रूप से 'प्रेम' की अभिव्यंजना है। यह प्रेम गोपी-कृष्ण दोनों के लीलामय प्रसंगों से व्यक्त हुआ है। यह 'प्रेम' अन्ततः आध्यात्मिक प्रेम में बदल

1. हिन्दी को मराठी सन्तों की देन, पृ० 228

गया है। एक उदाहरण दिया जा रहा है—

दे दे दे मारी कन्हया लाल साडी छे।
तुम भलो नंद जी नंदन लाल छे। कन्हया ॥1॥
मै तो आई मथुरा हाट छे।
बिगरी तुँ क्या धरे हाट छे। कन्हया ॥2॥
ज्याकर बोलुँगी जशोदा नंद छे।
तारी खोड तोडुँगी हात छे। कन्हया ॥3॥
एका जनार्दन बिनती करत छे।
दोनों हाथ जोड छे। कन्हया ॥4॥ (पद सं० 3)

पद में चीर-हरण का प्रसंग है, गोपी कृष्ण से अपना चीर माँग रही है। माँगने में कृष्ण को मनाने का प्रयास है। कृष्ण चीर नहीं दे रहे हैं और गोपी खुशामद करते हुए कह रही है कि 'तुम भले हो, नंद के नंदन हो, कृपया साड़ी दे दो।' गोपी मथुरा में हाट के काम से आई और अब लौट जाना चाहती है। कृष्ण ने उसे घाट पर रोक लिया है जब तक उसे चीर प्राप्त नहीं होगा, तब तक वह नहीं जा सकती। उसे रोक रखना (व्यर्थ में, बिना काम के) उचित नहीं है। यदि कृष्ण ऐसा करेंगे तो वह यशोदा और नन्द के पास जाकर उसकी शिकायत करेगी और तब उसकी खोड तूट (टूट) जाएगी अर्थात् उसे अच्छा पाठ मिलेगा। अब भी वह मान जाए और उसकी साड़ी दे दे। गोपी ने दोनों हाथ जोड़ दिए हैं। अब तो कृष्ण को साड़ी दे देनी चाहिए। इस सारे प्रसंग का 'एका जनार्दन बिनती करत छे' कहकर समाहार किया गया है। पद में विशेष रूप से गोपीभाव व्यक्त है। यह गोपीभाव कृष्ण से सम्बन्धित (प्रेममय) है।

एकनाथ ने इस तरह ईश्वर (निर्गुण ब्रह्म) के प्रति अपना प्रेम गोपी के माध्यम से व्यक्त किया है। माध्यम सगुण और लौकिक है। किसी-किसी पद में इस लौकिक माध्यम को उपमानों (प्रतीकात्मक ढंग से) का रूप भी दिया गया है। जैसे—

मैं दधि बेचन चलि मथुरा।
तुम केंव थारे नंद जी के छोरा ॥1॥
भक्ति का अचला पकड़ा हरी।
मत खेचो मोरी फारी चुनरी ॥2॥
अहंकार का मोरा गरगा फोरा।
व्हाको गोरस सब ही गीरा ॥3॥

द्वैतन की मोरी आंगीया फारी।
क्या कहूँ मैं नंगी नार उघारी ।।4।।
एका जनार्दन ज्यासो भेटा।
लागत पगो से कबु नहीं छुटा ।।5।। (पदसंख्या 1)

गोपी कह रही है—मैं दही बेचने के लिए मथुरा जा रही हूँ, नंद के छोरे (कृष्ण), तुम क्यों खड़े हो (मार्ग में मुझे रोककर)? संभवतः कृष्ण ने गोपी का आँचल पकड़ लिया है और उसे रोके हुए हैं। हरि ने उसके भक्ति के आँचल को पकड़ लिया है। (यहाँ आँचल को भक्ति रूप दिया गया हैं,) कृष्ण संभवतः गोपी की चूनरी (साड़ी) खींच रहे हैं (आँचल खींच रहे हैं) और गोपी कह रही है, मेरी चूनरी फट गई है, इसे मत खींचो। इस खींचखाँच में गोपी के सिर पर रखा हुआ गरगा (गोरस से युक्त) गिर गया, फूट गया और उसके भीतर का गोरस सब बह गया। यहाँ भी गरगे (मिट्टी के पात्र) को अहंकार कहा गया है और उसके भीतर (अहंकार के भीतर) वाले गोरस को (इंद्रियों से सम्बन्धित रस को) मायावी आकर्षण कह सकते हैं। अहंकार का गरगा फूट जाएगा तो उसके भीतर समाने वाले सांसारिक आकर्षण (इन्द्रियों से सम्बद्ध) अपने-आप बह जाएँगे। कृष्ण ने इस छेड़छाड़ में गोपी की अँगिया (चोली) फाड़ दी। इस अँगिया को द्वैतभाव कहा गया है। द्वैतभाव दूर हो जाए तो अद्वैत भाव की अनुभूति होगी। गोपी अधिक क्या कहे? वह सब प्रकार से कृष्ण की शरण में है (क्या कहूँ मैं नंगी नार उघारी) कृष्ण के सामने सारे आवरण खुले हुए हैं। अन्ततः एकनाथ कहते हैं जिसे जनार्दन (गुरु) प्राप्त हो जाते हैं और गुरु की यह भेंट (गोपीभाव का आत्मबोध) यदि आत्मज्ञान पैदा कर दे तो फिर जैसे गोपी कृष्ण को छोड़कर कहीं नहीं जाएगी, वैसे ही जो कोई इस रहस्यमय प्रेम सम्बन्ध से परिचित होगा और गुरु के मर्म (ज्ञान) को गुरुकृपा से प्राप्त कर लेगा फिर उसे अन्यत्र भटकना नहीं पड़ेगा।

स्पष्ट है कि गोपी तथा कृष्ण से सम्बन्धित यह प्रसंग माध्यम है। इस माध्यम से लौकिक प्रेम को आध्यात्मिक रूप दिया गया है। गौलण से सम्बन्धित सभी पदों में गोपी तथा कृष्ण के संयोग (मिलन) वाले प्रसंग हैं। यहाँ प्रेम विरह में जागने वाला प्रेम नहीं है। विरह से सम्बन्धित एक भी पद नहीं है। संयोग वाले ये प्रसंग भी छेड़छाड़ वाले प्रसंग हैं। इन प्रसंगों में गोपियों ने कृष्ण का प्रतिकार किया है। यशोदा से कृष्ण की शिकायतें की हैं। और कृष्ण के उलाहने भी दिए हैं। गोपियों का यह प्रेम (कृष्ण के प्रति) जिज्ञासा, आकर्षण, कौतूहल से युक्त प्रतीत होता है। जिज्ञासा का अन्त उस समय हो जाता है जब सारे उलाहने और शिकायतें समाप्त हो जाती हैं और कृष्ण से वास्तविक भेंट हो जाती है। (पूर्ण परिचय की स्थिति)

गौलण पदों के सम्बन्ध में एक और बात ध्यान रखने की यह है कि पदों में

सगुण लीला (गोपी-कृष्ण के प्रसंगों में) का वर्णन है किन्तु यह आध्यात्मिक प्रेम को ही वास्तव में व्यक्त करनेवाला है। इन पदों को रहस्यवाद से सम्बन्धित नहीं कहा जा सकता क्योंकि प्रेम की भावना (रहस्यात्मक-अज्ञात के प्रति प्रेम होने पर भी) प्रथम पुरुष में (कबीर या महादेवी की तरह) व्यक्त नहीं हुई है। गोपी के माध्यम से (गोपी पात्र के आधार पर) यह प्रेम व्यक्त हुआ है। निर्गुणी ज्ञान को सगुण के माध्यम से समझाने का प्रयत्न कवि ने किया है, यह स्पष्ट झलकता है।

भारुड़ (पदसंख्या 12 से 18)

मराठी में एकनाथ ने बहुत-से भारुड़ लिखे हैं। हिन्दी में भी कुछ भारुड़ प्राप्त हैं। भारुड़ एक प्रकार से व्यंगपरक काव्यशैली है। इस सम्बन्ध में डॉ० नारायण गोविन्द नांदापुरकर ने लिखा है—"गारुड़ एक भारुड़ इन दोनों शब्दों की व्युत्पत्ति समान समझनी चाहिए। गारुड़ी (सँपेरा, बाजीगर) के सम्बन्ध में जो है, वह गारुड़ इसी तरह अर्थ विस्तार से गारुड़-सदृश डोंबारी (बाजीगर), कोल्हाटी (बाजीगर) और उन्हीं के समान समाज का अंतर्भाव उसमें हुआ और उसकी अर्थ व्याप्ति हो गई···भारुड़ शब्द की व्युत्पत्ति कन्नड़ के संपर्क के आधार पर बतलाई जाती है। नाड अधिक हाड़ु बराबर है नाडहाड़ु अर्थात् ग्रामगीत (लोकगीत Country Songs) एक कन्नड़ शब्द में गीतवाचक हाड़ु है और 'भार' का अर्थ जनसमाज के सम्मुख आना लिया गया है और इस तरह भार अधिक हाड़ु का अर्थ भरवाड़ु भारुड़ु भारुड़ हो गया।[1]

भारुड़ की व्युत्पत्ति के सम्बन्ध में श्री नांदापुरकर ने अपने निबध में स्वर्गीय पांगरकर के मत को उद्धृत किया है। मराठी के विद्वान् प्रायः इस व्युत्पत्ति का अधिक समर्थन करते ज़ान पड़ते हैं। श्री नांदापुरक जी लिखते हैं—"बहुरूढ़ अर्थात् लोकप्रिय गीत, और 'बहु' का 'अपभ्रंश' 'भा' 'भो' इस प्रकार कर वे (श्री पांगरकर) भारुड़ की व्युत्पत्ति बतलाते हैं। और इस तरह 'भारुड़' में विहित विविध अर्थों को दर्शाते हैं।"[2] इस व्युत्पत्ति को लिखने के बाद डॉ० नारायण गोविंद नांदापुरकर अपनी ओर से भी इस सम्बन्ध में लिखते हैं—"प्रस्तुत लेखक ने (नांदापुरकर ने) 'भा' का अर्थ दीप्ति और 'रूढ़' का अर्थ उस पर अधिष्ठित रहना—और वही भारूढ़ भारुड़ अथवा 'भार' का तात्पर्य जनसमुदाय उस पर आरूढ़ है अर्थात् जनसमुदाय-सम्बन्धी जो गीत लिखे हैं, वे ही भारुड़ हैं।"[3] इस तरह भारुड़ की व्युत्पत्ति के

---

1. श्री एकनाथ दर्शन (खंड 1), एकनाथ संशोधन मंदिर, औरंगाबाद (प्रकाशन तिथि 1952 ई०), पृ० 171-172 (मराठी पुस्तक से)
2. वही, पृष्ठ 172-173 (मराठी पुस्तक से)
3. वही, पृ० 173

सम्बन्ध में विद्वानों की राय अलग-अलग है। इतना तो स्पष्ट है कि भारुड़ नाट्य-गीत हैं। इनका गान अभिनय के साथ होता है। इस अभिनय में गीत के पात्र विशेष रूप से लोकजीवन से सम्बन्धित हैं। भारुड़ों को हम लोकगीत (गामगीत) कह सकते हैं। ये गीत मुक्तक पद्धति में लिखे गए हैं। इन गीतों के माध्यम से अध्यात्म को लोकसामान्य का विषय बनाने का प्रयत्न किया गया है। अध्यात्म पर केवल विशेष वर्ग का अधिकार नहीं है। यह विषय लोकसामान्य का हो सकता है। भारुड़ों के माध्यम से एकनाथ ने अध्यात्म को लोकसामान्य का विषय बनाने का प्रयास किया है। पदसंख्या 12 से 18 तक सभी भारुड़ सँपेरों से सम्बन्धित है। इन्हें 'गारुड़ी' कहा गया है।

गारुड़ी भारुड का पात्र है। यों कहना चाहिए कि गारुड़ी को आधार बनाकर भारुड़ लिखे गए हैं। गारुड़ी जीव (साँप) पालते हैं। उनको खेल सिखलाते हैं। साँपों को पिटारे में बन्द रखते हैं। इन पिटारों को खलीते में रखते हैं। साँप की तरह बिच्छू को भी ये सँपेरे पालते हैं। और भी साधन इनके पास हैं। इनके आधार पर ये लोग खेल खेलते हैं। मंच-विशेष की इन्हें आवश्यकता नहीं होती। विशेष रूप से ऐसे स्थानों पर जहाँ जन समुदाय प्रायः आसानी से एकत्रित हो जाए, वहाँ पर वे अपना खेल खेलते हैं। इनके खेल में चमत्कार होता है। एक ओर ये अपनी भाषा से और दूसरी ओर अपने साधनों के आधार पर जनसमुदाय को अपनी ओर आकृष्ट करते हैं। इनका खेल रहस्यमय होता है। ये अपना काम (खेल ही इनका काम है) बड़ी सफाई (कौशल) के साथ करते हैं। एकनाथ के इन भारुड़ों में कथ्य (कथन को) को समझने के लिए दृश्यचित्र का प्रत्यक्षावलोकन आवश्यक है। गीतरूप में लिखे गए इन भारुड़ों का जब तक उपयुक्त मंच के साथ दृश्यरूप (अभिनय द्वारा) नहीं दिया जाता तब तक कथ्य-कथन पूर्णतः एवं आवेगरूप में स्पष्ट नहीं किया जा सकता। गीतरूप में लिखे इन भारुड़ों की अभिनयवाली भूमिका को ध्यान में रखना आवश्यक है। प्रोफेसर वा०ल० कुलकर्णी ने इस सम्बन्ध में लिखा है—"एकनाथ द्वारा लिखे गए भारुड़ अभिनयात्मक (नाट्यात्मक) हैं। उनमें से बहुत-से नाट्यगीतात्मक हैं। अलग-अलग पृष्ठभूमि को आधार मानकर एकनाथ ने जो विविध भारुड़ लिखे हैं, उनमें तदनुकूल (भूमिका के आधार पर) पात्रों के मुख से अपना कथ्य व्यक्त किया है। इसलिए इन नाट्य-गीतों के रूप में लिखे गए इन भारुड़ों को अभिनय-गीतों का स्वरूप प्राप्त है। 'विंचू चावला' (बिच्छू ने काटा), 'दादला' (पति, वर) इस प्रकार के अनेक भारुड़ ऐसे हैं कि जिनका प्रायोगिक (अभिनय) मूल्य है अर्थात् ये प्रायोगिक (अभिनय) मूल्य सभी को प्राप्त नहीं है। जो केवल वर्णनात्मक हैं या गुणगौरवात्मक हैं, महात्म्य-वर्णनात्मक हैं, ईशचरितंस्मरणपरक हैं, कथानात्मक हैं, उन्हें यह प्रायोगिक (अभिनय) मूल्य नहीं। अर्थात् ऊपर जिन्हें 'प्रायोगिक (अभिनय) मूल्य है', ऐसा

कहा गया है, उनके सम्बन्ध में भी ध्यान में रखने की बात यह है कि ये प्रायोगिक (अभिनय) मूल्य ठीक-ठीक ही है। उसमें श्रोताओं और दर्शकों को बहुत देर तक अपनी ओर आकृष्ट रखने की शक्ति होती है, ऐसा समझने की आवश्यकता नहीं। यह एकनाथ का आशय भी नहीं। रंजन (मनोरंजन) और उद्‌बोधन ये दोनों एकसाथ साध्य हों, इसीलिए भारुड़ों की रचना की गई है। उनमें पाया जानेवाला नाट्यगुण मनोरंजन के लिए सहायक है।"[1] प्रोफेसर वा० ल० कुलकर्णी ने भारुड़ों का नाट्यगुण स्वीकार करते हुए, उसके प्रायोगिक (अभिनय) मूल्य पर विचार किया है। यहाँ प्रायोगिक मूल्य शब्द का अथ अभिनय से सम्बन्धित मूल्य है। प्रयोग का अर्थ एक्सपेरिमेंट न लेकर जो लिखा गया है, उसको अभिनय बाला रूप देना (अभिनय के माध्यम से मंच पर प्रस्तुत करना) है। अर्थात् एकनाथ के भारुड़ अभिनीत हैं और अभिनय के गुणों के आधार पर इनका मूल्यांकन होना चाहिए। यह महत्त्व सभी भारुड़ों को प्राप्त नहीं। हिन्दी में लिखे गए भारुड़ (गारुड़ी की भूमिका में लिखे गए) का अभिनय-मूल्य स्वीकार करना होगा।

गारुड़ी के रूप में लिखे गए इन भारुड़ों की भाषा एकनाथकालीन (सोलहवीं शताब्दी की) पैठण और आसपास की (दक्षिण भाग की) बोलचाल की भाषा है। संभवत: उस काल में गारुड़ी अपना खेल इसी भाषा में (एकनाथ द्वारा लिखित भाषा में, हिन्दी में) खेलते हों। इस माध्यम से लिखे गए इन भारुड़ों में अध्यात्म को स्पष्ट करने का प्रयास किया गया है। अध्यात्म के सम्बन्ध में गीता में लिखा है—

> अक्षरं ब्रह्म परमं स्वभावोऽध्यात्ममुच्यते।
> भूतभावोद्‌भवकरो विसर्गः कर्मसंज्ञितः ॥3॥ (आठवाँ अध्याय)

अर्थात् सबसे जो परम है और जो अक्षर अर्थात् जिसका क्षर नहीं होता—नाश नहीं होता—उस तत्त्व को ब्रह्म कहते हैं एवं प्रत्येक वस्तु का जो मूल भाव (स्वभाव) होता है, उसे अध्यात्म कहते हैं। और इस अक्षर ब्रह्म से भूतमात्रादि (चराचर) पदार्थों की उत्पत्ति करने वाला जो विसर्ग अर्थात् सृष्टि व्यापार (रचने का क्रम) है, उसी का नाम कर्म है।

तात्पर्य अक्षर ब्रह्म के स्व-भाव (मूलभाव) को जानना अध्यात्म को जानना है। अक्षर ब्रह्म से और सबका उद्‌भव होता है। उद्‌भव पानेवाला क्षर (नाशवान) होते हैं। यह क्षर नामाख्यात्मक है और जिनका नाश होना ही है। इन सबको (क्षर होने वाले नामरूपात्मक जगत को) अधिभूत कहते हैं। और इन अधिभूत के

1. डॉ० कोलते गौरव-ग्रंथ, संपादक : प्रो० मधुकर आप्टीकर, पृ० 68, (मराठी पुस्तक से)

के भीतर सचेतन पुरुष अधिष्ठाता है, वह अधिदैवत है और इन देहधारियों में सबसे श्रेष्ठ जिसे अधियज्ञ कहा गया है, वह मैं ही (श्रीकृष्ण स्वयं) हूँ। गीता की इस आशय की पंक्तियाँ इस प्रकार हैं—

अधिभूतं क्षरो भावः पुरुषश्चाधिदैवतम् ।
अधियज्ञोऽहमेवात्र देहे देहभृतां वर ।।4।। (आठवाँ अध्याय)

इस बोध को (अध्यातम के बोध को), जिसे गीता में ब्रह्म का स्व-भाव कहा गया है, जानना है। भारुड़ों के माध्यम से इस अध्यातम को सहज रूप में (कठिन को सरल बनाकर) कहने का एकनाथ ने प्रयास किया है। प्रथमतः एकनाथ ब्रह्म के प्रति (अक्षर ब्रह्म के प्रति) जिज्ञासा व्यक्त करते हैं और अनन्तर खेल-खेल में उसका समाधान प्रस्तुत करते जाते हैं।

उदाहरण रूप में एक भारुड़ देखा जा सकता है। जैसे कि पहले ही कह दिया गया है, हिन्दी में लिखे गए भारुड़ गारुड़ी-सम्बन्धी है। यह भारुड़ अभिनय से सम्बन्धित है। इनका कुछ अंशों में अभिनय-मूल्य है। इस बात को ध्यान में रख कर ही इनका मूल्यांकन किया जा सकता है। इस मूल्य के कारण दृश्यरूप की कल्पना जब तक नहीं की जा सकती तब तक भारुड स्पष्ट नहीं होगा। गारुड़ी अपनी वेशभूषा में अपना साज-सामान लिये मैदान में खड़ा है। उसके आसपास दर्शक लोग (सभी प्रकार के) जमा हो गए हैं। वह अपने साँप के पिटारे निकाल-निकाल कर रख रहा है। और अन्य सामानों को व्यवस्थित कर रहा है। खेल शुरू करने से पहले अपने-आप को व्यवस्थित करते हुए भी वह अपनी शैलीं में (अपनी भाषा में) कुछ-न-कुछ कहता ही रहता है। आरम्भ में वह खेल के प्रति जिज्ञासा जगाता है। वह कह रहा है—

अव्वल याद करो वस्ताद की,
गुरु पीर पैगम्बर की, और याद करो करतार की
जिन्ने मंडान पैदा किया है, अव्वल देखो ये कथा,
उसे नाम न था।
नाम दरम्याने पैदा हुआ, चल, चल, चल,

यह गारुड़ी शैली की भाषा है। पद में चलते गीत की लय है, गीत को गाते समय (गद्यरूप को पदरूप में कहते समय) गारुड़ी अपने ढंग से अभिनय करता रहता है। प्रथमतः उसने कहा—"अव्वल याद करो वस्ताद की", इसके बाद वह रुक गया फिर इस पंक्ति की लय को समेटते हुए दूसरी पंक्ति कही—"गुरु पीर पैगम्बर की, और याद करो करतार की।" इन दोनों ही पंक्तियों के माध्यम से वह ब्रह्म-जिज्ञासा उत्पन्न किया चाहता है। दर्शकों में हिंदू भी हैं और मुसलमान भी।

अत: दोनों का ध्यान रखते हुए वह कहता है—"उस्ताद हो या गुरु, एक ही बात है। इसी तरह पीर-पैगम्बर हो या करतार (ब्रह्म), एक ही बात है। कोई कुछ नाम लेता है और कोई कुछ। नाम के अलग होने से कोई अन्तर नहीं पड़ता। अलग-अलग नामों से याद करने के लिए···" कहने के बाद गारुड़ी कुछ रुक जाता है और नाम के भेद को मिटाने की दृष्टि से सहज प्रवाह में फिर कहता है—"जिन्ने मंडान पैदा किया है ; अव्वल देखो ये कथा, उसे नाम न था ; तात्पर्य यह कि जग का यह विस्तार (रचा हुआ रूप, सृष्टि) उसी का मंडान है। उसी ने यह माँडा है। सबसे पहले समझने की बात यह है कि आरंभ में उसे नाम नहीं था। नाम तो बाद में दिया गया (दरमियान अर्थात् बीच में—बाद में—नाम दिया गया)···" इतना कहने के बाद वह—"चल-चल-चल" कहता है। यहाँ पर यह समझ लेना चाहिए (दृश्यरूप की कल्पना कर लेनी चाहिए) कि दर्शकों के इकट्ठा हो जाने पर खेल आरम्भ करने तक वह खामोश नहीं रह सकता। "अव्वल याद करो···" कहते-कहते वह (इस बीच कहते-कहते ही) पिटारे में से साँप को निकाल कर धरती पर छोड़ देता है। साँप बाहर आ गया है। "जिन्ने मंडान पैदा किया है···" कहते समय संभवत: साँप को बाहर निकाल रहा हो और उसकी ओर तथा दर्शकों की ओर देखते हुए कह रहा हो कि साँप भी उसी का एक मंडान है। सब उसी के बनाए हुए हैं। यह मंडान (यह जीवड़ा) भी उसी का बनाया हुआ है। उस बनाने वाले के आरम्भ की कथा यह है कि उसे नाम न था। इस बीच साँप कुछ चलने लगा अत: प्रसंग बदलते हुए गारुड़ी साँप को संबोधित करते हुए कह रहा है—"चल-चल-चल।"

आगे की पंक्तियाँ इस प्रकार हैं—

> एक सो दोन, दो सो तीन, तीन सो चार, चार सो पाँच।
> पाँच सो पच्चीस, पच्चीस सो छत्तीस बनाया है।
> छत्तीस का भी एक हया है, सो गुरु गारुड़ी की याद है।
> और देखो कैसा खेल बनाया है।

संख्याओं के इस विस्तार का समाधान कठिन है। मूल भाव यह है कि ब्रह्म का यह बिस्तार बढ़ता गया। समझने के लिए कुछ समाधान इस प्रकार दिया जा सकता है—

सबसे पहले परब्रह्म थे। उन्हीं का विस्तार हुआ है। सृष्टि की दृष्टि से उसका दूसरा नाम प्रकृति है। प्रकृति का प्रथम रूप आकाश हुआ, आकाश में तरंगों से वायु प्रकट हुई। वायु के संघर्षण से तेज (पावक) उत्पन्न हुआ। तेज के संघर्षण से तरल पदार्थ (जल) उत्पन्न हुआ। और अन्ततः दृढ़ तत्त्व पृथ्वी का निर्माण हुआ।

एक से दो—अर्थात्, परब्रह्म का आकाश और आकाश से वायु।

दो से तीन—अर्थात्, आकाश, वायु, तथा तेज।

तीन से चार—अर्थात्, आकाश, वायु तेज तथा जल।

चार से पांच—अर्थात्, आकाश, वायु, तेज, जल तथा पृथ्वी।

ये पांचों तत्त्व क्रमश: फिर मूल प्रकृति में लीन हो सकते हैं।

पृथ्वी जल में, जल तेज में, तेज वायु में और वायु फिर आकाश में लीन हो सकता है। इस तरह अनंत सत्ता का साम्राज्य फिर ज्यों का त्यों बना रह सकता है। यह अध्यात्म का मूल रहस्य है। इनमें से प्रत्येक तत्त्व की पांच-पांच प्रकृतियाँ मानी गई हैं। इस तरह पच्चीस प्रकृतियां हो जाती हैं। इन प्रकृतियों के नाम इस प्रकार हैं—

आकाश की प्रकृतियाँ—मन, बुद्धि, चित्त, अहंकार और अंत:करण।

वायु की प्रकृतियाँ—प्राण, अपान, समान, उदान और व्यान।

तेज की प्रकृतियाँ—आँख, कान, नाक, जीभ और त्वचा।

जल की प्रकृतियाँ—शब्द, स्पर्श, रूप, रस और गंध।

पृथ्वी की प्रकृतियाँ—हाथ, पैर, मुख, गृह्य और लिंग।

इस तरह पांच के पच्चीस हो गए। यह सृष्टि का विस्तार है। इन पच्चीस प्रकृतियों के आपस से मिलने से और अनेक तत्त्वों का निर्माण होता है। पच्चीस के छत्तीस हो गए अर्थात् और 11 तत्त्व उसमें जुड़ गए। शैवों ने 36 तत्त्व माने हैं। सम्भवत: 25 और 11 तत्त्व जुड़ गए और 36 हो गए। ये 36 तत्त्व इस प्रकार हैं—(1) शिव, (2) शक्ति, (3) सदाशिव, (4) ईश्वर, (5) शुद्ध विद्या, (6) माया, (7) विद्या (अविद्या), (8) कला, (9) राग, (10) काल, (11) नियति, (12) जीव, (13) प्रकृति, (14) मन, (15) बुद्धि, (16) अहंकार, (17) श्रोत्र, (18) त्वक्, (19) चक्षु, (20) जिह्वा, (21) घ्राण, (22) वाक् (23) पाणि (हाथ), (24) पाद (चरण), (25) पायु, (26) उपस्थ, (27) शब्द, (28) स्पर्श, (29) रस, (30) रूप, (31) गंध, (32) आकाश, (33) वायु, (34) तेज, (35) जल, (36) पृथ्वी, छत्तीस के आगे भी विस्तार की कथा लम्बी है। जैसे पृथ्वी से वनस्पति, वनस्पति से अन्न, अन्न से पुरुष आदि-आदि। यहाँ एक बात ध्यान में यह रखनी चाहिए कि संख्यावाचक विशेषणों के सम्बन्ध में मतभेद का होना स्वाभाविक है। स्वयं उपनिषदों में, गीता में तथा सांख्य दर्शन में सृष्टि की उत्पति और लय के सम्बन्ध में एक विचारधारा नहीं है। ऊपर दिया गया समाधान समझने के लिए है। मूल अध्यात्म-भावना को समझने के लिए है। आगे गारुड़ी कहता है—

छत्तीस का भी एक हया है, सो गुरु गारुड़ी की याद है।
और देखो कैसा खेल बनाया है।

तात्पर्य यह कि इन सब तत्त्वों के भीतर वह एक (ब्रह्म) तत्त्व ही है। उसी का यह विस्तार है। उसी का यह खेल है। यह खेल उसकी लीला है। तत्त्व की बात कहते-कहते, गारुड़ी खेल खेलने लगता है। खेलते समय वह कहता है कि यह खेल उसका ही विस्तार है।

इस समय में वह अपनी कोथली से बिच्छू बाहर निकाल रहा था। निकालते हुए कहता है—

"चल-चल-चल क्रोध का बिच्चु बाहेर काढा।
उसका बीख शिर कु चाढा, जपी-तपी-संन्यासी की खोड तोड़
समज के देखो रे बिच्चु ने नांगी मारा रे
छनन न न कहने लगा, चल-चल-चल ये देखो बाहेर निकला।"

बिच्छू को बाहर (कोथली में से) निकालते समय वह कहता है, "चल-चल-चल," इतनी पंक्ति वह बिच्छू की ओर देखते हुए और बिच्छू को सम्बोधित करते हुए कहता है। फिर दर्शकों की ओर देखकर बिच्छू को क्रोध का नाम देता है। बिच्छू यदि डंक मारे तो उसका विष सिर तक पहुँचता है। बिच्छू के विष का जो प्रभाव रहता है, वही प्रभाव क्रोध का भी रहता है। क्रोध के कारण स्मृति का नाश होता है और स्मृति का नाश होने से बुद्धि का नाश होता है और बुद्धि के नष्ट होने पर तो सब कुछ नष्ट हो जाता है।[1] यह क्रोध जपी-तपी सबकी खोड तोड़ता है। इस क्रोध ने सबको परेशान किया है। क्रोध की भावना यहाँ अध्यात्म में बाधा पैदा करने वाले तत्त्व के रूप में है। उसको खेल की दृष्टि से समझना हो तो बिच्छू को देख लीजिए। बिच्छू गारुड़ी के हाथ में है। गारुड़ी बिच्छू को अपने वश में किए उसे खेलरूप में (लीलारूप में) प्रस्तुत कर रहा है। गारुड़ी कहता है—"समझ जाइए, बिच्छू डंक मार (नांगी मारना) रहा है। डंक लगते ही—छनन ऽऽऽ न ऽऽऽ न (ध्वन्यात्मक प्रतिक्रिया) रूप में डंक का शिकार (व्यक्ति) चिल्लाने लगता है।" गारुड़ी डंक लगने के बाद होने वाले प्रभाव की नकल करता है। यह कहते-कहते ही वह बिच्छू को बाहर निकालता है। उसे वह मैदान में छोड़ देता है।

बिच्छू की तरह अब वह साँप का खेल प्रस्तुत (तमाशा) करता है कहता है—

---

1. गीता में कहा है—
क्रोधाद्भवति सम्मोहः सम्मोहात्स्मृतिविभ्रमः।
स्मतिभ्रंशाद्बुद्धिनाशो बुद्धिनाशात्प्रणश्यति॥ (दूसरा अध्याय)

काम विषय का साप, तमाशा देखो मेरे बाप
बिनंदा तोसे काटे आपे-आपे, अरे-रे-रे-रे, काटा रे, काटा
नजर ध्यान करो रे, नजर ध्यान करो।
सो साप दूर करे, चल-चल-चल, ये देखो ममता नागिन आई रे
भाई-भाई।
तिने लो डंख मारा रे मारा, ठ-न-न-न-न
भागो रे भाई, भागो, दवडो रे, दवडो रे, गुरु के चरन पर
दवडो।

साँप बाहर निकला हुआ है। वह मैदान में चल रहा है। यह चलना खेल-तमाशा है। लोग (दर्शक) उस ओर देखते हैं। गारुड़ी दर्शकों को साँप को देखते हुए (खेल करते देखते हुए) देखकर कहता—"मेरे माँ-बाप (दर्शकों को), तमाशा देखिए, यह साँप ही 'काम' है। जैसे साँप का आप लोग तमाशा देख रहे हैं, वही तमाशा संसार में 'काम' का है।" मैदान में साँप दौड़ने लगा। गारुड़ी कहता है—"इसमें फसे—इसके (कामरूपी साँप के) चक्कर में आए तो बिनष्ट हुए (बिनंदा तोसे काटे)। यह 'काम' अपने-आप को नष्ट करने वाला है।" साँप धरती पर दौड़ने लगा। उसके आगे (साँप के आगे) भागते हुए गारुड़ी दौड़ने लगता है और कहता जाता है—"अरे-रे-रे काटा रे, काटा,···"इस दौड़ में वह दर्शकों के निकट से (गोलाकार में दर्शक मंडली एकत्रित है) गोलाकार एक चक्कर काट जाता है। उसके हाथ में एक पात्र है जिसमें वह दर्शकों से पैसे माँगता है। गारुड़ी कहता है—"नजर ध्यान करो रे, नजर ध्यान करो, इसका आशय यह कि अपनी श्रद्धा-नुसार दर्शक कुछ नजर करे, अपनी ओर से कुछ धरम करे, रुपये पैसे दे। दर्शक-मंडली में से कुछ लोग नजर कर देते हैं, कुछ लोग गारुढ़ी के पात्र में पैसे डाल देते हैं और कुछ लोग जो गारुड़ी के निकट नहीं हैं, मैदान में हीं अपने स्थान से खड़े-खड़े नजर (पैसों के रूप में) फेंक देते हैं। गारुड़ी दर्शकों का सद्भाव सहित अभि-वादन अपनी शैली में करता है।

इसी बीच नाग के साथ छोड़ी गई नागिन मैदान में दौड़ने लगी। गारुडी ने साँप को (नाग को) सम्भवतः दूर किया। नागिन को चलते हुए देखकर (उसका तमाशा प्रस्तुत करने की दृष्टि से) कहने लगा—नागिन को सम्बोधित करते हुए कहने लगा—"चल-चल-चल।" इसी समय दर्शक की ओर देखकर एवं नागिन की ओर (दौड़ती हुई नागिन की ओर) संकेत करते हुए कहा—"ये देखो ममता नागिन आई रे, भाई-भाई···नागिन को ममता कहा गया है। 'भाई-भाई' सम्बोधन दर्शकों के लिए है। यहाँ सम्बोधन में विशेष भाव दर्शकों को नागिन (ममता) से सावधान करना है। वह स्वयं दौड़ता है और कहता जाता है—"तिने

लो डंख मारा।" उसने (तिने)—अर्थात् नागिन ने डंक मारा (डस लिया इस अर्थ में) है, इस कथन को दोहराने में (भयसूचक दोहराने में) ममता का परिणाम दिखलाने का भाव है। डस लेने पर जो पीड़ा होती है, उस पीड़ा से दर्द की ध्वनि 'ठ-न-न-न' होती है। इस ध्वनि का वह अभिनय करता है। स्वयं दौड़ता जाता है और दर्शकों से कहता है—"दवड़ो रे, भाई दवड़ो, दवड़ो रे, गुरु के चरण पर दवड़ो।" बचने का एक ही मार्ग है—वह है गुरु।

आगे कहता है—

तो ऐसा करूँ कि गुरु के पांव कबी न छोड़ो
व्हाँ कोई का न चले, ममता नागन का जरूर बुरा है
वो कैसे चलती है सो बड़े-से-बड़े लड़ते हैं।
वो न लड़े ऐसी हिकमत बताउँ तुमकू सुनो रे भाई, सुनो

बिच्छू के माध्यम से क्रोध, साँप के (नाग के) माध्यम से काम और नागिन के माध्यम से ममता का खेल (यह खेल संसार में चलता रहता है और लोग इसके आकर्षण में फँस जाते हैं।)—गारुड़ी ने यहाँ दिखलाया है। खेल प्रस्तुत करते हुए वह यह दिखलाने का प्रयत्न करता है कि बिच्छू, नाग (साँप) तथा नागिन सब उसके (गारुड़ी के) अधीन है। उसने उन सब पर विजय प्राप्त की है। दर्शक मंडली में इन सबके प्रति (बिच्छू, नाग तथा नागिन के प्रति) अज्ञान के कारण आकर्षण तथा भय व्याप्त है। यह आकर्षण और भय तभी दूर हो सकता है जब वे गुरु के गारुड़ी की शरण में जाएँ। गारुड़ी यहाँ इसलिए कह रहा है कि इन सबसे (क्रोध, काम तथा ममता से) बड़े-बड़े लड़ते हैं। किन्तु इसमें सफलता तभी मिल सकती है, जब गुरु की शरण जाएँ। इनसे लड़ना न पड़े, इसके लिए उपाय (हिकमत) गारुडी बतलाता है। उसका कहना है कि इस उपाय को ध्यान से सुना जाए—

गुरु पीर के हात का मोहरा, तुम्हारे हाथ चढे दुने दारा
तो नागन का तूटे धारा, सो कबी आवने नहीं पावे
मना मनशा साप करो, शांती पेटारे में वुसुकु डारो रे भाई, डारो
बाहेरे तो विवेक शिक्का मारो,
ईस दोनों मु बेकु ऐसा करो के गुरु चरण पर,
रात और दिन खेलो, जनार्दन गुरु गारुड़ी के पास
व्हाँ तुम करो खेल, खेलते-खेलते हो जायेगा अलक्ष आखेल
एका हाँडी बांग कुँ दिया खेवा, सो हो गया अलक्ष खेल

हिन्दू हो तो गुरु और मुसलमान हो तो पीर (एक ही बात है) के हाथ अपने को मोहरे के रूप में सौंप देना—गुरु की शरण चले जाना या पीर की शरण चले

जाना है। उनके बतलाए मार्ग पर चलना चाहिए। उस अवस्था में नागन का धागा टूट सकता है। (ममता से मुक्ति मिल सकती है) तब फिर वह नागिन (ममता) कभी नहीं सताएगी। साफ बात यह है कि मन साफ रखो, इच्छाओं (आकांक्षाओं) को साफ रखो और चित्त शांत हो। शान्ति के पिटारे में नागिन को बन्द करते हुए कहता है—"शान्ति पेटारे में वुसुकु डारो रे भाई, डारो।" गारुड़ी नागिन के साथ खेल खेलता है। उसे पिटारे से निकालता है और पिटारे में बन्द करता है। बन्द करने के बाद उस पिटारे पर हाथ रखते हुए (मुट्ठी बाँधकर) कहता है—"बाहेरे तो विवेक का शिक्का मारो"—अर्थात् विवेक बड़ी चीज है। इसका सिक्का लगने पर भीतर से ममता (नागिन) बाहर नहीं आ सकेगी। इस तरह से इनके मुँह बन्द कर दो। ऐसा उपाय करो (गुरु के चरणों में रहकर ही यह उपाय किया जा सकता है।) जिससे यह खेल खेला जाता रहे। भय दूर हो जाय और सब कुछ सरल प्रतीत हो। गुरु जनार्दन है (एकनाथ के गुरु का नाम जनार्दन है।) और यहाँ खेल में गुरु गारुड़ी है। इस तरह खेल खेलने से अलक्ष (अलख निरंजन) ब्रह्म के दर्शन (अनुभूति) हो जाएँगे। हाँडी-बाग यहाँ खेल के पात्र को कहा गया है, जिसे ब्रह्म ज्ञान नहीं है। यह हाँडी-बाग, गुरु के अधीन होने पर खेल खेलने लगेगा और ब्रह्म को पा जाएगा।

भारुड़ (पद 19 से 39 तक)

गारुड़ी के रूप में लिखे गए भारुडों का अभिनय-मूल्य है। अतः इनका विवेचन अलग किया गया। पद संख्या 19 से 39 तक वाले पद भी भारुड़ ही हैं। ये भारुड़ अलग प्रकार के हैं। इनके अन्तर्गत फकीर (पद संख्या 19), साँई (पद संख्या 20 तथा 21), हजरत मौला (पद संख्या 22, 23 तथा 24), कलंदर फकीर (पद संख्या 25), खुदा का बंदा (पद संख्या 26), मुंडा (पद संख्या 27, 28 तथा 29), बुलबुल (पद संख्या 30), जोगी (पद संख्या 31), नानक (पद संख्या 32, 33, 34, 35 तथा 36) और अन्ततः भाँड (37, 38 तथा 39) हैं। इन सबका भी विस्तार के साथ अलग-अलग रूप से विवेचन संभव है। विस्तारभय से संक्षेप में ही लिखा जा रहा है। एकनाथ अपने समय में विभिन्न सम्प्रदायों (हिन्दू तथा मुसलमानों) के नेताओं से परिचित थे। उनका यह अध्ययन, उनके सामाजिक-बोध का द्योतक है। इन सब का समाज पर प्रभाव था। ये लोग अपने-अपने ढंग से अपने-अपने सिद्धान्तों के अनुसार जनसमुदाय का मार्गदर्शन कर रहे थे। अतः सीधे जनता से सम्पर्क स्थापित करने की दृष्टि से इनके प्रभावों का एवं इनकी वास्तविकता का उद्घाटन करना एकनाथ ने आवश्यक समझा हो। एकनाथ मानते हैं कि कोई किसी सांप्रदाय का हो, उसकी वेश-भूषा किसी प्रकार की हो, उसकी विचारपद्धति एवं साधना पद्धति किसी रूप में प्रचलित हो—सबके भीतर वह

एक तत्त्व (ब्रह्म) मौजूद है। और इसका बोध यदि किसी को न हो (और सब कुछ हो) तो यह सब (जो उसके पास है) आडम्बर मात्र है। इन आडम्बरों के पीछे मूल अध्यात्म भावना एक होनी आवश्यक है।

इन सब पदों को भी (अभिनय-मूल्य न होने पर भी) भारुड़ कहा जा सकता है। एकनाथ ने इन भारुड़ों में सम्बन्धित पात्र (जिसको आधार बनाकर भारुड़ लिखे गए हैं) का शब्द-चित्र दिया है। पात्र-विशेष का कलेवर (साज-सज्जा) तदनुकूल मुद्रा की स्थिति में प्रस्तुत किया गया है। कहीं पर पात्र-विशेष की भाषा (जैसे वह पात्र कहेगा या आचरण करेगा) आचरणों में व्यक्त हुई है। ये सब पात्र-विशेष समाज में अपनी-अपनी मर्यादाओं को लिए हुए रूढ़ हो गए हैं। इनकी रूढ़िवादिता का खण्डन एकनाथ करते हैं। यों तो स्वयं एकनाथ भी स्वयं अपने को इनसे मुक्त कैसे मान सकते थे? किन्तु उन्होंने आध्यात्मिक भावना को (ब्रह्म-ज्ञान को) सर्वोपरि महत्त्व दिया और इस दृष्टि से उनका अपना जीवन जिन आचारों को अपनाए हुए हैं, उनको न तजते हुए, अध्यात्म को (उन्हीं आचारों के बीच) समझने का उन्होंने प्रयास किया है। जीवन-भर गृहस्थ रहकर, प्रवृत्तिमूलक जीवन-पद्धति को अपनाकर उनका दर्शन निवृत्तिमूलक रहा है। एकनाथ का साहित्य सगुण प्रतीत होते हुए भी उसके भीतर निर्गुण तत्त्व सब जगह (अध्यात्मरूप में) मौजूद रहा है। ऐसी स्थिति में उनके भारुड़ों के पात्र विविध होते हुए भी उन-उन पात्रों में यदि अध्यात्म-बोध हैं, तो वे पात्र उन-उन रूपों में एकनाथ को स्वीकार है। एकनाथ का खण्डन किसी की वैयक्तिकता को (संप्रदाय या पद्धति-विशेष) को समाप्त कर डालने के लिए नहीं है। एकनाथ ने इन सबसे मैत्रीभाव स्थापित किया है और उन सब के बीच रहकर सामान्य अनुभूति की खोज की है। यह सामान्य अनुभूति आध्यात्मिक ही हो सकती थी। इस बोध से यदि दो विभिन्न संप्रदाय के लोग आपस में मिलेंगे तो बाह्य आवरण के और आचारों के भेद के कारण अपने को एक-दूसरे से भिन्न नहीं मानेंगे। यह मैत्रीभाव जब तक इन मौला-फकीर-मुंडा-साँई-जोगी-नानक आदि में स्थापित नहीं होता तब तक इनको महत्त्व देने वाला जनसमाज आपस में एक कैसे हो सकता है? इसीलिए एकनाथ को यह सब कहना पड़ा है। वैयक्तिक साधना में लीन रहना और अपनी आत्मा का विकास करना और बात है किन्तु दूसरे सम्प्रदायों के सम्बन्ध में कहना खतरे से खाली नहीं होता। इसके लिए सामाजिक अध्ययन की आवश्यकता होती है। जिनके सम्बन्ध में कहना है, उनको पहले जान लेना है और जान लेने पर उनकी वास्तविकता को पहचानकर ही उन पर टिप्पणी की जा सकती है। एकनाथ का निर्गुण बोध (अध्यात्म-दर्शन) समाज से बाहर नहीं है। समाज से भागकर एवं संन्यास लेकर वे निर्गुण की ओर प्रवृत्त नहीं हुए। उन्होंने खुली आँख से समाज के सत्य को (जो है उसको) स्वीकार किया है और इस सब खेल के भीतर (ब्रह्म के विस्तार के भीतर) ब्रह्म को पह-

चानने का प्रयत्न किया है। इस दृष्टि से देखने पर एकनाथ की साधना संत साधना प्रतीत होती है।

संत या भक्त

मराठी में एकनाथ संत कहलाते हैं। एकनाथ ही क्यों? तुकाराम भी संत हैं। नामदेव भी संत हैं। विनयमोहन शर्मा ने अपनी पुस्तक का नाम रखते हुए सबको (उनकी पुस्तक में आए सबको) संत ही कहा है। उनकी पुस्तक का नाम—'हिन्दी की मराठी संतों की देन' है। ऐसी स्थिति में एकनाथ को भक्त कहना किसी भी दृष्टि से उचित नहीं जान पड़ता। भावार्थ रामायण लिखकर भी एकनाथ राम-भक्त नहीं और भागवत लिखकर (श्रीमद्भागवत के एकादश स्कंध की टीका) तथा हिन्दी में गौलण लिखकर भी—कृष्णभक्त नहीं। उनके द्वारा लिखे हुए ये ग्रन्थ उच्चकोटि के हैं। यह सब सगुण विस्तार है। उनके इस सगुण विस्तार को देखकर ही विद्वान् उनकी तुलना गोस्वामी तुलसीदास जी से करते हैं। वास्तव में यह बात विचारणीय है कि जो संत है और जिसकी वैयक्तिक साधना संतों की है, वह दशरथ-सुत राम (सगुण राम) की लीलाओं का गुणगान कथारूप में जनसमुदाय के लिए इतने विस्तार से क्यों लिखे? क्या इस गुणगान में राम की भक्ति की ओर जनसमुदाय को आकृष्ट नहीं किया गया है? रामायण का भावार्थ, यदि आध्यात्मिक ही है, जैसे कि शीर्षक से स्पष्ट है, तो फिर इतने कीर्तन की आवश्यकता क्यों? यह इसीलिए कि सगुण के बोध से निर्गुण को पहचाना जाए। वैसे तो गोस्वामी जी भी निर्गुण को स्वीकार करते हैं। इस पर भी गोस्वामी जी कट्टर राम-भक्त (वैयक्तिक जीवन में तथा अपने साहित्य के भीतर भी) हैं। इस रूप में एकनाथ की भक्ति-भावना एक विचारणीय प्रश्न है। इसका निर्णय यहाँ नहीं देना है। कहना यह है कि एकनाथ राम ही क्यों, कृष्ण को भी स्वीकार करते हैं। उनकी यह स्वीकृति उनके सामाजिक अध्ययन के कारण है। यथास्थिति को परम्परा रूप में स्वीकार करते हुए उस यथास्थिति में अध्यात्म-बोध जो संभवतः लुप्त होता एकनाथ को प्रतीत हो रहा था, उसे फिर से जागृत करने की ओर ध्यान दिलाना उन्होंने आवश्क समझा हो। एकनाथ ने सगुण का खण्डन नहीं किया है। उनका निर्गुण-बोध (मूल होने पर भी) सगुण को नकारने वाला नहीं है। सगुण की स्वीकृति में मूल अध्यात्म भावना, सब जगह एक ही होनी चाहिए, यह उनको इष्ट है। इस दृष्टि से एकनाथ अपनी जीवन-चर्या में भक्तों सदृश लग सकते हैं। उनका गृहस्थ-जीवन इस बात का प्रमाण है। जो उनके अध्यात्म बोध तक नहीं पहुँच सकेंगे, वे उनमें भक्ति का गुण (स्वीकारने में सहज होने के कारण) खोज लेंगे। स्वयं भगवद्गीता में अध्यात्म-बोध अधिक है या भक्ति का बोध अधिक है, विचारणीय है। सभी भक्तों ने गीता से भक्ति का सन्देश प्राप्त किया है। फिर

भी उसकी अध्यात्म भावना को किसी ने नकारा नहीं है। एकनाथ को इस दृष्टि से देखने पर भक्ति-भावना में उनकी आस्था को स्वीकार करना पड़ेगा। जब-जब वे पदों में 'एका जनार्दन' कहने लगते हैं तो उनका अध्यात्म जागता प्रतीत होता है और उनकी आस्था संतमय हो जाती है। संतमय आस्था फिर न राममय है न कृष्णमय, वह तो अध्यात्म है, और यह अध्यात्म ब्रह्म का मूल स्वभाव है।

भारुड़ों की शैली तथा समाज-दर्शन

भारुड़ों के सम्बन्ध में पीछे लिखा जा चुका है। यहाँ भारुढ़ों की शैली तथा समाज-दर्शन पर विचार करना है। भारुड़ों को उलटबाँसी या कूटकाव्य के सदृश नहीं समझना चाहिए। इनकी व्युत्पति के सम्बन्ध में विद्वानों के अनुमान को स्वीकार करते हुए भी प्राप्त भारुड़ों के आधार पर भारुड़ों की कुछ सामान्य विशेषताएँ बतलाई जा सकती हैं। ये सामान्य विशेषताएँ निम्नलिखित हैं—

1. भारुड़ किसी-न-किसी पात्र-विशेष को आधार बनाकर लिखे गए हैं।
2. भारुड़ों के पात्र समाज के विभिन्न वर्गों से सम्बन्ध रखने वाले होने के नाते, इनके आधार पर भारुड़ लिखने वाले का ध्यान समाज पर रहा है, यह स्पष्ट है।
3. जिस किसी पात्र को भारुड़ का विषय बनाया गया है, उस पात्र की भाव-भाषा को तदनुरूप (उसी शैली में) स्वीकार किया गया है। भारुड़ों की शैली में वैविध्य है और यह वैविध्य पात्रों के वैविध्य के कारण है।
4. पात्रों के माध्यम से समाज का व्यावहारिक विश्लेषण करना भारुड़ों का उद्देश्य जान पड़ता है।
5. भारुड़ों की भाषा व्यंजनाप्रधान है।
6. भारुड़ों के पात्र प्रस्तुत रूप में प्रतीत होते हुए भी कवि का उद्देश्य इन प्रस्तुतों के माध्यम से अपने अप्रस्तुत को (अध्यात्मबोध को) व्यंजित करना रहा है।
7. भारुड़ों का अप्रस्तुत अध्यात्मबोध है।

इन कतिपय विशेषताओं को ध्यान में रखते हुए शैली पर विचार किया जा सकता है। एक और महत्त्वपूर्ण विशेषता इनके अभिनय-मूल्य की है। इस सम्बन्ध में पीछे विस्तार से लिखा गया है। अध्यात्म को समाज के विभिन्न वर्गों में व्यापक धरातल पर परखने का यह व्यावहारिक प्रयास है। यों देखा जाय तो जगत लीलामय है। सब उसी ब्रह्म का विस्तार है। समाज का कोई भी वर्ग हो, कोई जीव हो (साँप, बिच्छू या कोई प्राणी), सबमें वह अक्षर ब्रह्म व्याप्त है। ऐसी स्थिति में भारुड़ों के सभी पात्र अपने-अपने ढंग से जीवन गुजारते हुए भी अपने भीतर के ब्रह्मबोध को अनुभव कर सकते हैं। ऐसा अनुभव वे नहीं करते ऐसा एकनाथ ने

अनुभव किया और उनमें ब्रह्मबोध जगाने की दृष्टि से भारुड़ लिखे। और फिर जिनको (जिन पात्रों को) आधार बनाकर भारुड़ लिखे गए हैं, उनके सम्बन्ध में समाज में उन पात्रों की इमेज (धारणा) बनी हुई है। उनकी यह धारणा यदि वैसी ही बनी रहती है तो समाज उसी ढर्रे पर चलता है। इस ढर्रे को यदि तोड़ना है तो इस धारणा के व्यावहारिक पहलू पर विचार करना होगा। भारुड़ों के माध्यम से एकनाथ ने रूढ़ धारणाओं का आध्यात्मिक विश्लेषण किया है। इस विश्लेषण में सामाजिक सत्य को स्वीकार करना पड़ा है। यह सत्य यथार्थ रूप में प्रस्तुत करना चाहें तो अभिधा को व्यंजना बनाना पड़ता है। यथार्थ को व्यक्त करने के लिए पात्रों की शैली-विशेष को (भाषा के साथ) अपनाना पड़ा है। शैली के भीतर भी भाषा बहुत दूर तक साथ नहीं दे सकती अत: बहुत भीतर जाने पर अभिनय तक उतर आना पड़ता है। पात्र, भाषा, पद्धति और आचरण सब चीजें तद्नुरूप मिल जाएँ तो शैली अपने-आप बनती है। शैली को अपनाना परिश्रमसाध्य है। यह परिश्रम समाज का अध्ययन है। इसलिए एकनाथ के भारुड़ों में समाज दर्शन का बोध यथार्थ के धरातल पर (अपनी-अपनी शैली के अनुरूप) दिखलाई देता है। भारुडों के पात्रों की विविधता को देखकर एकनाथ के सामाजिक अध्ययन की कल्पना की जा सकती है।

उपसंहार

और अन्त में इस निबन्ध का व्यवहार करते हुए हिन्दी में लिखे गए उनके पदों के महत्त्व को दिखलाया जा सकता है। ऊपर के विश्लेषण से यह बात स्पष्ट हो गई कि एकनाथ ने हिन्दी में पद लिखकर तत्कालीन भाषा-प्रयोगों को स्वीकार किया है। जिस समय गोस्वामी जी अवधी में मानस लिख रहे थे उसी समय के आसपास दक्षिण में एकनाथ ने प्रचलित खड़ी बोली में—जो उस समय में देश-भर की सामान्य भाषा हो गई थी और जनसमुदाय के भीतर (विभिन्न वर्गों में व्यवहृत थी) जिसकी पैठ थी--उसको उसी रूप में लिखकर सामान्य भाषा के माध्यम से अपने सामान्य भावबोध को व्यापक रूप देने का प्रयास किया है। उनकी भाषा कृत्रिम भाषा नहीं है। उस भाषा में पात्र की शैली एवं अभिनय गुण है। यह गुण सजीव रूप में है। भाव बलवान होने के कारण उसकी भाषा बलवान है। उसका बल जनसामान्य का बल है। विद्वान् लोग गहराई से देखें तो उस बल को पहचान सकते हैं।

राधामाधव विलास चंपू : एक बहुभाषी रचना

राधामाधव विलास चंपू जयराम पिड्ये द्वारा लिखित बहुभाषी रचना है। यह काव्य बारह भाषाओं में लिखा गया है। इस काव्य में सबसे अधिक संस्कृत भाषा का प्रयोग हुआ है और दूसरा स्थान हिंदी का है। अतः हिंदी शाहजहाँ के काल से देश-भर में कितना स्थान ग्रहण कर चुकी थी, इसका आभास इस चंपू काव्य के अध्ययन से हो सकता है। भाषा की समस्या आज की नहीं है। इस सम्बन्ध में हमारे यहाँ बहुत पहले से प्रयास होते रहे हैं। हिंदी ने अपना राष्ट्रीय रूप बहुत पहले ही (औरंगज़ेब से पूर्व ही) सिद्ध कर दिया था। उक्त रचना छत्रपति शिवाजी के पिता शाहजी के दरबारी कवि जयरामपिड्ये ने बंगलौर शहर में की। इस रचना का महत्त्व अनेक दृष्टियों से है, शाहजी काल का (शाहजहाँ काल का) इतिहास इसमें मुखरित है। बहुभाषी रचना होने के नाते भाषाशास्त्र की दृष्टि से भी रचना का अध्ययन उपयोगी है और अंत में काव्य की तत्कालीन, विशेष रूप से दरबारी काव्य की, प्रवृत्तियों को जानने या समझने में रचना से सहायता मिलती है। हिंदी भाषा का प्रयोग काव्य में हुआ है। संस्कृत के बाद हिन्दी को ही स्थान प्राप्त है—इस नाते भी रचना का अध्ययन उपयोगी है। नीचे इस चंपू का संक्षेप में परिचय देते हुए उसकी कतिपय विशेषताएँ लिखी जा रही हैं।

कवि परिचय[1]—चंपू में कवि ने अपना परिचय इस रूप में दिया है—जामदग्निर्वत्सगोत्रसंभवः पिड्योपनामको जयरामो नाम कविः। कहते हैं सप्तश्रृंगी पर्वत के सामने मार्कंडेय पर्वतमाला थी। उस पर्वतमाला की तलहटी में कवि का गाँव था। गाँव का नाम ज्ञात नहीं है। कवि की माता का नाम गंगाबा और पिता का नाम गम्भीरराव था। मार्कंडेय पर्वत से अहिवंत पर्वत तक जो सात किले थे, उनकी किलेदारी (अध्यक्षपद) गम्भीरराव को प्राप्त थी। शाहजी राजा अपने आरम्भिक काल में अहमदनगर के निजामशाही बादशाहों का पुनरुद्धार कर रहे थे। इसी

---

1. राधामाधव विलास चंपू, संपादक : विश्वनाथ काशीनाथ राजवाड़े, पृ० 4 एवं 5

समय उनका संपर्क गंभीरराव से भी हुआ था। गंभीरराव का पिंड्ये घराना, अहिवंत पर्वतमाला (वर्तमान नासिक जिले का भाग) के किलों की किलेदारी करने वाला, शाहजी का परिचित घराना था। अतः जब शाहजी बंगलौर में अपने जीवन के अंतिम काल में स्थायी रूप से बस गए, उस समय जयराम कवि बंगलौर शाहजी के दर्शनार्थ गए। कहते हैं, कर्नाटक से भाट कवि एवं अन्य कवि शाहजी के दरबार से लौटते तो वे शाहजी का गुणगान करते हुए लौटते और अपने-अपने स्थानों को लौट जाते। उनकी (शाहजी की) यह ख्याति जयराम कवि ने भी सुनी अतः वे शाहजी के दर्शन के लिए आतुर हो गए। इसी अवस्था में वे शाहजी के पास पहुँचे और उनके आश्रय में रहकर उन्होंने राधामाधव विलास चंपू की रचना की।

चंपू का रचनाकाल—उक्त चंपू के अंत में कवि ने लिखा है—

द्वादश भाषा ललित शाह नरेश्वरामें।
आकर्णिलें मग म्हणे मृदुल स्वरानें।

अर्थात् द्वादश भाषा में लिखा यह ललित चंपू शाहजी ने स्वयं अपने कानों से सुना है अतः यह कहा जा सकता है कि यह रचना शाहजी की मृत्यु से पूर्व लिखी गई थी। दूसरी बात, इस काव्य में शाहजी से सम्बन्धित अनेक ऐतिहासिक घटनाओं का उल्लेख है अतः यह रचना उन घटनाओं के बाद लिखी गई थी, यह भी निश्चित है। कवि ने लिखा है कि वह महाराष्ट्र प्रांत से शाहजी की ख्याति सुनकर उनके पास आया है, अर्थात् शाहजी उस समय महाराष्ट्र में नहीं कर्नाटक में थे, वहीं पर (बंगलौर में, कर्नाटक में) शाहजी ने कवि से यह रचना सुनी है। कवि लिखता है—

महाराष्ट्रादेशादागत्य आह···
महाराष्ट्रादेशादागतोजयरामो नाम कवीवरः···

श्री विश्वनाथ काशीनाथ राजवाड़े का कहना है कि शाहजी के अंतिम पन्द्रह वर्ष कर्नाटक प्रांत में (बंगलौर में) बीते अतः उसी काल के मध्य यह रचना की गई है। रचना में शाहजहाँ का उल्लेख मिलता है अतः यह अनुमान किया जा सकता है कि शाहजहाँ की मृत्यु से पूर्व यह रचना रची गई है। शाहजहाँ-सम्बन्धी पंक्ति चंपू में ही है। वह इस प्रकार है—

अरु उत्तर दछिन रचन को इत साहजु है उत साहिजहाँ···10

—एकादश उल्लास

उत्तर की रक्षा करने के लिए उस ओर शाहजहाँ है और इस ओर दक्षिण में शाहजी हैं। इसी आधार पर राजवाड़े ने कहा है कि चंपू का रचनाकाल 1580 शक संवत् के पूर्व का है। कहते हैं कि शाहजी को जो गौरव प्राप्त हुआ वह शक संवत् 1575 के बाद—बीजापुर से छुटकारा प्राप्त करने के बाद—ही प्राप्त हुआ। अत: चंपू की रचना निश्चित रूप से 1575 एवं 1580 शक संवत् के बीच हुई है।[1]

चंपू के उल्लास—राधामाधव विलास चंपू में कुल ग्यारह उल्लास हैं। वे इस रूप में हैं—

1. जल क्रीड़ावर्णनो नाम प्रथम उल्लास:
2. पुष्पशय्यारिरंसा नाम द्वितीय उल्लास:
3. नखशिखवर्णनं नाम तृतीय उल्लास:
4. षड्ऋतुवर्णनं नाम चतुर्थोल्लास:
5. चंद्रोदयसूर्यास्तसमयवर्णनं नाम पंचमोल्लास:
6. राजदर्शनसमस्यापूरणं नाम षष्ठोल्लास:
7. राजसभावर्णनं नाम सप्तमोल्लास:
8. राजरीतिवर्णनं नामाष्टमोल्लास:
9. युवराज्यावाप्तिर्नाम नवमोल्लास:
10. राजनीतिवर्णनं नाम दशमोल्लास:

उक्त दस उल्लास संस्कृत भाषा में हैं। ये लगभग 43 पृष्ठों में हैं (पृ० 203 से पृ० 246 तक)। एकादश उल्लास इस चंपू काव्य का महत्त्वपूर्ण और अंतिम उल्लास है। इसी उल्लास में बारह भाषाओं में लिखा काव्य है। यह उल्लास लगभग 33 पृष्ठों का है (पृ० 246 से 279 तक)।

विषयवस्तु—प्रथम पाँच उल्लासों में कवि ने अपनी ओजमाधुर्यादि युक्त काव्य-परिपोषण शक्ति दिखलाने का प्रयत्न किया है। काव्यप्रकाश, चंद्रालोक, काव्यकल्पलता, काव्यादर्श इत्यादि अलंकार ग्रंथों का उल्लेख काव्य में हुआ है। इन पाँच उल्लासों में संभोग, विप्रलंभ, स्त्रियों का नखशिख वर्णन एवं मनोन्मादन आदि का अपूर्व वर्णन कवि ने किया है। इस भाग में इतिहास नहीं है। यदि है तो वह इसी रूप में है, जिससे शाहजी के काल में कवित्व किसे कहते थे, इसका परिचय हो सकता है। राधाकृष्ण के विलास का रीत्यनुसारी वर्णन प्रथम पाँच उल्लासों में प्रमुख रूप से हुआ है। प्रथम पाँच उल्लास ग्रंथ के एक तृतीयांश में हैं, दूसरे पाँच उल्लास अर्थात् 6 से 10 तक के उल्लास एक तृतीयांश और

1. राधामाधव विलास चंपू, पृ० 3 और 4, 27 (73।1-4)

अंतिम उल्लास (एकादश उल्लास) एक तृतीयांश में है। इनमें राधा एवं कृष्ण का उल्लेख प्रथम पाँच उल्लासों में है। बाद के 5 उल्लासों में अर्थात् ग्रंथ के दो तृतीयांश में राधा एवं माधव का उल्लेख कहीं नहीं मिलता। राजवाड़े जी का कहना है कि ग्रन्थ के दो तृतीयांश भाग में अर्थात् 6 से 11 उल्लास तक के भाग में यहाँ से वहाँ तक शाहजी राजा की प्रशस्ति गाई गई है। फिर भी कवि इन उल्लासों की गणना राधामाधव विलास चंपू के अन्तर्गत करता है। ऐसा करने का मूल कारण संभवतः यह होगा कि प्रमुख रूप से यह ग्रन्थ मनुष्य की स्तुति का ग्रंथ न बने, वह ईशस्तुतिपरक ही बने। 6 से 10 उल्लासों में राजदर्शनसमस्या-पूरण, राजसभावर्णन, राजरीतिवर्णन, युवराज्याव्याप्तिवर्णन एवं राजनीति का वर्णन है।[1]

एकादश उल्लास—इस लेख में प्रमुख रूप से एकादश उल्लास के संबंध में ही कहना है। यह उल्लास अंतिम एवं परिशिष्टरूप में है, जिसमें संस्कृत के अतिरिक्त अन्य ग्यारह भाषाएँ हैं।

यहीं पर शाहजी के काल (शाहजहाँ के काल) में भारतीय भाषाओं के साहित्यिक स्वरूप की विवेचना की जा सकती है। साथ ही हिंदी की अखिल भारतीय स्थिति का परिचय भी इस रचना के आधार पर प्राप्त किया जा सकता है। जयराम कवि ने चंपू में लगभग 35 कवियों का उल्लेख किया है। ये सभी कवि एक भाषा के नहीं हैं। विभिन्न भाषाभाषी कवि हैं। ये सभी कवि शाहजी के दरबार में पहुँचे थे। इन कवियों ने जयराम कवि को समस्यापूर्ति के लिए कहा और तदनुकूल जयराम कवि ने इनके उत्तर में या समाधान में काव्य की रचना विभिन्न भाषाओं में की। कवियों ने समस्याएँ प्रस्तुत कीं और उत्तर से जयराम कवि ने उन कवियों का उल्लेख करते हुए समस्या का समाधान प्रस्तुत किया। इन कवियों के नाम निम्नलिखित हैं—

1. रघुनाथ व्यास, 2. रघुनंदन, 3. ठाकुर चतुरद, 4. लछिराम, 5. श्याम गुँसाई, 6. ठाकुर शिवदास, 7. केहरिदास, 8. नारायण भट्ट, 9. गयंद कवि, 10. द्वारकादास, 11. देव काशीकर, 12. शेष व्यास काशीकर, 13. बलभद्र कवि, 14. मुखलाल, 15. अल्लीखान, 16. बालकवि. 17. रघुनंदन रामानुज, 18. जदुराय, 19. दुर्ग ठाकुर, 20. सुबुद्धिराव, 21. ढुंढारी कवि, 22. अकब्बर-पुर का कवि, 23. अनामक पंजाबी कवि, 24. हिंदुस्थानी अनामक कवि, 25. फारसी कवि, 26. गुजराती कवि, 27. मोरिना भाट, 28. बर्गी कवि, 29. मोदलराय, 30. कोट्टा पोवराय, 31. लालमनि, 32. घनशाम, 33. विश्वंभर

1. राधामाधव विलास चंपू, पृ० 6 और 7

भाट, 34. बलदेव नरायन तथा 35. अनंत नरायन ।[1]

ये 35 कवि शाहजी के दरबार में पहुँचे थे। शाहजी ने इनकी रचनाओं को (इनकी अपनी भाषाओं में) बड़े आदर के साथ सुना था। कवि लोग शाहजी की ख्याति सुनकर लंबी-लंबी यात्राएँ करते हुए शाहजी के दरबार में पहुँचते। शाहजी को जब इस बात का ज्ञान होता कि कवि उनकी ख्याति सुनकर आए हैं, तो वे भी उनका सम्मान करते एवं उनकी कविता सुनते। इन 35 कवियों में अल्लीखान नाम का एक मुसलमान कवि भी है। इसके अतिरिक्त प्रायः सभी कवि हिंदू हैं। भाषाओं में जिनका प्रमुख रूप से प्रयोग हुआ है उनमें संस्कृत भाषा का सबसे अधिक प्रयोग है। इसके सिवा हिंदी, मराठी, फारसी, उर्दू, ब्रज, गुजराती, बागलानी, पंजाबी, कन्नड़, ढुंढारी एवं बख्तर भाषाओं का प्रयोग जयराम कवि ने इस चंपू काव्य में किया है। अनेक प्रांतों के व्यक्ति शाहजी की सेना में रहते थे अतः इन सबकी भाषाओं का व्यवहार आवश्यकता के अनुकूल होता रहता था और शाहजी भी इन सब भाषाभाषियों का आदर करते थे।

जयराम कवि नासिक जिले का रहने वाला था। उसके पिता वहीं के निवासी थे। अतः जयराम के संस्कार नासिक जिले के ही हैं, यह मानना पड़ेगा। किंतु जयराम का काव्य पढ़ने से लगता है कि उसने कुछ काल उत्तर भारत में अवश्य गुजारा होगा। जयराम कवि का हिंदी भाषा का ज्ञान बहुत अच्छा है। दोहा, कवित्त, कुंडलियाँ, अरिल्ल, चौबोला आदि अनेक छंदों में कवि ने सफलता से रचनाएँ की हैं। हिंदी काव्य की सामान्य प्रवृत्तियों का प्रभाव अन्य भाषाओं में लिखे काव्य पर भी पड़ा है। प्रत्येक भाषा के अपने-अपने छंद हैं या यों कहिए कि उनकी अपनी-अपनी शैलियाँ हैं। श्लोक संस्कृत में लिखे जाते हैं। इसी तरह दोहे-कवित्त हिंदी में। जयराम कवि ने अन्य भाषाओं में कविता लिखते समय हिंदी छंदों का प्रयोग किया है। कुछ उदाहरण—

दोहा छंद (मराठी में)—

ऐसा राजा शहाजी, कनक कलानिधि जाण।
परधन वनिता ये विखीं। ज्यास अरे हो आण॥

दोहा छंद (कन्नड़ में)—

भाषा गलु वेला अयतु, कनड दोलेंगे हेंला।
मोदलराय अहेलिदा, अदु हेघने केलु॥

दोहा (गुजराती में)—

एक गुनी गुजरातनों, आव्ही करी बखाण।
साभलि बलि नृपमौलिमणि, रीभया साह सुजाण॥

1. राधामाधव विलास चंपू, पृ० 12

दोहा (फारसी में)—

नविसंदे अल्ला मकस्द्, हम् चूं गुफ्ता।
जैंक सुंदै मये जान् मन्, खलस् खर्दन् मफ्ता ॥

घनाक्षरी कवित्त (फारसी में)—

बिविन् जाने मन् वात्फरोशी दुब्न् दुरोद् दख्खन् साहि महाराज अस्।
गर्मे अफताब् साये महताब् कम्ते लुकमान् पेश् दो न हेचकस्।
ताले मेवायद् कि मुलाकात् सुदे तुरा रहथाहछाद फील् अस्प हुन्सद् पंच शश्।
कवि हाल् शबीयार् फिकिर बुगुजारहन् राय उमराव् नोकरी नकुन् पस्।

घनाक्षरी कवित्त (कन्नड़ में)--

एल एल केलि स्वामि शाहराज घालिवंत इल्ल सुन्नंनिद काद मुंद एन माडवा।
राजवेल्ल विछ कोट्टु हेंड्र मक्क कोडि काद हिंदमुंद नोडि व्याउ गाड वोद्दवा ॥
इगि म्हागि होगि लारे बंत मात माड बेकु शिवलिग कट्टि कोंडुजंग्मवेशहिंडवा।
हिंग जूज माडि काद कोरान दे भिक्षा अंता हेलि हेलि महाराय दंडियल्ला बिडबा ॥

यह तो हिंदी के छंदों का प्रभाव देखा गया। मराठी में कविता लिखते समय कवि ने बीच-बीच में हिंदी का भी प्रयोग किया है। संस्कृत के बाद हिंदी और अनंतर मराठी, इन तीन भाषाओं पर कवि का विशेष अधिकार दिखाई देता है। मराठी और हिंदी दोनों भाषाओं का मिश्रण कवि ने अनेक स्थानों पर किया है। निम्नलिखित दोनों दोहों में जो क्रमशः लिखे गए हैं, प्रथम हिंदी में है और दूसरा मराठी में। दोहे की भाषा मराठी होने पर उस पर हिंदी की शैली का प्रभाव स्पष्ट दिखलाई देता है—

गणपति चरण स्मरण करि, अर वाणी को बंद।
द्वादश भाखा कहत जो, नृपति काहे को छंद।
पहिलें दक्षिण देश कवि, करितो वर्णन जाण।
प्राकृत भाषा ते च हे, जाणति सकल सुजाण ॥

यहां तो एक दोहा हिंदी में एवं दूसरा मराठी में लिखा गया किंतु अन्यत्र एक स्थान पर कवि ने दोहे की एक पंक्ति हिंदी में और दूसरी मराठी में लिखी है। जैसे—

राजा हो नृप शाहजी, यवन करावे बाद। (हिंदी)
हे जिब विधिसि बोलिला, ऐसा द्विज संवाद। (मराठी)

जयराम कवि अन्य भाषाओं को सीखने के लिए बड़ा आतुर रहता था।

अपने जीवन काल में वह जिन-जिन भाषा कवियों के संपर्क में आया, उसने उन-उन भाषाओं को सीखकर उनमें रचनाएँ की हैं। भारतवर्ष की जो प्रमुख भाषाएँ उसके काव्य में स्थान पाने से छूट गई हैं या रह गई हैं, उसका कारण यह है कि कवि का संपर्क उन भाषाओं के जानकारों से नहीं हो सका। पश्चिम की सिंधी भाषा, पूर्व की बँगला तथा असमी एवं उड़िया, साथ ही सुदूर दक्षिण की तेलुगू, तमिल एवं मलयामल भाषाएँ जयराम कवि नहीं जानता था। यदि वह जानता तो उनमें भी रचनाएं करने का प्रयास अवश्य करता।

जयराम कवि द्वारा विविध भाषाओं में लिखे गए काव्य से कुछ भाषाओं के उदाहरण यहाँ नीचे दिए जा रहे हैं—

ढुंढारी भाषा

अरिल्

भूपति कांयों कहे ढुंढरी, जासा छा में धर्ती षारी।
मालूतणय षाहजी राणा, येषो दान म्हे वाको जाणा।
राजा और दुनीजा खावें, इतरो षाह गुणी जन पावे।
मात्तो हत्ती देख्यां पागा, राजा आप पूछवा लागा।

पंजाबी

घनाक्षरी

व्य···देहाँ असी हुण दख्खणदे उमराव
शाहजेदा राजा सुणहिक्कन सुहादा हे।
मंगत जोंमतेम तेम हाथी हीदा दानु दे दाट
वकषुल्ला जसु जेहा पुणि महाचादा है।
दह वी हजार स्वार चढ़ दे हांतिम दे नाल
पह त्यां वेवीह दीहल रल्लहुन स्वांदा है।
विच्च जिथे जंगल देश घखा दे सिंध लीनों
उछे जडि शाहर है शाहरहा जादा है।

बागलानी

विनती असे तुम पास् मी मोर्रिना भाट शो।
शाह झणी तुभ हास् बगलाणान्हा बोलले।

गुजराती

घनाक्षरी

आखो दाढ़ौ रुडी पठे जवा माटे केटलाक
नलराम नाम लेइ षामवेद गाय छे।
वलि जेव्हां त्येव्हां द्विज बीजी बारराज
लेवा कासि भरि काष होने सेतबंध जाय छे।
केटलाक रोटला उनाखी सोध हट्ट जोग
खट्ट चक्र भेदवाने मोटुंना कषाय छे।
अम्हें अणि जाणु दुख जाय सर्वदेस भुकतेहुं
मुख शाहराज मुख देख्या थाय छे।

हिंदुस्थानी (खड़ी बोली)

चौबोला

हिंदुस्थानी भाट बखानी सो यह बानी खलक सुनें
पूरब पश्चिम उत्तर दछन खानखवानहु सींस धुने।
बर्गी बक्सर ठट्ठा मइक्कर बागुल काबल भूप बड़े।
साहेब साहजि के दरबार में चौकी पहरा देते खड़े।
कोई खड़े हात जोड़े कोई आधे दौड़े कोई पैंआरे झाड धरें।
कोई लिए पिकदानी कोई लिये पानी कोई शिर छत्रकि छाहें करें।
कोई पेत्रकस ल्यावें बंद कहावें कि रंगोरुं हाल लियें।
कोई कोई जश गावें कोई चुप खावें कोई कहे जुगु जुगु साहि जियें।

दक्खिनी हिंदी

रेखता

अक्ल चुराई मेरी कमकल पिठारे ने
महाबली महाराजा दिलगीर करे है।
ज़िल्हे (न्हें) सब दुनीये के गनीम सब काटि
काढ़े जाके सात सत्तर हजार स्वार खरे हैं।
दौड़ जूया शाम निमा शाम लेग पहुँच वहाँ
साफ दिल कहता हूँ मुसाफिर धरे हैं।
अफ्जलकु ट···पा जितें दिइ थि मुजे बाजि
साहिजि के जोर मुझे साहिजदा डरे है।

भाखा (ब्रजभाषा)

एक समै नृप मुकुट मनि यौं कहि मजलिस माहि।
उदय अस्त रवि चंद कोउ भाखा बरन्यों नाहि।
रसमंजरि ज्यौं भानुकर लागत भई विकास।
भाखा कवि सब वाहि को बदलो करत प्रकास।
अथ नायका एक यह भाषा वस्त्र अनेक।
त्यौं हम कल्पित अर्थ पर हम ही करत बिशेख।

मराठी भाषा

सदा ब्रह्मचर्चा करी पंडितांसी।
सदा दे समस्या कवि कोविदासी।
सदा आइके भाट पाहाट गाणीं।
सदा शुद्ध देशीय वेकारगाणी।
बधीं बोलवी सारिका रक्तरावें।
कधि नृत्य शालातरी सौख्य पावे।
आदि-आदि।

भाषाओं के और भी नमूने इस चंपू में देखने को मिलेंगे। इन सबके उदाहरण देने से विस्तार होगा। अतः कुछ उदाहरण ही ऊपर दिए गए हैं। ध्यान देने योग्य बात यह है कि सबसे अधिक स्थान (एकादश उल्लास में) ब्रजभाषा को ही प्राप्त है। कवि ने जिन 35 कवियों का उल्लेख अपने चंपू के इस उल्लास में किया है, उनमें से प्रायः ब्रजभाषा के कवि हैं।

इधर महारष्ट्र राष्ट्रभाषा सभा, पुणे से कवींद्राचार्य सरस्वती के अभिनंदन में लिखा (विभिन्न कवियों द्वारा) ग्रंथ कवींद्रचंद्रिका का प्रकाशन हुआ है। इसमें 31 कवियों ने कवींद्राचार्य का अभिनंदन किया है। इनमें कुछ ऐसे नाम भी हैं जो राधामाधव बिलास चंपू में भी मिलते हैं या जिनका उल्लेख जयरामपिंड्ये ने भी किया है। जैसे सुखदेव कवि, घनश्याम, लछिराम[1] आदि। जयराम कवि का नाम भी चंद्रिका में है किंतु यह निश्चित नहीं कि ये जयराम, चंपू के रचयिता हैं। कवीन्द्रचंद्रिका एवं राधा माधवविलास चंपू दोनों को देखने से यह संकेत अवश्य मिलता है कि कवियों का आपस में क्या संबंध रहा है। ज्ञात होता है कि कवि लोग राजा-महाराजाओं की ही नहीं कवियों की प्रशस्ति भी गाया करते थे। जैसे केशवदास ने रामचंद्रिका लिखी और राम के प्रति सम्मान निवेदित किया और

---

1. कवींद्रचंद्रिका, सं० : डॉ० कृष्ण दिवाकर, पृ० 44

अपने शास्त्रज्ञान का परिचय भी दिया। इसी तरह और कवि भी संभवत: उन दिनों चंद्रिकाएँ लिखते रहे होंगे। कवींद्र की चंद्रिका एक कवि द्वारा लिखित नहीं है। इसमें विभिन्न कवियों ने अपनी ओर से कवींद्राचार्य के प्रति अभिनंदन व्यक्त किया है। कहने का तात्पर्य केवल यह है कि कवि लोग शाहजहाँ के काल में वाराणसी से बंगलौर तक आया-जाया करते थे और वे जहाँ-जहाँ जाते वहाँ-वहाँ के कवियों से संपर्क स्थापित करते और इनमें विचारों तथा भावों का आदान-प्रदान होता। ये लोग आपस में मिलकर किसी कवि का सम्मान भी करते थे। इसी तरह एक दरबार में रहकर आपस में समस्यापूर्ति में भाग लेते। जयराम कवि अनेक भाषाओं के कवियों से संपर्क रखता था और उनकी भाषा में रचना का प्रयास किया करता था। आज जब भाषाओं के नाम पर झगड़े हो रहे हैं और देश की एकता खतरे में पड़ी हुई है, वैसी स्थिति में जयराम की यह बहुभाषी रचना हमारे लिए बल प्रदान करने वाली रचना सिद्ध होती है। भाषावैज्ञानिक महत्त्व तो इस रचना का है ही किंतु हमारी संस्कृति को एक बनाए रखने का प्रयास भी इस रचना में है। विश्वनाथ काशीनाथ राजवाड़े ने इस रचना के ऐतिहासिक महत्त्व को स्वीकार किया है। राधामाधव विलास चंपू का संपादन राजवाड़े जी ने किया है और इसका प्रकाशन चित्रशाला प्रेस, पूना से सन् 1900 ई० में हुआ। अब इस समय यह प्रति उपलब्ध नहीं है। मुझे यह प्रति भारत इतिहास संशोधक मंडल, पूना के पुस्तकालय में देखने को मिली और उसी प्रति के आधार पर यह लेख लिखा गया है। राजवाड़े जी ने लगभग 200 पृष्ठों की भूमिका इस ग्रंथ के आरंभ में लिखी है। भूमिका मराठी में है। इस भूमिका का ऐतिहासिक एवं साहित्यिक महत्त्व सभी स्वीकार करते हैं। इस रचना में (अर्थात् चंपू में) जितना हिंदी कविता का अंश है, उसका हिंदी में स्वतंत्र प्रकाशन होना चाहिए वैसे तो संपूर्ण चंपू के फिर से प्रकाशन की आवश्यकता है।[1]

□□□

1. मराठी में इस पुस्तक का दूसरा संस्करण 89 वर्षों के बाद वरदा बुक्स 'वरदा' 397-1, सेनापति बापट मार्ग, पुणे, द्वारा जनवरी 1989 में हुआ है।

आलेखों के संदर्भ

☐ **समाज की शक्ति का मूल कहाँ**

[8 जून, 1978 को 'आनन्द स्वाध्याय शिविर', औरंगाबाद में दिया गया भाषण—बाद में 'प्रकाशित मन,' दिल्ली के जनवरी 1979 ई० के अंक में प्रकाशित हुआ।]

☐ **भक्ती द्राविड़ ऊपजी**

[सप्तगिरि, तिरुमल, तिरुपति देवस्थानम् की सचित्र मासिक पत्रिका, अक्तूबर 1993 ई० में प्रकाशित।]

☐ **गोरखनाथ की भाषा**

[इतिहास विभाग, मराठवाड़ा विश्वविद्यालय, औरंगाबाद की ओर से विश्वविद्यालय अनुदान आयोग की राष्ट्रीय संगोष्ठी आयोजित, 'Personality of Paithan'—संगोष्ठी में पठित

'नाथ संप्रदाय और देशी भाषाएँ' शीर्षक आलेख फरवरी 1988 ई०]

☐ **महाराष्ट्र में भक्ति आन्दोलन**

[हिन्दी विभाग, वेंकटेश्वर विश्वविद्यालय, तिरुपति, जनवरी 1991, विश्वविद्यालय अनुदान आयोग के सहयोग से आयोजित संगोष्ठी 'भारतीय भक्ति साहित्य का तुलनात्मक अध्ययन' में पठित आलेख—बाद में सप्तगिरि (तिरुमल, तिरुपति देवस्थानम् की सचित्र मासिक पत्रिका में नवम्बर 1991 में प्रकाशित]

☐ **हिन्दी साहित्य का भक्तिकाल**

[हिन्दी विभाग, सरदार पटेल विश्वविद्यालय, आनन्द, मार्च 1989, विश्वविद्यालय अनुदान आयोग के सहयोग से आयोजित पुनर्बोधन-पाठ्यचर्चा में पठित आलेख का संशोधित रूप]

☐ **भक्तिकाल और भारतीय संस्कृति**

[हिन्दी विभाग, मराठवाड़ा विश्वविद्यालय, औरंगाबाद, जून 1993, विश्वविद्यालय अनुदान आयोग के सहयोग से आयोजित, पुनर्बोधन-पाठ्यचर्चा में पठित आलेख]

☐ **लीला का सौन्दर्य बोध**

[हिन्दी विभाग, हैदराबाद विश्वविद्यालय, हैदराबाद, फरवरी 1988, विश्वविद्यालय अनुदान आयोग के सहयोग से आयोजित संगोष्ठी 'भक्तिकाव्य का सौंदर्य शास्त्र' में पठित आलेख]

☐ **सूरदास : मानवीय संवेदना**

[हिन्दी विभाग, श्री वेंकटेश्वर विश्वविद्यालय, तिरुपति, मार्च 1971, विश्व विद्यालय अनुदान आयोग के सहयोग से आयोजित 'सूर संगोष्ठी' में पठित आलेख]

☐ **सूरदास आधुनिक परिप्रेक्ष्य**

[हिन्दी विभाग, हैदराबाद विश्वविद्यावय, हैदराबाद, सितम्बर 1979, विश्वविद्यालय अनुदान आयोग के सहयोग से आयोजित 'सुर संगोष्ठी' में पठित आलेख]

☐ **सूरदास : उद्धव**

['सूरदास : विविध संदर्भों में' सम्पादित पुस्तक में प्रकाशित, सम्पादक : जगन्नाथ सेठ, श्री बड़ा बाजार कुमार सभा पुस्तकालय, कलकत्ता द्वारा प्रकाशित, जनवरी 1979]

☐ **सूरदास : गोपियाँ**

['सूर साहित्य संदर्भ' सम्पादित ग्रंथ में प्रकाशित, सम्पादक : डॉ० रामस्वरूप आर्य एवं डॉ० गिरिराजशरण अग्रवाल, सूर पंचशती समारोह बिजनौर समिति द्वारा प्रकाशित संस्करण 1976 ई०]

☐ **एकनाथ का हिन्दी काव्य**

[मराठवाड़ा विद्यापीठ पत्रिका, वाल्यूम 12, 1973 ई०, मराठवाड़ा विश्वविद्यालय, औरंगाबाद से प्रकाशित]

□ **राधामाधव विलास चंपू : एक बहुभाषी रचना**

[नागरी प्रचारिणी पत्रिका (सम्पूर्णानन्द स्मृति अंक) वर्ष 73, संवत् 2025, संख्या 1-4, में प्रकाशित]

[शेष आलेख पुस्तक की योजना बनने के बाद लिखे गए हैं]

□□